U0088680

臺灣歷史與文化 研究輯刊

五 編

第 10 冊

施梅樵及其漢詩研究（中）

林翠鳳 著

花木蘭文化出版社

國家圖書館出版品預行編目資料

施梅樵及其漢詩研究（中）／林翠鳳 著 — 初版 — 新北市：
花木蘭文化出版社，2014〔民 103〕
目 2+216 面；19×26 公分
（臺灣歷史與文化研究輯刊 五編；第 10 冊）
ISBN：978-986-322-642-0（精裝）
1. 施梅樵　2. 臺灣詩　3. 詩評
733.08　　　　　　　　　　　　　　　　103001765

ISBN-978-986-322-642-0

9 789863 226420

臺灣歷史與文化研究輯刊
五 編 第 十 冊　　　　　　　　ISBN：978-986-322-642-0

施梅樵及其漢詩研究（中）

作　　者　林翠鳳
總 編 輯　杜潔祥
副總編輯　楊嘉樂
編　　輯　許郁翎
出　　版　花木蘭文化出版社
社　　長　高小娟
聯絡地址　235 新北市中和區中安街七二號十三樓
　　　　　電話：02-2923-1455／傳眞：02-2923-1452
網　　址　http://www.huamulan.tw 信箱 hml810518@gmail.com
印　　刷　普羅文化出版廣告事業
初　　版　2014 年 3 月
定　　價　五編 24 冊（精裝）新台幣 48,000 元　　版權所有·請勿翻印

施梅樵及其漢詩研究（中）

林翠鳳　著

目
次

第四章　文獻搜錄鑑別

　　對作品進行文獻鑑別，以力求讀者所見能最接近於作者原創真貌，是作品研究的基礎工作之一。擁有可靠翔實的材料，才能建構堅實的研究基礎，避免因錯誤或片面的材料導致偏失的結論，也避免產生無謂的延伸和影響，徒然浪費時間和精神。

　　文學材料的鑑別含意是多方面的，以文本為討論對象的研究上，包括判別文本的年代、版本的真偽優劣、文字的正訛、內容的虛實、價值的判斷等，都是鑑別時可予進行的項目。在現代科學考察上，稱鑑別形式特徵為「外層鑑別」；考識內容差異為「內層鑑別」〔註1〕。而其實，這些都在傳統考據學的研究範圍之內。基本上，從傳統考據學上已經有很好的示範成果。以傳統考據學而言，版本、校勘與輯佚，是三大要項。本文因此在現代講求科學實證的精神上，分別從這三方面著手進行文獻鑑別，期能以此提供認識梅樵文學的可靠文本根底。

第一節　著作知見考

　　施梅樵以前清秀才遭遇割臺一夕變天，他畢生積極推展詩教，活躍於臺灣詩壇，視延續漢文香火為使命，是政治高壓的日治時期，堅持志節的知名詩家。他長期教授漢學，應邀設帳各地，桃李天下，足為臺灣詩壇祭酒，其作品甚富，生前卒後都受到推崇。他畢生致力於詩文漢學，中年之後設帳授

〔註1〕　見潘樹廣《中國文學史料學（上）》頁520。臺北市：五南圖書出版公司，1996年12月初版一刷。

徒，寫作甚富，允爲詩壇導師。關於梅樵著作的記載，昭和 15 年（1940）黃洪炎所編《瀛海詩集》中載道：

> 原名天鶴，號可白，著有《捲濤閣詩草》刊行。尚有《鹿江詩集》、《捲濤閣尺牘劫餘文稿》待刊。〔註2〕

可見當時雖僅有《捲濤閣詩草》一部刊行，但同時也已經有《鹿江詩集》等作品的出版計畫。

其次，爲施讓甫〈施公梅樵家傳〉，這是爲《鹿江集》出版所撰的作者簡介。《鹿江集》就是黃洪炎前書中所言之《鹿江詩集》。施讓甫受梅樵臨終遺命，負責編輯梅樵詩集，特爲撰寫生平梗概，隨書刊行，其中言及其著作，述曰：

> （施梅樵）著有《捲濤閣詩草》、《鹿江吟集》、《玉井詩話》等，皆晚年所存之稿。惜其少年當才華煥發時所作，十不存一。

施讓甫爲梅樵親姪，又受託編書，則讓甫所言，當最具可信度。從其記述中可知梅樵創作量不少，但其保存與出版狀態，卻相對地不良。後世之介紹施梅樵者，大多據此傳述。包括有：吳文星撰《鹿港鎮志、人物篇》〔註3〕、高志彬主編〈梅樵詩集（簡介）〉〔註4〕、張子文撰文《臺灣歷史人物小傳‧日據時期》〔註5〕皆傳鈔承襲之。

統觀梅樵作品甚眾，其已出版者可分爲三大類：其一、創作集，爲已正式結集出版者，有《捲濤閣詩草》、《鹿江集》等二部詩集，與《施梅樵先生書帖》。其二、編定著作，有《丘黃二先生遺稿合刊》、林植卿著《寄廬遺稿》等。其三、倡辦報刊，有《孔教報》、《臺灣詩學》等。另有未得親見而僅存其目者。茲分述之。

一、創作集

施梅樵長於古典詩文，許鐵峰稱其「下筆千言，頃刻立就」〔註6〕，而詩

〔註2〕 見黃洪炎編《瀛海詩集》頁 254〈作者略歷〉。臺北市：臺灣詩人名鑑刊行會發行，昭和 15 年（1940）12 月。

〔註3〕 吳文星撰《鹿港鎮志‧人物篇》頁 54。彰化鹿港鎮：鹿港鎮公所，2000 年 6 月。

〔註4〕 高志彬主編《梅樵詩集》頁（2），臺北市：龍文出版社，2001 年 6 月。

〔註5〕 張子文、郭啓傳撰文《臺灣歷史人物小傳‧日據時期》頁 128。臺北市：國家圖書館，2002 年 12 月。

〔註6〕 見許天奎《鐵峰詩話》，臺中州：博文社印刷商會，昭和 9 年（1934）6 月。

歌尤爲其擅場，因所見其結集出版者亦俱爲詩集，一爲《捲濤閣詩草》，二爲
《鹿江集》。今日有將二者合而爲一，另題《梅樵詩集》者。再者，以書法示
範爲主要取向的《施梅樵先生書帖》亦屬之。

（一）《捲濤閣詩草》

　　這是梅樵生前所出版唯一的一本詩歌創作集。原刊本於中央圖書館善本
書室、鹿港民俗文物館及員林半線文教基金會圖書室三處均有典藏。

　　二者不同之處在封面。央圖藏本封面以梅、鶴構圖作畫，呼應詩集作者
施「梅」樵、天「鶴」的字號意涵；並以行書題名，雖未見作者署名，推想
可能是身兼書法名家的施梅樵的親手筆。

　　民俗館藏本封面則爲仿綾布橄欖綠底色、銀白色古典傳統紋樣花仔紙。
此花仔紙較厚，據告：爲日治當時市面上常見常用的裱褙用紙。〔註7〕未題任
何文字，書名亦未見。顯然原刊封面已經佚失，遂取此兼具美觀與硬度之花
仔紙代替以保護之。翻開封面第一頁即是羅秀惠所撰的〈序〉文。

　　據《捲濤閣詩草》原刊本版權頁顯示：本書乃大正15年（1926）2月25
日發行，著作者兼發行人施梅樵，發行所在臺南市港町一丁目二五○番地。此
處正是梅樵遷居臺南時的戶籍所在。顯然《捲濤閣詩草》的出版應是梅樵居
臺南三年期間最重要的成就之一。

1、體　例

　　本書分卷上與卷下。據統計，卷上共收237題，卷下共收166題，合計
403題詩歌。

　　《捲濤閣詩草》的編輯體例，編作者未於書中敘明。瀏覽全書，未見依
編年序列，亦未按體裁分輯。整體的編輯體例之準據何在？吾人尚未能體會
出其中奧妙。

　　《捲濤閣詩草》的編輯體例錯亂，恐怕是此詩集最大的缺失。施讓甫言
梅樵「少年當才華煥發時所作，十不存一」〔註8〕，《捲濤閣詩草》中縱使有
收其百之一二也不一定，但因未詳編年，也無從知曉了。而詩集中之絕句、
律詩、古詩等古近體皆混置，版面參差不齊。類此，對讀者的閱讀與對作品
的瞭解，都爲之增加困擾與不便，而因此也降低了詩集在文獻利用上的意義。

〔註7〕　東海大學中文系講師、收藏名家楊永智先生訪查相告，敬致謝忱。
〔註8〕　施讓甫〈施公梅樵家傳〉，見《鹿江集》頁（2）。

　　舉其顯例。卷上如大正 10 年（1921）所作〈哭施家本〉在前，大正 5 年
（1916）所作〈輓戴還浦〉卻置後，凡此之例多矣！卷下亦然。而卷上與卷
下之間亦錯置，如卷上已收〈乙卯除夕雙溪客次誌感〉，卷下尚見〈乙卯元旦
試筆〉，既是同年之作，而分作二處，又將除夕之作在前，元旦之作在後，實
無甚秩序。

　　唯，《捲濤閣詩草》從辛亥年（1911）冬羅秀惠已經題序，到大正 15 年
（1926）2 月正式發行，期間歷經 15 年之久。《捲濤閣詩草》的編輯歷程甚長，
古人出版之不易，由此可見一斑。

2、詩歌寫作年代

　　書前集諸家序文，依次有辛亥（1911）冬羅秀惠序、壬子（1912）仲秋
洪棄生序、辛酉（1921）仲秋蔡壽星、丁巳（1917）施士洁共四篇。其中最
早為辛亥年的羅序，最晚為辛酉年的蔡序，二者之間相差 10 年，可謂久矣。

　　若從詩歌內容來看，《捲濤閣詩草》有〈壬戌生日誌感〉﹝註 9﹞一首，壬
戌年為大正 11 年（1922）；有〈癸亥生日感作〉﹝註 10﹞一首，癸亥年為大正
12 年（1923）；有〈新年言志〉古詩一首詩云：「今年年號正甲子」﹝註 11﹞，
甲子年為大正 13 年（1924）。顯然在諸家序文皆已撰就之後，《捲濤閣詩草》
仍然繼續收錄詩作。

　　現存梅樵最早的詩作為何？翻閱《捲濤閣詩草》，可見到二首青年時期
詩作：〈過施靖海將軍故園〉與〈春日偕同族諸子致祭有明定國將軍施公墓〉
﹝註 12﹞，這應是目前所見施梅樵最早的作品。

　　這二首詩記述施梅樵致祭於先輩施琅將軍墓前，且有同族諸子同行。查：
施琅墓在泉州惠安縣，則二作乃寫於施梅樵客居福建之時。梅樵有大陸之行，
僅在清光緒 14 年（1888）年底，至乙未割臺（1895）之初，乃為父親遭難之
故，遠走泉州錢江祖家以避禍。則寫作此二詩時，施梅樵大約弱冠之齡的前
後，即 19～26 歲之間，也有可能為同時之作。是梅樵現存唯二的青年時期作
品。施讓甫曾說：「（梅樵）其少年當才華煥發時所作，十不存一。」﹝註 13﹞

﹝註 9﹞　見《捲濤閣詩草》頁 64。
﹝註 10﹞　見《捲濤閣詩草》頁 106。
﹝註 11﹞　〈新年言志〉古詩一首見《捲濤閣詩草》頁 105。但並未見於鷹取田一郎主編
　　　　　之《新年言志》（大正 13 年 4 月發行）。
﹝註 12﹞　分見《捲濤閣詩草》頁 32、139。
﹝註 13﹞　見施讓甫〈施公梅樵家傳〉，《鹿江集》頁（2）。

以現今所見，的確如此。

年代其次者，則應推〈偕劍漁遊公園〉與〈偕祝澄、劍漁、世珍、紹堯多日觀菊分韻〉〔註14〕二首。〈偕劍漁遊公園〉詩之末句云：「豪放應推兩秀才」。查：劍漁於光緒17年（1891）22歲前已考上秀才，梅樵則於光緒19年（1893）24歲時考上秀才，但劍漁不幸在明治37年（1904）以35歲英年去世；又，「公園」的概念與設置，是割台之後才由日本當局引進臺灣的，以此推知：〈偕劍漁遊公園〉當寫作於光緒21年（1895）到明治37年（1904）的10年之間。類此，另有〈偕祝澄、劍漁、世珍、紹堯多日觀菊分韻〉之作，最晚也必然是在明治37年（1904）之前所作。

凡此都顯示：《捲濤閣詩草》所收錄之詩歌的寫作年代，大約在1888～1925年之間，是梅樵57歲（大正15年，1926）之前、青壯年時期的作品。

3、捲濤閣詩草二集

《捲濤閣詩草》出版時，書名下自標「初集」，卷末也自標「初集終　二集續出」，可見當時有續集的出版計畫。值得注意的是，昭和8年（1933）10月出版的《詩報》第68期「騷壇消息」曾刊登一則相關訊息，其文如下：

> 彰化詩人施梅樵先生所著《捲濤閣詩草》久為中國諸大詩家所獎許，或寄金購求者，指不勝屈。近日福建詩伯陳衍氏（號石遺）亦羨其詩之佳，寄函託臺北李少菴氏轉索詩草，以公同好。聞捲濤閣續集古今體詩將近千首，不久又欲發刊云。〔註15〕

此則消息要點有二：其一、褒揚《捲濤閣詩草》的受到兩岸好評，購求者眾；其二、預告續集的即將出版。可見，昭和8年（1933）之前，《捲濤閣詩草》早已經出版，並且名聞遐邇，而續集作品數量達近千首，也已經有了大致輪廓，規模比初集的收錄403題還大上許多。因此《捲濤閣詩草》的印行，必然在大正13年（1924）新年之後至昭和8年（1933）之前的9年之間。這也印證了前述的推論。〔註16〕而續集的出版也已經付諸編輯行動了。

但觀諸各種記載，至今均未見「捲濤閣詩草二集」的出版。搜尋現今實際藏書，也始終未曾聞見。續集的真正出版面世，似乎仍然還差那臨門一腳。

〔註14〕分見《捲濤閣詩草》頁14、15。
〔註15〕見《詩報》昭和8年10月15日，68期頁1。
〔註16〕高志彬〈梅樵詩集（簡介）〉稱「《捲濤閣詩草》初集於大正年間（十年以後）印行」，年代推估是稍早了些。

　　觀施讓甫〈鹿江集編後語〉稱「《鹿江集》爲故施梅樵先生繼《捲濤閣詩草》前後集而成，大抵自丙寅以後所作者」。丙寅年即大正 15 年（1926），若此則《鹿江集》內容是實際承接了《捲濤閣詩草・初集》至少在大正 13 年（1924）以後所作的詩歌。但施氏卻又言及「《捲濤閣詩草》前、後集」，實在令人納悶。

　　查民國 41 年（1952）10 月出刊的《瀛海吟草・天集》，主編洪寶昆登載梅樵詩歌 2 題，後附語有言：「先生生平著作頗多，詩書文散見海內，成集問世者只見其自編之《捲濤閣詩草》乙集。」〔註 17〕此時距離梅樵於民國 38 年（1949）過世僅 3 年餘，距離《鹿江集》於民國 46 年丁巳（1957）出版，尚有五年之遙。洪寶昆浸淫詩壇多年，身爲傳統詩刊《詩文之友》創辦人兼主編，果若《捲濤閣詩草》眞有前、後二集，依常理當不至於不知。則其言「《捲濤閣詩草》乙集」，應可視爲當時實況的反映，實具有一定的可信度。

　　再，稍後於民國 48 年出版的《臺灣省通志稿・學藝志・文學篇》介紹〈施梅樵及其作品〉曰：「著有《捲濤閣詩草》、《鹿江詩集》二輯」〔註 18〕，果若《捲濤閣詩草》眞有前、後二集，理當不會以「二輯」稱之。又，民國 90 年（2001）高志彬撰寫〈梅樵詩集（簡介）〉時，特於文末括注按語曰：「按，施讓甫於〈鹿江集編後語〉稱《捲濤閣詩草》『前後集』，後集未見著錄，曾否刊行不詳。」以高先生之博覽群籍，精於文獻，其說「未見」，想必自是試圖廣羅各方之後的結論。

　　綜合以上，應可判定：《捲濤閣詩草・續集》極大可能是不存在的。則《捲濤閣詩草・初集》因此也成爲梅樵生前唯一一本正式出版的個人詩歌別集了。

（二）《鹿江集》

　　這是施梅樵存世的第二部詩集爲《鹿江集》。《鹿江集》原刊本作線裝書，今國立中央圖書館善本書室及鹿港民俗文物館均有典藏。其版權頁顯示：編輯人讓甫施廉，發行者爲故施梅樵先生遺著出刊委員會，印刷者是位於彰化市的瑞明印書局。未載示出版日期。這本詩集的出版，是梅樵生前最後遺願的完成。

〔註 17〕見《瀛海吟草・天集》頁 2 編者（洪寶昆）按語，民國 41 年（1952）10 月。
〔註 18〕見廖漢臣纂修《臺灣省通志稿・學藝志・文學篇》第三冊頁 198。臺北市：臺灣省文獻委員會，1959 年 6 月。

1、名　稱

《鹿江集》之名在梅樵生前已經公開如此稱名，並預告出刊，且看其爲好友黃拱五詩文集《拾零集》之〈序〉〔註19〕文中有道：「昔年余以《捲濤閣詩草》發刊，近又將刊《鹿江集》。」可見得：《鹿江集》乃作者施梅樵所親定之書名，其命名自是淵源於作者故鄉鹿港。

總觀此詩集名稱前後凡三款：其一、**《鹿江集》**，除了施梅樵於〈拾零集序〉自言其作之外，施讓甫〈鹿江集編後語〉、實際出版時題名，亦皆爲《鹿江集》；其二、**《鹿江詩集》**，有黃洪炎《瀛海詩集》、《臺灣省通志稿‧學藝志‧文學篇》〔註20〕皆稱之；其三、**《鹿江吟集》**，有施讓甫〈施公梅樵家傳〉、吳文星《鹿港鎮志、人物篇》、張子文《臺灣歷史人物小傳‧日據時期》皆稱之。而《鹿江集》、《鹿江詩集》、《鹿江吟集》三者實爲同一部作品。〔註21〕

施梅樵預告《鹿江集》即將出刊的〈拾零集序〉寫作於昭和17年（1942）1月，同年6月，臺中東墩吟社顧問王竹修也已經在《詩報》上發表〈鹿江詩集序〉〔註22〕，序中並且爲書名釋義道：「復著《鹿江詩集》，梅生長鹿江，而詩集仍以「鹿江」名，蓋不忘本來也。集既成，索序於余。」只是王竹修的序文，卻未見刊於已經出版的《鹿江集》，是不愼遺漏？未獲青睞？抑或還有其他原因？目前尙不得而知。

此外，今《鹿江集》前有北平夏存鼎序文一篇，自署撰序日期爲「中華民國甲申重陽節前二日」，甲申年爲昭和19年（1944），時梅樵初逾古稀，夏氏文中尙讚其「今又得拜讀近著之《鹿江集》，以古稀以上之高年，精神矍鑠，簡鍊揣摩，尤爲人追赴所不及」。

惟據前列二序可知：《鹿江集》或謂之《鹿江詩集》，不僅梅樵於生前已親自定名，而且是早在梅樵逝世前至少七年之時，即已完成內容編輯，才能示諸於文友而索序。莫怪呼梅樵臨終前念茲在茲地叮囑讓甫：務必要完成《鹿江集》的出版。

〔註19〕黃拱五《拾零集文詩合編》，1942年刊本。

〔註20〕見廖漢臣纂修《臺灣省通志稿‧學藝志‧文學篇》第三冊頁198。臺北市：臺灣省文獻委員會，1959年6月。

〔註21〕許俊雅《臺灣寫實詩作之抗日精神研究──一八九五～一九四五年之古典詩歌》頁45將《鹿江吟集》、《鹿江集》並列爲其所舉施氏四部作品之二，應是誤會。臺北：國立編譯館，1997年4月初版。

〔註22〕王竹修〈鹿江詩集序〉，見《詩報》昭和17年6月21日274號頁21「文苑」。

2、出　刊

施讓甫實際出版《鹿江集》的日期，是民國 46 年丁巳（1957）。施讓甫回憶梅樵彌留之際再三致意云：

> 余生不逢辰，存經禍亂，歷劫滄桑，爲珠崖之棄民，作東晉之傖父，半籌莫展，一事無成，生平心血，僅留數卷詩歌。所謂不能見之行事之深切著明，而只載之空言，其即此意乎？爾等不可不爲余傳，使祖宗知余遭時不遇，非余之不肖也。〔註23〕

梅樵之掛心出版，主要期望以詩明志，對得起祖宗，再則乃疾君子疾沒世而名不存焉。尤其《鹿江集》實際上已經完成編輯，若不得出版而散佚，豈非將心血付之東流？

但是，既然已經完編，爲何《鹿江集》的實際出版，卻延遲到民國 46 年（1957）呢？這距離預告出刊、序文寫作已經長達至少 13 年之久？推想其背景，原因可能有二：

其一、從社會客觀環境而言，終戰前後的緊張與拮据，使得個人別集的出版不易。

《鹿江集》結集求序於昭和 17～19 年（1942～1944 年）之間，此時已進入太平洋戰爭（1941）爆發之後，臺灣進入更爲緊張的戰爭狀態，當時臺灣各階層無不是被要求協助完成日本軍國主義者的爭霸野心，包括臺灣文學奉公會（1943 年）、大東亞文學者大會（1942～1944 年）、禁用漢文（1937 年以來）、嚴格出版審查等，使得漢文刊物的出版在政治力影響之下急遽萎縮。日本政府同時加強南進政策的推行、強迫國民儲蓄奉公，各界因此物力維艱，民生困難，個人出版別集的困難度，因此而大大的提高。

戰爭結束，國民政府來臺之後，歷經物價騰貴、惡性通貨膨脹、甚至是二二八事件等許多主、客觀的情勢變化，導致社會動盪不安，物資嚴重不足、失業率急遽攀升。臺灣在成爲烽火摧殘的廢墟之外，從迎接希望的喜悅意外地轉爲噤若寒蟬的身心壓抑。個人別集的出版，在光復初期似乎是極爲奢侈的願望了。

其二、從個人經濟能力而言，資金嚴重短缺，維生尚且不易，獨力出版將更形困難。

這恐怕是最重要的原因。梅樵晚年遭逢時勢巨變，人老家貧，生活相當

〔註23〕見施讓甫〈鹿江集編後語〉。

拮据困難。民國 34 年（1945）春天，梅樵有〈春日感賦〉〔註24〕之作，當時
正是日治最末期，其詩云：

> 容易春將半，勞生轉自忘。敢期千日酒，只慮一家糧。
>
> 老我偏枵腹，逢人總斷腸。平居慚飯袋，節食費思量。（一）

詩中饑聲輾轆，貧老交迫，又恐奮力無門，實在令人不忍！如此情形，在梅
樵詩中屢屢可見，他的窘困不是一段短時期而已。不僅經常為斗米折腰，更
不時請求友人濟助，如此情況，何來餘力刊刻冊集？以梅樵與詹作舟之間的
書信往來〔註 25〕，就具體地顯示了梅樵從戰前到戰後，長期處於經濟拮据的
貧困狀態。

　　他無法在有生之年親見心血付梓，已是抱憾離世，自是殷殷期盼晚輩能
代為完成心願。施讓甫膺此遺命，不得不戮力以赴。可惜梅樵身後蕭條，恐
無杯水之助，讓甫本身亦力有未逮，無法隻手獨力承擔。不得已之下，廣向
友生勸募。環顧當時整體社會的動盪艱難，許多人自顧尚且不暇，如何能有
餘力捐輸？觀讓甫〈鹿江集編後語〉，內容主要即回顧其募款歷程，也顯見：
資金的確是最關鍵的問題。讓甫為此奔走，甚至形容自己是「作行腳之僧，
沿門托缽，南至潮州，北至滬尾」，實在是戮力以赴，備極辛勞。不僅顯示其
用心從事，也反映了勸募不易。

　　雖然世道沈淪，所幸人情尚在。為了使《鹿江集》順利出刊，尚且組成
了「故施梅樵先生遺著出刊委員會」。依據版權頁上所載，該委員會委員有：
鄭品聰、黃朝琴、陳雲汀、林嘯鯤、王友芬、施天福、王養源、施讓甫等八
人。〔註26〕以此八位委員觀之，與梅樵的關係大致可分為二類：其一、仕宦
詩友，例如前四位委員，鄭品聰乃臺東縣立法委員、黃朝琴為臺灣省議會首
任議長、陳雲汀曾任酉山吟社幹事、林嘯鯤曾任中央設計局臺灣調查委員會
專門委員；其二、門生後輩，例如後四位委員。兼得諸家念舊懷誼，紛紛勉
力解囊，共募得 40 位友生共計新臺幣 10900 元整的款項〔註27〕，終於得以
完成付梓出版，成就今日之《鹿江集》巨作，平添詩壇一段佳話。梅樵在天

〔註24〕張瑞和編《詹作舟全集・四・傳統詩篇・上》頁 344，時在民國 34 年（1945）。
〔註25〕見張瑞和編《詹作舟全集・三・書信雜文篇》頁 66「寄施梅樵信二封」、頁
　　　　207「施梅樵書信十九封」，永靖鄉：詹作舟全集出版委員會，2001 年 11 月初
　　　　版。
〔註26〕見《鹿江集》原刊本版權頁。中央圖書館善本書室典藏。
〔註27〕見《鹿江集》末附「贊助者芳名」及施讓甫〈鹿江集編後語〉。

之靈，應該可以感到欣慰才是。

3、編　輯

《鹿江集》內容依體裁分類，依序收錄古詩 83 題、五言律詩 99 題、七言律詩 160 題、七言絕詩 130 題，另補遺 5 題，合計共 477 題。與《捲濤閣詩草》比較，是比較有秩序的編輯法。

惟，有少數詩作歸類有誤。例如：「七言絕詩部」有〈登高〉〔註28〕一首，七言四句，乍看形似七言絕句，但細觀其平仄，卻是：

　　　仄仄平平仄仄仄，仄仄平平仄仄仄。

　　　仄平平仄仄仄平，仄仄平平平平仄。

這完全不合近體詩的格律。應予移置「古詩部」較爲恰當。

再，未予編年或記年，仍然是本書最大的遺憾。例如：頁 37 有〈春日漫興〉三首五言律詩，梅樵後續有疊韻與再疊韻的賡和之作。理想上，可以將同題先後疊韻之作連載，便於完整體會。或依時序先後登載亦佳。但詩集中所見乃將先作之「疊韻」錄於頁 49（〈春日漫興三首疊韻寄鐸菴〉），後作之「再疊韻」卻錄於之前的頁 39（〈春日漫興三首再疊韻寄鐸庵〉）。實甚不妥。

又，內文詩題與目錄詩題迭見歧異，益增不妥。即如上例：其〈春日漫興三首疊韻寄鐸菴〉於目錄中題作〈春日漫興疊韻寄鐸菴〉，〈春日漫興三首再疊韻寄鐸庵〉於目錄中題作〈疊春日漫興韻寄鐸庵〉，二作在目錄詩題中都未將「疊韻」、「再疊韻」的重點標示出來，以致於二題相似度極高，無法使讀者在進行目錄搜尋時得到明快的辨識，徒增困擾。類此，顯示《鹿江集》的編輯體例仍然存在斟酌的空間。

在前述所知《捲濤閣詩草・續集》極可能不存在的前提下，可以說：《鹿江集》是目前所能見到的、繼《捲濤閣詩草・初集》之後，正式出版的第二本梅樵別集。《鹿江集》因此可視爲梅樵生前期望的《捲濤閣詩草・續集》的實現。將《捲濤閣詩草・初集》與《鹿江集》二集聯合併觀，便是梅樵一生詩歌創作的主要成績了。

（三）《梅樵詩集》

《梅樵詩集》實乃《捲濤閣詩集》與《鹿江集》的二合一本，是目前坊間最爲普及流傳、方便取得者。王國璠總輯、高志彬主編，由龍文出版社於

〔註28〕《鹿江集》頁 125。

民國 90 年（2001）6 月出版，編入該社《臺灣先賢詩文集彙刊》第三輯之 11。
採用原刊影印方式重新印行出版。影刊本是一種最接近原刊本的重刊作法。
若原刊本清晰可讀，則影刊對延續原刊面貌與精神而言，是值得鼓舞的方式。

　　《捲濤閣詩集》與《鹿江集》二者現於中央圖書館善本書室，以及鹿港
民俗文物館均有典藏本，保存完好。雖然《梅樵詩集》基本上是據此相同版
本影印，實則並非全書逐頁影印，再加以重印之需所作的調整，使得與原刊
本之間是存在著相當的異同。因分項評比之。

1、相同處

　　（1）保留原刊本封面書影。

　　（2）正文部分據原刊本影印發行。亦保留原刊頁碼。

2、相異處

　　（1）《梅樵詩集》以合集形式出版，對讀者參閱施梅樵文學，提供了一
次掌握的便利性。

　　（2）原目錄刪去，重新編頁。原刊本各單元各有起迄頁碼，如《捲濤閣
詩集》分卷上、卷下各自分頁編序。又如《鹿江集》則依古詩、五律、七律、
七絕各自分頁編序，而書末之〈補遺〉、〈贊助者芳名〉、〈編後語〉、〈正誤表〉
等均無編頁。而二書之〈目錄〉均未標示頁碼。以讀者使用的角度而言，其
實在檢閱上有一定的不便性。

　　龍文出版社重刊時，則在保留原刊邊欄頁碼之外，另於頁下邊角依序編
總頁碼。《捲濤閣詩草》與《鹿江集》分別編頁。此一總編碼較原刊大大提升
了便利性。

　　（3）《捲濤閣詩草》「正誤表」刪去，逕於正文改正。《捲濤閣詩草》原
刊本原有一頁「正誤表」，置於封面之後、羅秀惠序文之前。雖未有標題，實
即勘誤列表。此表以鉛字排印，條列正誤處共計 26 處。

　　龍文出版社重刊時，刪去此頁「正誤表」，而將其中的 22 處，直接加筆
於正文文字上改正之，另 4 處，則未見更正。此一作法，實有待商榷。此舉
之利，在於體貼讀者，免除對比之勞，得以暢意閱讀。其弊之一，在原有的
鉛印字上加筆塗改，導致部分筆畫重疊或旁出，有無法辨認該字的困擾，如：
總頁 13 之「鸞、鶯」、總頁 45 之「來、我」等多處皆難以辨識。其弊之二，
在更正有缺漏 4 處，包括總頁 40 之「守愧」、總頁 43「失得」之倒文，前人
既以指出，而仍未改正，不無遺憾。

　　若欲兼顧利弊，吾人認為：其一、應保留原刊本之「正誤表」，提供讀者最接近原貌的文本，也符合該出版社以「影刊」方式出版之初衷。其二、為便於讀者閱讀，可於譌文旁空白處，另行書寫校正文字。可使讀者一目了然於正誤差異，達到糾謬宗旨，亦可維持不破壞原刊文本的前提。

　　（4）二書原刊本的版權頁，雙雙付之闕如。雖然未能知道是編輯者所據之版本恰巧缺損此頁？抑或遭減除所致？但確實是極大的遺憾。雖然《梅樵詩集》開篇第一頁即載明其據以影刊的版本資料，有云：

　　①捲濤閣詩草　初集二卷　楊爾材等校　日大正年間（十年、一九
　　　二一年以後）　臺中著者排印本」。

　　②鹿江集　四部　施讓甫編輯　民國四十六年（一九五七）　彰化
　　　施讓甫編輯排印

　　但上列記錄其實尚無法完全反映原刊版權頁所顯示的資訊內容。例如：《鹿江集》原刊本是以「故施梅樵先生遺著出刊委員會」為發行者，並就該委員會鄭品聰等八位委員逐一列示姓名。這是一則有意義的訊息，可惜《梅樵詩集》中未得呈現。

　　另就《捲濤閣詩草》之記錄內容顯示：《梅樵詩集》編者理應未曾見過原刊本的版權頁，方才有此推測之舉。其推測出版年代的結果，雖不中亦不遠矣，足見編者之卓識。但標舉「臺中」，則與事實有較大的出入。

（四）《施梅樵先生書帖》

　　梅樵書法早已名滿三臺，這便是一本以書法習字帖為宗旨所編輯的小冊，也是目前所見唯一的一本梅樵書帖。這本小冊的文字不僅由梅樵所書法，其中的詩文，也是梅樵自己的創作撰句。主要有二部分：一部為七言絕句八章，皆為正楷體，採每頁三行，每行六字大方格的形式，意在方便學子臨摹。內容主旨則鼓舞學子努力向學，期佔鰲頭；二部為文言散體跋文，以行草書之。形式上仍採每頁三行，惟改作每行不分格的直行，以與前部書帖區隔之。內容敘述本書編輯緣起與冀望。封面則由題名「拳石」者署簽。

　　本冊乃大正15（1926）年6月15日由彰化楊英梧初版發行。楊英梧者，彰化白沙吟社社長〔註29〕。依據梅樵的跋文記載：白沙吟社的前身為清代白

〔註29〕參《詩報》昭和9年4月1日78號頁16「全島詩社并代表者名錄（據甲戌年聯吟大會籌備處調查）」有「白沙　楊英梧」，卻誤次於大甲之下。該名錄同

沙書院，日本入主之後，由地方遺老組織白沙吟社〔註30〕，繼續就地傳揚缽聲，意在力圖延續傳統漢文命脈。前有楊英梧、（楊）雪若親訪梅樵先生於臺南，力邀其返回故里擔任白沙吟社主講，加以眾君子鼓舞，終於在大正15年（1926）春初移硯返彰，遂有此《書帖》之作，作為教科本之用。

當時豐原張麗俊曾賦詩〈題施梅樵詩書帖〉一首祝賀，詩云：

> 因緣翰墨到相隨，紙貴洛陽異姓施，
> 鐵畫銀鉤誇晉字，珠咳玉唾說唐詩。
> 襟懷瀟灑風生腕，品格清新雪沁脾，
> 草楷書來供帖子，磺溪珍重勒成碑。〔註31〕

張麗俊詩中點出這本《書帖》的特色，包括梅樵書法傳名極盛；此帖詩書兼重，目的在提供臨摹等。

二、編定著作

（一）《邱黃二先生遺稿合刊》

為梁啟超譽為「詩界革命一鉅子」的東寧才子邱逢甲，在乙未內渡後所作詩歌，集為《嶺雲海日樓詩鈔》，其中詩作多具有晚清「詩界革命」新派詩的藝術特色，因為人與黃遵憲合稱為「邱黃」。清光緒28年（1902）黃遵憲〈致梁啟超書〉曾言：「此君（邱逢甲）詩真天下健者，渠自負曰：『二十世紀中，必有刻黃、邱合稿者。』又曰：『十年之後，與公代興。』論其才調，可達此境，應不誣也。」〔註32〕

臺灣日治時期於《臺灣文藝叢誌》上，即曾先後將丘逢甲《嶺雲海日樓詩鈔》、黃遵憲《人境廬詩草》公開刊登〔註33〕。施梅樵素仰丘逢甲、黃遵憲

樣誤植者尚有：田中蘭社誤次於豐原、彰化漢文讀書會誤次於大甲之下、西螺菼社誤次於嘉義之下等。《詩報》上此一錯誤，連帶的使「智慧型全臺詩知識庫」（http://cls.hs.yzu.edu.tw/twp/c/c02.htm）「白沙吟社」條，也將創辦地點誤植，甚至以此推論「甲鎮在衡社之外，尚有白沙吟社」，是應予修正的。

〔註30〕「白沙吟社」，創立於大正12年之前，社員有楊英梧等，曾聘洪以倫主講。
〔註31〕詩作於昭和1年（1926）9月14日（新曆10月20日），見張麗俊著、許雪姬等解讀《水竹居主人日記》「昭和1年」頁104，臺北：中央研究院近代史研究所，2001年8月初版。
〔註32〕見黃遵憲著，吳振清、徐勇、王家祥編校《黃遵憲集》下冊頁502。天津：天津人民出版社，2003年10月。
〔註33〕見王惠鈴〈丘逢甲「詩界革命」及其與日治時期臺灣傳統詩界的關係〉頁198

二人行誼與文學風釆，遂取二位先生之《嶺雲海日樓詩鈔》與《人境廬詩草》大作，不辭數月之勞，親自抄謄、編選，再委摯友黃拱五校正，編成《邱黃二先生遺稿合刊》一冊，封面亦由梅樵書法題署，終於在昭和 17 年（1942）11 月 29 日發行。

由版權頁顯示：編者施梅樵通訊地址在「臺中州彰化市南郭二三七」，印刷所／者通訊地址在「臺南州臺南市末廣町二ノ一四九　黃振耀　鴻文印刷合資會社」，發行所/者通訊地址在「臺中州彰化市彰化字北門三五七　鄭安　株式會社東亞書局」。「黃振耀」正是黃拱五的侄兒（拱五次兄黃緯五之子），黃氏經營的「鴻文印刷合資會社」係當時臺南市人所經營最大的印刷廠。〔註34〕當時人在彰化的施梅樵，不僅委請臺南黃拱五校正，書籍亦遠交好友一併處理印製。亦足見其交情。今中央圖書館典藏書庫、員林半線文教基金會圖書室，及高雄文史專家胡巨川先生均有典藏。胡先生珍藏者尚有一硬紙所製函套。

據書前梅樵〈序〉自言其編輯緣起云：「讀其遺稿，心爲之醉，朝夕不忍釋手。余每思有諸己者，不如公諸人。……俾島內之青年吟侶熟讀詳味，便可日進無疆。」詩人在對邱、黃先生詩作推崇之餘，反映了對二人詩歌寫作理念的認同，期望能廣爲推介共享，因有此集之編選出版。合集中《嶺雲海日樓詩鈔》置於前，《人境廬詩草》則續於後。以次序上的安排而言，則暗示了內心對同是臺灣人的偏重。

《嶺雲海日樓詩鈔》爲邱逢甲自乙未年（1895）內渡起至辛亥年（1911）南京臨時政府成立止所作，編年繫詩，共收千餘首，分作 13 卷。內中頗寄割讓不平之氣，感懷時事，眷戀臺灣，亟思復土，語多悲壯哀涼，淒怨激盪。在藝術上，擅於博採眾長，承舊而創新。梅樵選編其中約半數作品，依體裁分類，計七律 244 首，五律 41 首，七絕 226 首，古詩 11 首。合計 522 首。

黃遵憲當年因戊戌變法失敗遭受迫害，遂歸隱鄉里，以詩人自居，晚年居家閉門著作，收同治 3 年（1864）至光緒 30 年（1904）所作詩六百餘首，按年編次，輯爲《人境廬詩草》11 卷。梅樵選錄其中絕大部分，亦依體裁分

表十七「《臺灣文藝叢誌》刊登丘逢甲詩作目錄」、頁 200 表十八「《臺灣文藝叢誌》刊登黃遵憲詩作目錄」。東海大學中文研究所 2005 年博士論文。

〔註34〕見盧嘉興〈臺灣日據末期著刊「拾零集」的黃拱五〉，原載《古今談月刊》59 期，收在盧嘉興《臺灣研究彙集》9 頁 25。

類，計七律 138 首，五律 80 首，七絕 247 首，古詩 37 首。合計 502 首。使
《嶺雲海日樓詩鈔》與《人境廬詩草》二者份量相當。

（二）林植卿著，施梅樵刪定《寄廬遺稿》

　　林培張（1864～1941），字植卿，一作湜卿，又字次逋，號芷庭，嘉義竹
崎街人。與施梅樵交情甚深。植卿襟懷豪放，原不屑屑於章句之末，迨至晚
年病中，自以平生無所見長，以「君子疾沒世而名不稱」之意追悔，始以其
尚存詩稿委託施梅樵為之選訂，經刪存共得三百首，輯為《寄廬遺稿》。書前
刊布傅鶴亭、楊爾材、蔡梓舟等諸家序文，以及陳子敏、朱啓南、蔡舜廷等
人題詩，而以梅樵序置於第一。梅序中述及植卿風範、二人過從往事，尤其
鋪陳編輯始末，提供讀者對《寄廬遺稿》背景的瞭解。

　　本書的出版幾經波折，梅樵序已於昭和 16 年（1941）年完成，據植卿哲
嗣林惠〈謝辭〉、〈附言〉記載，原擬於昭和 18 年（1943）付梓，無奈時局緊
迫避難疏散，商賈停業，手民星散而擱置。迨至光復後，三遷四移，竟至稿
本失見，令人痛心。至民國 47 年（1958），於春季大清潔時，赫然發現，急
忙檢出，趕在詩人節前夕完成油印分贈，《寄廬遺稿》至此方才底定公諸於世。
其間輾轉歷經 17 年，梅樵離世前終究未能一睹，雖不無遺憾，然天之不喪斯
文，則植卿與梅樵，諒其在天之靈當亦開懷相燦，可堪告慰吧！

　　民國 90 年（2001）6 月，臺北市龍文出版社取其油印本複製，編入「臺
灣先賢詩文集彙刊」第三輯之 10，廣為流傳發揚，冀傳之久遠矣。

三、倡辦報刊

（一）《孔教報》

　　此為施梅樵費心創辦的刊物，他親身膺任編輯兼發行者，發行所在「彰
化孔教報事務所　臺中州彰化市南郭字南郭七七番地」，此即梅樵通訊地所
在，亦「彰化市孔教報出版會」會本部所在。

　　自昭和 11 年（1936）10 月 16 日第（一卷）第一號發行，至昭和 13 年（1938）
12 月 25 日第二卷第九號發行，為目前所見的最後一期。其間歷經二年二個月，
前後共發行 22 期。原刊本現藏於中央圖書館臺灣分館。吾人據其館藏整理現
存細目，詳如「《孔教報》卷期一覽表」（表 4-1）。

表 4-1　《孔教報》卷期一覽表

序	卷　期
1	昭和 11 年 10 月 16 日《孔教報》（第一卷）創刊號發行。（1936）
2	昭和 11 年 11 月 16 日《孔教報》（第一卷）第二號發行。
3	昭和 11 年 12 月 18 日《孔教報》（第一卷）第三號發行。
4	昭和 12 年 01 月 21 日《孔教報》（第一卷）第四號發行。（1937）
5	昭和 12 年 02 月 21 日《孔教報》（第一卷）第五號發行。
6	昭和 12 年 03 月 29 日《孔教報》（第一卷）第六號發行。
7	昭和 12 年 04 月 30 日《孔教報》（第一卷）第七號發行。
8	昭和 12 年 05 月 31 日《孔教報》（第一卷）第八號發行。
9	（缺第九號）
10	昭和 12 年 08 月 01 日《孔教報》（第一卷）第十號發行。
11	昭和 12 年 08 月 30 日《孔教報》（第一卷）第十一號發行。
12	昭和 12 年 10 月 01 日《孔教報》（第一卷）第十二號發行。
13	昭和 12 年 11 月 20 日《孔教報》（第一卷）第十三號發行。
14	（缺第二卷第一號）
15	昭和 13 年 01 月 15 日《孔教報》第二卷第二號發行。（1938）
16	昭和 13 年 02 月 27 日《孔教報》第二卷第三號發行。
17	昭和 13 年 05 月 05 日《孔教報》第二卷第四號發行。
18	昭和 13 年 06 月 10 日《孔教報》第二卷第五號發行。
19	昭和 13 年 07 月 06 日《孔教報》第二卷第六號發行。
20	昭和 13 年 08 月 15 日《孔教報》第二卷第七號發行。
21	昭和 13 年 12 月 08 日《孔教報》第二卷第八號發行。
22	昭和 13 年 12 月 25 日《孔教報》第二卷第九號發行。為目前所見之最後一期。

　　《孔教報》的發刊，緣起於梅樵對世道的憂患，在創刊號開篇〈序〉〔註35〕文中，作者臺北曾登龍回憶道：

　　……宿儒施梅樵先生……「孝、弟、忠、信、禮、義、廉、恥」，此八件時時印入腦髓，每觀世人之妄作，輒欷噓感嘆，而悲無力挽回也。先生于甲戌（按：即昭和 9 年，1934）秋，與余相逢客邸，夜

〔註35〕見《孔教報》創刊號頁 1，昭和 11 年 10 月 16 日。

談時，每念孔教衰替，以致風俗敗壞，曾謂余曰，今之世，即春秋之世也。……必藉孔子之教以說明之、警戒之，或者可以懾服人心，以漸化於善。今之《孔教報》創刊，先生蓄於心，已非一日。……

顯見施梅樵對臺灣充滿了憂患意識，而欲倡孔教以醒世興邦。以當時梅樵在詩壇崇隆的聲望，他應該是懷抱著極大的抱負，來創辦這一份教化色彩鮮明的刊物。他明白表示：「漢文何可廢也？」「漢文與孔教道德，大有關聯！」就是創刊《孔教報》的理念與旨趣〔註36〕，而這也是他長期一貫「興儒倡詩，以延一線斯文」的理念。

觀其目錄，內容約可分為史乘、文論、小說、諧文、漢詩、雜著等。其中「孔聖歷史」與「聖裔」單元，每期必有，內容則幾乎全抄錄自曹魏王肅《孔子家語》，這類單元呈顯出這份刊物的顯著特色。

每期書背皆刊載《會則》，包括〈規定大綱〉、〈會員規定〉、〈會費〉三大項目。《孔教報》的出版機關為「孔教報出版會」，採會員制，分普通會員、正會員、贊助會員、名譽會員及顧問若干，會員依規定每年繳納會費若干。《孔教報》屬「非賣品」，依《會則》每期對會員「無料配付」（免費贈閱）。

〈會則〉中最引人注目者，當推〈規定大綱〉第五條：「本會以漢學為眞髓，防漢學之衰頹，以鼓倡文學，涵養日本精神為目的。」這一條可視為該報宗旨的宣告，「漢學維持」是《孔教報》的最高目的，此與前述言論都相互一致。但「涵養日本精神為目的」一句，卻顯得十分突兀。梅樵對日人治臺向來不能認同，對日本同化臺人也一向十分反感，以梅樵思想的歷史背景來看，這一句絕非眞言。但每一期的會則中都可以看到此與的重複出現，則這句話也絕非誤植。

推其出現的可能原因，應是一種不得不然的妥協。在「防漢學之衰頹」的前提下，以部分文字上的軟姿態，來換取日本當局一定程度的支持，達到使刊物順利發行的務實目的，促進「興儒倡詩，以延一線斯文」的大理想的實現。且看〈會費〉第五條揭示道：「……對會員之投稿斷無沒收，必揭載於機關紙孔教報之事。但有關於政治者不錄。」斬截地表示《孔教報》必與政治切割的態度，不讓政治模糊了「以漢學為眞髓」的純粹性。傳統文人極力在日本政府廢除漢文的強勢下，突破困境，以維繫漢學，延續文化的苦心孤詣，施梅樵透過編輯發行儒學刊物的方式具體來實踐，殖民威權下傳統儒士

〔註36〕見《孔教報・賀春小啓》第4號頁1。

的理想與用心,可見一斑。

　　另一方面,據梅樵嗣孫施景明表示〔註37〕:「日本人對祖父十分敬重,別人在關帝廟教授漢文會被取締,但祖父的漢學班卻不會受到騷擾,而且當地的日本人還會前來向祖父請教漢文呢!」施先生此說主要在強調:即使是日本人,對梅樵的氣節與人格也相當敬重。若此,梅樵之創辦《孔教報》應亦能得當局一定程度的支持或迴護,而協助於此報的發行出刊。〔註38〕

　　《孔教報》曾以「彰化白沙吟社」的名義公開徵詩,詩題〈祝南京陷落〉。〔註39〕在施梅樵主持的範圍內出現此一明顯親日,或可謂媚日的題目,與梅樵素來的民族氣節形象迥異,是相當突兀的。但似乎只是孤例,很難據此指稱梅樵的立場已經改變。反而讓人不免懷疑:此一特異的舉動背後,是否隱藏了不為人知的苦衷或原因?例如:以親日徵詩題換取殖民政府的支持出刊,這或許也是不無可能的。

　　當其時,亦是新學日盛之世,梅樵結合摯友門生勉勵堅持的作為,彰顯了「雖千萬人吾往矣」的精神。據碩士論文《日治中晚期臺灣儒學的變異與發展—以《孔教報》為分析對象(1936～1938)》研究指出:由於主編人脈的關係,《孔教報》出版會同人及投稿者,以中部彰化地區人士為最多,鹿港人尤其居冠。這與主編出身鹿港,長期活躍於中部,自有密切關係。而詩社投稿情況,據統計,以溪湖菱香吟社居冠,員林興賢、鹿港大冶再次。〔註40〕此三社均為梅樵長期往來指導的詩社,則《孔教報》具有濃厚的梅樵意志色彩。

(二)《臺灣詩學》

　　《臺灣詩學》為臺灣詩學研究會的機關刊物。〔註41〕第一輯發行於民國

〔註37〕據筆者訪問記錄。2008 年 6 月 16 日於施宅。

〔註38〕學者陳培豐亦謂:「《孔教報》若無日本政府在背後支持,是很難成立的。」見《中央研究院週報》1099 期頁 6(95 年 12 月 7 日出版)陳培豐〈日本語、漢詩文、儒教與日本帝國的殖民文化統合—由「同文同種」到「漢賊倒置」——〉。參陳培豐著,王興安、鳳氣至純平編譯《「同化」的同床異夢:日治時期臺灣的語言政策、近代化與認同》頁 481。臺北市:麥田出版社,2006 年初版。

〔註39〕見《孔教報》第 2 卷 2 號頁 28,昭和 13 年 1 月 15 日。

〔註40〕據江啓綸《日治中晚期臺灣儒學的變異與發展——以《孔教報》為分析對象(1936～1938)》表四「孔教報出版會同人居住地分佈一覽表」、表五「孔教報出版會同人創作次數與居住地分布一覽表」,頁 184、185。成功大學臺灣文學所 95 年碩士論文。

〔註41〕《臺灣詩學》第一、二輯影本,蒙張瑞和詞長、施懿琳教授慨贈,敬致謝忱!復蒙前彰化縣文化局陳慶芳局長慷慨借閱原刊本,敬致謝忱!

37 年（1948）10 月 10 日，由該會所在地的臺中縣北斗鎮正式發行。臺灣詩學研究會的組織乃委請林獻堂擔任顧問，施梅樵擔任會長兼主編者，副會長為北斗區區長林伯餘，許燕汀擔任發行人。聯絡委員則有：簡荷生（北臺）、楊爾材（嘉義）、曾文新（花蓮）、王養源（臺東）等二十人。同心會員 600 餘人。第二輯出刊於 11 月 31 日，該刊共出版兩輯。隨即因施梅樵於民國 38 年（1949）新曆 2 月過世，且經濟困窘無繼而中止。〔註 42〕

該刊出版宗旨明載於封面：「維護文化，宣揚國學，充實吾人精神食糧」。其編輯方向，在封底有「編輯餘話」說明：「本刊為叢刊性之刊物，是故不踏襲既往《詩報》之編排方式，以整理前輩遺稿及羅輯今人佳作為主要。對擊缽或課題作品亦甚願盡量刊登，但因篇幅有限，是以不得不予以限制。……本刊排印模仿西式。」可見該刊具有強烈的改革企圖心，不僅希冀突破《詩報》大量採錄擊缽課題的舊模式，也嘗試追隨西化的潮流，改採橫式排版。

《臺灣詩學》二輯每輯分「遺稿」、「今人佳作」、「祝詩」、「擊缽吟稿」、「春花秋月」五大單元。以第一輯為例，「遺稿」中首載朱術桂、鄭成功、丘逢甲之作，並逐一加上「編者附言」，點出編者關懷漢學，傳承儒教的重點；繼收許南英、林慶賢、連雅堂、趙雲石等人的作品兼具宣揚、教化、觀摩的意味；「今人佳作」則有黃傳心、吳醉蓮、張篁川、莊幼岳、朱啓南等人之作，題材含括詠懷、唱和、紀遊等多樣，頗能反映生活現實，具有一定的藝術深度，頗為新鮮可觀。「祝詩」為慶祝該刊發行，來自全臺各地的文人詩友的賀詩題詞數十則。「擊缽吟稿」只刊錄擊缽得第的前五名佳作，展示了戰後初期臺灣詩社吟會活動記錄的片段。「春花秋月」則新舊散文併陳，有張篁川的文言序文也有林荊南的改寫自〈琵琶行〉的白話小說，別開生面。

另外一提的是，「編輯餘話」文末皆署名為「（南）」，此應即是同為彰化人士的林荊南（1915～2003）。《臺灣詩學》於民國 37 年發刊時，主編施梅樵高齡 79 歲，其實已是其過世前四個月，雖然《臺灣詩學》的內容多能見到梅樵的影子，如「編者附言」的心意和語氣、來文及祝賀支持的詩友多見其詩友弟子等。但先生當時年高體弱，可能是因為經濟的因素，勉強辦理，尋一青年為助手，亦是常情。曾經主編過《風月報》、《南方》的林荊南時年 34 歲，早已名滿詩文界，戰後初期他返回故鄉，也加入臺灣詩學研究會成為基本會

〔註 42〕施懿琳編《林荊南作品選集》（彰化：彰化縣立文化中心，1998 年 12 月）頁
　　　　904 作「1949 年」，誤。據原刊本載，為民國 37 年 10 月。

員，恰好協助梅樵編輯《臺灣詩學》，也是美事一椿。在《臺灣詩學》第一輯「祝詩」中林經南〔註43〕有〈臺灣詩學叢刊第一輯付梓喜賦〉自云：「追隨楚客荷吟幟，喚起詩魂正國風」之語，可見林荊南追隨於梅樵辦理該刊的心情。另同樣於「祝詩」中可見吳醉蓮、簡荷生、顏招林等詩友賦詩寄予林荊南，言其「狂瀾倒挽憑君手」、「煩君藝苑來鳴鐸」等，都可見到在主編施梅樵的身邊，林荊南是重要的編輯人，也因此而由他執筆寫下「編輯餘話」。

四、未刊稿

梅樵一生寫詩作文，作品數量很多。可惜目前所見真正出版的創作集，僅如上述之《捲濤閣詩草‧初集》與《鹿江集》二輯。除此之外，在各書籍中所見提及梅樵作品者，尚有數部，茲舉列代表性記錄如下：

1、《捲濤閣尺牘劫餘文稿》待刊稿。黃洪炎《瀛海詩集》載。

2、《玉井詩話》。見施讓甫〈施公梅樵家傳〉載。

3、《蕉窗閒話》。見曾文新〈竹塹喜晤施梅樵先生〉作者註。

4、《白沙詩集》。見〈智慧型全臺詩知識庫〉載〔註44〕。

5、《見聞一斑》。見〈智慧型全臺詩知識庫〉載。

6、《讀書箚記》。見〈智慧型全臺詩知識庫〉載。

比對吳福助教授編《臺灣漢語傳統文學書目》所錄「施梅樵」名下書目，共見三種，即：《捲濤閣詩草》、《鹿江集》，與《丘黃二先生遺稿》〔註45〕，此外未見其他著錄。則如上數種待刊稿，或者都無緣付諸刊刻，在時間洪流中散佚，而成為空中餘響，徒然令人感到惋惜了。

施梅樵一生以詩人自居，《捲濤閣詩草》與《鹿江集》便是他的創作代表。對瞭解施梅樵的生平經歷與詩學成就，都提供了最直接的認知途徑。目前此二作均受到良好保護與流傳，乃天祐斯文，值得慶幸。《梅樵詩集》的合刊，提供了讀者得以一次掌握的便利性。然而從原刊本到合刊本，在體例與校勘等方面，都存在著改進的空間與釐清的必要，是讀者需要加以留心的。

〔註43〕應作「林荊南」，或為筆名，或為錯字。暫從原稿作「林經南」。

〔註44〕〈智慧型全臺詩知識庫‧全臺詩作者個人資料‧施梅樵〉：http://cls.hs.yzu. edu.tw/TWP/b/b01.htmhttp://cls.hs.yzu.edu.tw/TWPAPP/ShowAuthorInfo.aspx?AID=000673

〔註45〕見吳福助編《臺灣漢語傳統文學書目》頁141、100。臺北市：文津出版社，1999年1月初版。

　　《施梅樵先生書帖》雖然並未廣泛流傳，但以書法教學一面觀之，實爲具有教材功能的珍貴文獻，對認識梅樵譽滿三臺的書法造詣，也是進行析論與學習的最佳入門。又，目前對彰化白沙吟社的歷史與活動瞭解尚且有限，此書帖即爲此詩社運作的具體見證，亦具有補充歷史空缺的價值。

　　由施梅樵經手主編之詩作，應以《丘黃二先生遺稿合刊》爲代表。此編含有其私淑嚮慕之情，亦有粹選合輯之功。而林植卿《寄廬遺稿》之刪訂，乃二人多年深摯情誼之展現，足爲友好之見證。

　　施梅樵之辦理《孔教報》，切實反映其推展儒學濟世的理念，此報已爲中央圖書館典藏，近來亦受到注意與討論，是足堪慰。《臺灣詩學》僅出刊二期，份量雖薄，幸爲私家收藏，得存一脈，可爲臺灣文學文獻之補益。

　　令人遺憾的是，未曾出刊、亦至今未能得見者，尚且不少。若有朝一日能得出土，實臺灣文學界之所共盼。未刊或亡失著作的遺憾，透過輯佚，希望能稍事彌補。斯人已遠，文獻易散，對前輩文人的瞭解，可以從其著作的掌握開始。

第二節　文獻輯佚與異文校勘

　　施梅樵生前親手精選己作出版的《捲濤閣詩草》，以及臨終前交代務必出版的《鹿江集》，可以說是經過施梅樵自我認同許可的傳世之作，足以作爲其文學精華的代表。但若以後世欲回溯詩人創作歷程或瞭解書寫全貌的角度來看，亦或是以未來編輯《施梅樵全集》的可能性來看，在已如上節整理所示的已出版著作之外，顯然還有相當大的文學史料空間，是需要加以搜羅填補的。若能廣泛地搜求散作與史料，當有助於對文人的生平瞭解，並能有效地彌補其已出版著作之外的作品缺口。

　　輯佚之外，伴隨而來的是校勘。文字凡經刊載，必有校勘問題。或是手民排印之誤，或是版本輾轉之異，甚或是原作失察之處等。在以呈現正確的文本爲前提之下，不論是已出版之著作，或輯佚所得諸作，校勘是必要的，雖然是極不容易盡善的。

　　筆者盡可能地先行廣泛搜尋，並經比對《捲濤閣詩草》、《鹿江集》之後，已將所得佚詩佚文依編年序列統整，輯爲「**施梅樵佚作彙編**」（詳附錄一），冀能提供更豐富的梅樵文學作品，以便研究。以目前筆者所彙集的梅樵佚作

總數，已合計達到 647 題 922 篇／首。〔註46〕若持續擴大搜尋，或者還能再有補充。在此輯佚實務基礎之上，再就文獻輯佚與異文校勘二命題歸納所見分述之。

一、文獻輯佚

施梅樵的書寫頻繁，與詩友的往來頻繁，其作品發表亦頻繁，他的詩文實際上廣泛地散見於當時許多不同形式的刊物或文獻上。日治時期臺灣出版刊物眾多，諸如日治時期的古典詩刊物，或刊物中有古典詩單元者，基本上都有可能是梅樵詩歌或活動訊息的刊登處。搜尋發表之散作猶如披沙撿金，其未公開之文獻更甚至是可遇而不可求。在搜尋者個人需本分地付出一定程度的勤奮與敏銳之外，在實在不易將全臺大小刊物逐一翻檢的困難之下，筆者因優先針對傳統詩文的主要刊物，及現今能力範圍內所能獲得者，優先進行地毯式搜尋，所幸仍然有所收獲。茲就進行搜尋所得的文學文獻，分類敘述之。

（一）手稿墨寶

文獻收集以第一手資料最為寶貴。手稿墨寶出自作者親筆，最直接也最靈活地反映出作者的個人風采。施梅樵離世距今不遠，又以書法獨步藝壇，作品也受到文化界的珍藏。以筆者所見為例，可分三大類：

1、致友人詩書文件

（1）致林克宏

林克宏即南投名畫家林寶鏞。南投縣史館圖書文獻室藏有《林克宏書信總集》一部〔註47〕。此集收錄諸友致林克宏〔註48〕書信原件影本，其中多有知名人士，如霧峰頂厝大少林紀堂、鹿港名醫陳百川、竹山敦本堂鉅子林月汀……等人，文獻價值甚高。集內亦收錄有施梅樵致林克宏書信二則，二則皆附詩作，然皆未詳記書寫年代。其一為〈遊南崗即事〉〔註49〕，此為《梅

〔註46〕拙編「施梅樵佚作彙編」（附錄一）作品數量分期計之：明治、大正時期合計171 題 270 首；昭和時期合計 440 題 607 首；戰後時期合計 15 題 24 首，此三期共計 627 題 900 篇。另有存目 21 題 21 篇，總計為 648 題 921 篇。

〔註47〕《林克宏書信總集》影本蒙吳福助教授慨贈，敬致謝忱。

〔註48〕林克宏之「宏」字，審其諸友致書用字，頗見有用「弘」字者。茲以本書標題所用「宏」為據。

〔註49〕《林克宏書信總集》影本頁 25、26。

樵詩集》所未見之作，足爲補佚；其二爲〈秋興八首〉〔註50〕，《捲濤閣詩草》已有收錄，可作爲校勘之良本。又此作使用的是梅樵個人製作專用的「施梅樵詩箋」，難得一見。

（2）致杜香國

施梅樵昭和12年8月7日寄杜香國短箋一紙。〔註51〕

（3）致施讓甫

某年6月11日信件。現爲鹿港民俗文物館珍藏。〔註52〕

（4）致詹作舟、徐見賢

施梅樵與永靖詹作舟、徐見賢二君之往來頗爲密切，常可見一函同致二君，今經永靖同鄉張瑞和整理，清楚呈現於《詹作舟全集》之中，詹作舟文物與遺作多已致送國家臺灣文學館典藏。施梅樵致詹、徐二君之手稿，形式上有一般十行紙、特製信箋〔註53〕、孔教報原稿用紙〔註54〕、明信片等。觀其內容主要有二類：其一爲一般信件，多述生活瑣事。今見達十九封〔註55〕，時間上絕大多數乃戰後初期之通訊，其內容來則常爲金錢借貸往來情事，這些信件揭露了梅樵晚年生計上艱困的眞相，令人不勝欷歔。其二爲詩函〔註56〕，古、近體俱見，或作附語，或乞和應答，其中多見佚詩，可補不足；而部分已選錄出版者，俱見於《鹿江集》，惟文字或有增損，亦足供校勘之用。茲就《詹作舟全集》所錄施梅樵詩作與《鹿江集》比較之，製成「**施梅樵致詹作舟、徐見賢詩作佚刊一覽表**」（表4-2），以見其補佚與校勘之助。

表4-2　施梅樵致詹作舟、徐見賢詩作佚刊一覽表

序	施梅樵詩題（全集頁碼）	型態數量	鹿江集（頁碼）	年代
1	七十述懷（247）	原稿七律四首	同題（96）	1941
2	春日雜詠（257）	原稿七絕四首	佚	1941

〔註50〕《林克宏書信總集》影本頁35。
〔註51〕見「杜香國簡介——生平介紹」，網址：http://ithda.ith.sinica.edu.tw/Du/intro03_6.htm。2008年7月18日讀取。
〔註52〕施梅樵致施讓甫信函，蒙鹿港民俗文物館慨示，敬致謝忱。
〔註53〕如「施梅樵詩箋」、斗六張冠英「內祝家慈古稀徵詩紀念箋」。
〔註54〕〈遣懷〉、〈南游紀事〉、〈春日感賦〉三組詩均書寫於「孔教報原稿用紙」上。
〔註55〕張瑞和編《詹作舟全集・三・書信雜文篇》頁207。
〔註56〕張瑞和編《詹作舟全集・四・傳統詩篇》。

3	夏日寓齋感賦（258）	原稿七絕四首	夏日寓齋感作（129）	1941
4	遣懷（270）	手稿七律二首	同題（63）	1943
5	中秋夜偶成（278）	原稿	佚	1944
6	羅山旅夜諸吟友相訪談詩夜深始散爰賦七古（290）〔註57〕	原稿七古一首	羅山旅夜諸友畢集談詩至夜深始散余不能寐爰成此篇（8），缺原附語	1945
7	見贈（295）	原稿五古一首	二月十四日過永靖訪作舟見賢（35）	1945
8	春日漫興（296）	手稿五律三首	同題（37）	1945
9	楊嘯霞寄古稀吟索和賦此祝之（302）	原稿七古一首	同題（28）	1945
10	感賦（303）〔註58〕	手稿七律二首	同題（73），缺原附語	1945
11	遣懷（305）	原稿七律二首	寫懷（63）	1945
12	臺南宿夜（307）	手稿七律一首	佚	1945
13	杏菴詞兄邀飲於旗亭賦謝並質拱五（308）	原稿七律一首	杏菴招飲於招仙閣賦質拱五杏菴（77）	1945
14	臥蕉詞兄留飲席上賦質占梅觀濤（308）	原稿五律一首	王臥蕉留飲（45）	1945
15	秋日酷熱感作（310）〔註59〕	手稿七絕三首	秋日苦熱感作（108）	1945
16	午夢（312）	手稿七律一首	佚	1945
17	早行偶成（317）	手稿七律一首	早行即景（71），缺原附語〔註60〕	1945
18	甲申生日誌感（318）〔註61〕	手稿七律二首	同題（92），缺原註	1945
19	寫懷時避難大里（319）	手稿七律一首	同題（76），缺原註	1945
20	遣情（320）〔註62〕	手稿五古一首	同題（7），缺原附語	1945

〔註57〕 據《詹作舟全集・四》頁 290 本詩〈編按〉：「此詩寫於『東亞雜誌原稿用紙上』，詩後還有『乞和』二字。」

〔註58〕 《詹作舟全集・四》頁 304 本詩〈編按〉：「此詩寫於『施梅樵詩箋用紙』上，詩後寫『乞和章徐見賢君均此不另。』」

〔註59〕 《詹作舟全集・四》頁 311 本詩〈編按〉：「此詩寫於梅樵先生寄贈的信紙上。」

〔註60〕 《詹作舟全集・四》頁 317 本詩〈編按〉：「此詩寫於寄給作舟先生明信片中，郵戳：昭和 19、12、8，詩後並註明『伏望見賢先生一同和章。』」

〔註61〕 〈其二〉，《詹作舟全集・四》頁 318 本詩〈原註〉：「余廿四歲入泮，再就學泉州，廿六歲春二月北京張珍五太史寄信催余赴戶部就職，奈祖母雙瞽，寄信召余歸臺灣，時正割讓，恐祖母盼望遂歸。」

〔註62〕 《詹作舟全集・四》頁 321 本詩〈編按〉：「詩後又寫『前番君等曾和韻古風

21	歸里一鳴族姪孫治酒相邀席上感作（323）〔註63〕	手稿七古一首	一鳴族姪孫聞余歸里治酒相歟感作（22）	1945
22	過生春醫院歸後賦寄坐舟（326）	原稿七古一首	同題（35）	1945
23	六憶詩（327）	原稿五古一首	同題（34）	1945
24	紀事（328）	手稿七律二首	同題（102）	1945
25	春日感賦（344）	手稿五律二首	佚	1945
26	南游紀事（346）〔註64〕	手稿七絕八首	南遊雜詠（124），缺原註	1945
27	秋日書感（349）	原稿七律四首	同題（85）	1945
28	臺南誌感（363）	原稿七絕二首	佚	1946
29	除夕書懷（365）	原稿七律一首	佚	1946
30	南屯新集吟會偶作（394）	原稿七絕三首	佚	1946
31	作舟見賢枉顧（443）	未詳五律一首	佚	1947
32	醉中放歌（453）	原稿七古一首	佚	1947
33	獨坐（454）	未詳五律二首	佚	1947
34	病中作（458）	原稿七絕一首	佚	1947

【說明】

1、「全集」，張瑞和編《詹作舟全集‧四》之簡稱。因梅樵致詹作舟詩作俱收錄於此。

2、「手稿」，筆者目見施梅樵詩作手稿影本。此皆蒙張瑞和詞長凱贈，謹致謝忱！

3、「原稿」，載於《詹作舟全集》而筆者未目見原稿影本者。

2、詩聯碑匾等墨蹟

　　施梅樵書法名聞三臺，今臺灣各地尚有許多他的詩文墨寶留存。或為前人之句，則可賞其書藝；或為梅樵撰句並書，則詩書雙美，兼可補佚。有書面紙幅者，也有碑匾聯贊等形式。茲舉例之。

（1）紙幅書法

A、詩文中堂

　　如：〈施節母郭孺人傳略〉為祝賀施讓甫之母郭孺人六十壽慶題撰〔註65〕；

大有可觀，倘肯時常作之，不難臻於妙境。』」

〔註63〕據《詹作舟全集‧四》頁323，本詩〈編按〉：「（本詩）寫於明信片中，郵戳為（昭和）20年2月5日，住址：彰化市旭町二三七。」

〔註64〕原註見本論文附錄一「施梅樵佚作彙編」。

〔註65〕《鹿江集》頁（5）。

贈施天福七律行楷〔註66〕；〈永昌大國手新築落成紀念〉〔註67〕行楷、杜甫〈登樓〉行楷〔註68〕、〈廷輝賢世講令哲嗣金池花燭誌慶〉四幅行楷捲軸〔註69〕、彰化縣文化局典藏五古行書〔註70〕、贈林獻堂七律楷書〔註71〕、〈恭題賜姓祖魯惠公讚〉楷書〔註72〕、埔心武舉人黃耀南畫像題詩〔註73〕……等。

　　B、對聯條幅

　　如：草屯收藏名家涂勝本所藏「行楷十二言龍門聯」〔註74〕、「行楷七言聯」〔註75〕；二林收藏名家許明山所藏「行草二十言聯」〔註76〕；國立臺灣美術館典藏行楷七言對聯〔註77〕；贈施天福行楷七言聯〔註78〕、贈許稼秋大國手行書七言聯〔註79〕……等。

　　其中包括〈施節母郭孺人傳略〉、贈施天福詩幅與對聯、〈永昌大國手新築落成紀念〉、贈林獻堂七律、贈許稼秋大國手行書七言聯等，俱為可貴的佚作。另，收藏名家許明山所藏「行草二十言聯」不僅為梅樵佚作，同時也是特殊的「雙宣」〔註80〕之作，有其珍貴性。

〔註66〕《鹿江集》頁（4）。

〔註67〕鹿港民俗文物館典藏行楷。

〔註68〕鹿港民俗文物館典藏行楷。

〔註69〕臺中霧峰明臺中學林獻堂文物館典藏行楷中堂書法捲軸，合共四幅。鈐印：白文「別號可白」、朱文「梅樵六十六歲以後所書」。

〔註70〕施梅樵行書中堂。見彰化縣文化局「線上典藏數位系統」：http://art.bocach.gov.tw/suggest/index5.asp?id=697

〔註71〕見梁基德《清翰林等科舉名家墨跡藏珍》頁112。彰化福興：鄉梁基德，2001年7月再版。

〔註72〕鍾金水藏。見黃志農編著《彰化縣先賢書畫專集》頁62，彰化市：彰化縣文化局。2004年初版。此詩又收於《捲濤閣詩草》頁87。

〔註73〕大正年間作，見曾慶國主編《埔心鄉志》頁471。彰化埔心鄉：埔心鄉公所，1993年。

〔註74〕見《臺灣早期書畫專輯》頁159三幅行楷。南投：國史館臺灣文獻館，2003年12月。174*45公分。涂勝本藏。又收在《承先啟後，縱橫百年——南投縣前輩美術家專輯》頁27。南投：南投縣立文化中心，1997年1月。

〔註75〕見《臺灣早期書畫專輯》頁161三幅行楷。南投：國史館臺灣文獻館，2003年12月。132*32公分。涂勝本藏。

〔註76〕蒙二林許明山詞長慨示，敬致謝忱。

〔註77〕國立美術館典藏施梅樵七言對聯：「山靜水深趣舍異／風和日朗古今同」。

〔註78〕《鹿江集》頁（4）。

〔註79〕落款：「稼秋大國手雅賞　梅樵書」，鈐印：白文：「施天鶴印」，朱文：「梅樵一字蛻奴」。136*33公分。見梁基德《清翰林等科舉名家墨跡藏珍》頁112。彰化福興鄉：梁基德，2001年3月初版。

〔註80〕所謂「雙宣」，是指書法家一次寫重疊的兩張宣紙。若重疊寫三張，謂之「三

C、印　款

在書法中同時可見梅樵所用的各式書章。目前所見款式，有白文：「施天鶴印」、「錢江二十九世秀才」、「別號可白」等；有朱文：「梅樵」、「梅樵一字蛻奴」、「梅樵六十六歲以後所書」、「梅樵六十六歲以後所書」、「天生我才必有用」等。

（2）碑匾聯

A、碑　刻

如：今員林福寧宮〈福寧宮移轉改築碑記〉，清楚署名為丙子年（1936）孟春「鹿港施梅樵拜誌」。〔註81〕再，彰化市縣定古蹟南瑤宮三川殿正面石牆。又，臺中國立臺灣美術館碑林廣場「臺灣先賢書法家」系列，碑刻施梅樵行書杜甫〈望嶽〉五律一首。〔註82〕

B、匾　額

如：彰化社頭鄉蕭氏大宗祠芳遠堂「永昭令德」匾，為梅樵於大正11年（1922）所書。彰化埔心鄉忠義廟「舍生取義」、「為國捐軀」二匾，據傳亦為施梅樵手筆。〔註83〕又，員林鎮崙雅里崙雅巷張氏家廟匾亦為梅樵之書。

C、對　聯

如：彰化大城鄉咸安宮供奉保生大帝，正殿點金柱對聯為梅樵於昭和4年（1929）所書。〔註84〕大村鄉新興村五通宮奉五顯大帝，梅樵題撰並書之三楹聯。

宣」。也可指烘紙過程中，一次重疊烘乾兩張紙；或於抄紙時，利用兩次不同時間的漿料入簾來形成。

〔註81〕福寧宮位於員林中山路上，供奉天上聖母，碑在拜殿龍邊牆面，117*161公分，為一組三石合刻碑文。

〔註82〕作品為丁玉璽藏，原尺寸：134*35公分。

〔註83〕彰化埔心鄉忠義廟「舍生取義」、「為國捐軀」二匾，據馮永華考察，認定是施梅樵所書。惟匾額年代有誤。見氏著《彰化縣美術發展調查研究——書法篇》頁114。彰化：彰化縣文化局，1998年4月。
　　　　蘇麗瑜則認為：因鹿港施梅樵與曾道二家之筆風有異曲同工之處，遂謂「此匾極有可能是請當時人在鹿港的曾道所製。若此匾為大正15年建廟時請鹿港秀才書家所製，並題寫毀損舊匾之年月，則是時施梅樵57歲，合理性相當大。」見氏著《鹿港書家王漢英及鹿港書壇》頁21。明道大學國學研究所書法藝術組碩士論文，2007年6月。

〔註84〕聯文：「咸仰帝之威靈無臭無聲功不顯／安斯民於衽席為醫為相績何殊　昭和四年己巳　鹿港梅樵施天鶴書　鹿港施讓甫撰　本街弟子吳天麟敬立」。

3、作業圈點

施梅樵桃李天下，然而他對學生們的批改本，卻不易得見。施讓甫未刊的詩稿中，有詩題〈岳陽樓〉七絕四首〔註85〕，鈔寫於「大冶吟社詩鈔」的用紙上，其中部分文字右側加上圈點，詩後並有施讓甫親筆註明的一行小字：「以上四首爲梅公圈點」。以讓甫和梅樵至爲親近的關係來看，吾人相信，其所謂「梅公」正是施梅樵。以此四作來看，施梅樵所作圈點俱在結聯，可見這是他對絕句寫作的側重要點。

（二）報章期刊

此類出處不僅保留詩文數量最多，也最貼近作家書寫的第一時間，並且許多有關當時詩人與詩壇的動態報導，也提供了後世研究上的許多寶貴資料。在文學與文獻雙方面，都具有高度的參考價值。

1、《大冶吟社詩卷》

大冶吟社創立於大正 10 年（1921），是日治後半期鹿港地區最重要的詩社，施梅樵在創社當時與洪月樵、陳材洋等人受社友們共推爲創社顧問之一。〔註86〕當時作爲記錄與聯絡詩友的《大冶吟社詩卷》，所幸尚有部分原刊本受到鹿港民俗文物館的珍藏，計有《第弍號》、《第參號》及未標示期別者共三卷，俱是手寫油印本。據筆者對照內容後可知〔註87〕，此未標示期別者實爲《第肆號》。

雖未見第一期刊本，然據《臺灣日日新報》大正 11 年 8 月報導：〔註88〕該社第一期徵詩課題〈秋夢〉詞宗，即是敦請施梅樵擔任。足見其聲望。

《第弍號》詩卷出刊於大正 11 年 11 月，重要內容包括有：輓施家本、梅樵〈歸里喜晤子敏啓南漢津并寄大冶吟社諸賢〉〔註89〕、第三期課題〈迎春〉作品刊布（詞宗施梅樵）、第四期課題〈蝶夢〉作品刊布（左詞宗林望洋、右

〔註85〕 見《讓甫詩鈔》影本頁 6。蒙吳東晟詞長慨示影本，敬致謝忱。

〔註86〕 參施懿琳《彰化縣文學發展史》頁 256。

〔註87〕 《大冶吟社詩卷第四號》原刻本封面未題期號。筆者檢閱：《大冶吟社詩卷第二號》有第一期徵詩〈秋夢〉入選作品刊布。《大冶吟社詩卷第三號》有第弍期徵詩〈宋太祖〉入選作品刊布。封面未題期號者內刊載有第三期徵詩〈畫菊〉入選作品刊布，並預告第四期徵詩題〈賈島祭詩〉。因可確知：此未題期號者必爲《大冶吟社詩卷第四號》，因仿前刊，擬作完整標題。

〔註88〕 《臺灣日日新報》大正 11 年 8 月 25 日 6 版報導：「大冶吟社第一期徵詩課題〈秋夢〉，詞宗施梅樵。得詩近 300 首」。

〔註89〕 又收在《捲濤閣詩草》頁 34，改題作〈春日歸里大冶吟社諸賢見訪〉。

詞宗施梅樵）、第五期課題〈代天臺仙子送劉阮下山〉（左詞宗陳百川、右詞宗林少英）作品刊布、第六期課題〈古墳〉（左詞宗林灌園、右詞宗林仲衡）作品刊布、第一期徵詩〈秋夢〉作品刊（詞宗施梅樵）、櫟社二十週年紀念大會通知、入社與退社社員名單……等。

　　《第參號》詩卷出刊於大正 11 年 12 月 28 日後，重要內容包括有：社員消息「施梅樵先生古曆冬至日來訪」、梅樵〈南遊歸來冬至日訪大冶吟社諸彥〉〔註90〕三疊韻、第七期課題〈墨蓮〉（詞宗莊太岳）作品刊布、第式期徵詩〈宋太祖〉（詞宗南強）入選作品刊布……等。

　　《第肆號》詩卷出刊於大正 12 年 1 月，內容包括有：第三期徵詩〈畫菊〉（詞宗莊太岳）作品刊布，並預告第四期徵詩題〈賈島祭詩〉（詞宗林仲衡）。

　　如上所簡示，在《第式號》與《第參號》詩卷中，施梅樵的出現頻率極高，尤其以《第參號》中與周定山、陳子敏、朱啓南、許景雲四位詩友連續三疊韻合計達 20 首的往返賡和詩作的依序排列，而成為當期詩卷的最大焦點。

2、《詩報》

　　以詩歌輯佚所得總數量來看，當推《詩報》為首要，冠於諸期刊之上。《詩報》創辦於昭和 5 年（1930）10 月 30 日，是日治後半期最重要的傳統詩期刊，施梅樵於創刊號即受聘為創社顧問，後亦長期擔任該報顧問。包括閒詠詩、課題擊缽詩、徵詩、詩社詩會活動等訊息與作品，每一年都可以在《詩報》上看到關於梅樵的資料，最晚至昭和 19 年 3 月 312 號仍得見其詩作。幾乎與《詩報》的歷史相終始。以不甚精確的保守統計，關於施梅樵的訊息條目總數超過 800 條以上。其中多數為詩作，對補充梅樵佚詩助益頗大。

3、《臺灣日日新報》

　　《詩報》創刊之前，保留梅樵詩作最多的刊物，非《臺灣日日新報》莫屬。即使是《詩報》創刊之後，關於文人動態訊息的報導，仍以《臺灣日日新報》仍略勝一籌。中日文並載的《臺灣日日新報》屬於綜合性報紙，創刊於明治 31 年（1898）5 月 6 日，發行時間長達 47 年，是日治時期的最大報紙。今幸賴於數位化檢索系統提供的方便，輸入「梅樵」、「天鶴」為關鍵詞檢索《臺灣日日新報》與《漢文臺灣日日新報》，所得到的訊息條目合計達 350 則。〔註91〕年代最早者見於明治 30 年（1897）11 月 20 日第 1 版，最晚

〔註90〕又收在《捲濤閣詩草》頁 63，改題作〈南遊歸來冬至日大冶吟社諸彥過訪〉。
〔註91〕資料庫系統：《臺灣日日新報──漢珍／ゆまに清晰電子版》，臺北市：漢珍

者見諸昭和 15 年（1940）10 月 3 日第 8 版。

　　4、其　他

　　如：《臺南新報》。梅樵曾經寓居臺南三年，與當地詩友往來密切，該報上不乏施梅樵作品，約計近 100 則詩訊。最早爲大正 11 年（1922）11 月 07 日 7430 期頁 5。最晚到昭和 12 年（1937）01 月 19 日 12591 期頁 8。

　　再如：《臺灣文藝叢誌》，施梅樵曾受聘爲創刊評議員。不僅擔任詞宗與文宗，也撰寫散文發表於此刊物上。雖然總數量不是太多，但仍然提供了令人可喜的補佚之功。

　　另於《風月報》、《南方》、《臺灣時報》、《南瀛新報》等均零星發現有梅樵佚詩。又，雖尋檢《興南新聞》與《臺灣詩薈》、《三六九小報》等，惜無所獲。

　　（三）總　集

　　「總集」是指總匯多位作家作品的合集，與單收一人作品的「別集」相對稱。以梅樵文學生命的精華期日治時期爲例，由於風氣昌盛，古典文學總集與別集的發行數量都很多，粗估「總集方面有二百餘家三百餘部，別集方面有六百餘家近九百部著作。」〔註92〕其中就選錄梅樵作品的情形而言，舉其要者包括：曾笑雲《東寧擊缽吟前集》（1934）11 首、賴子清《臺灣詩醇》（1935）2 首、曾笑雲《東寧擊缽吟後集》（1936）6 首、黃洪炎《瀛海詩集》（1940）6 題……等。諸如此類都可以反映梅樵詩歌受到注意的程度，也有助於篩檢出部分佚詩。

　　其他如：臺灣總督府官房文書課編《壽星集》（1916）、豬口安喜編《東閣倡和集》（1927）、黃溥造編《興賢吟社百期詩集序》（1937）、蔡汝修《臺海擊缽吟集》……等，也都可見梅樵作品芳蹤。

　　而梅樵身後所編輯的總集，也能見到對其詩作的收錄。如：洪寶昆《瀛海吟草》（1952）4 首、廖漢臣《臺灣省通志稿・學藝志・文學篇》（1959）16 題、賴子清《臺海詩珠》（1982）3 首……等。

　　數位圖書，2008 年。

〔註92〕見陳郁秀〈序〉，施懿琳主編《全臺詩》頁 7。臺南：臺灣國家文學館，2004 年 2 月。又，目前較爲集中具體呈現臺灣傳統文學目錄者，首推吳福助教授主編《臺灣漢語傳統文學書目》，臺北：文津，1999 年 1 月一刷。繼有《臺灣漢語傳統文學書目續編》，見國科會專題研究計畫，1999 年 8 月～2000 年 7 月。

（四）個人書寫

個人書寫是廣泛指稱個人的一切文字書寫形式，包括詩文別集、日記、鈔本、碑刻……等文學史料。

詩文別集方面，以日治時期而言，詩人別集的數量，依吳福助教授編《臺灣漢語傳統文學書目》統計，達 168 家 279 種〔註93〕。而近年來得力於文史各界積極進行的田野調查，獲致並公開早期的文學史料，都對新的認知擴大了充實的可能性。例如：施梅樵撰李昌期墓誌碑傳〔註94〕、致林維朝詩歌的手鈔本〔註95〕，都十分難得。廣泛的個人書寫，可以反映梅樵交遊情況之一斑，其中部分有附載梅樵原作，可供作補佚或校勘之助。茲舉要如下。

1、林耀亭《松月書室吟草》

林氏〈梅樵案兄贈詩賦答〉詩後附錄梅樵原作一首。在林氏集中有限的附錄詩友原作中出現施梅樵，也顯示著二人是具有著相當的交情。另，依據所述文字可推測梅樵之詩大約作於明治 36 年（1903）。〔註96〕這不僅為輯佚諸作中之年代最早者，也是罕見的施梅樵早年完整詩作，頗為珍貴。

2、許劍漁、許幼漁合著、許常安編輯《鳴劍齋遺草》〔註97〕

其中雖僅見梅樵所撰序文一篇，然而英年早逝的許劍漁（1870～1904）是梅樵同鄉至交，一張「一漁一樵」的少年寫真，一直受到施家的珍藏，反映了兩人的相契知交。梅樵早年之作難見，而劍漁早年致梅樵的許多詩歌，則多有陳於其集內，對瞭解二人交遊與當時思想，提供了可貴的參考價值。

〔註93〕總和自吳福助編《臺灣漢語傳統文學書目》（臺北市：文津出版社，1999 年 1 月初版）130 家 211 種、《臺灣漢語傳統文學書目・續編》3 家 3 種、《增訂修改臺灣漢語傳統文學書目》別集 35 家 65 種。後二種收在氏編《臺灣漢語傳統文學書目續編》，見國科會專題研究計畫，1999 年 8 月～2000 年 7 月。

〔註94〕李昌期墓誌碑傳，由草屯陳光瑩先生採集慨示，敬致謝忱。又參：陳光瑩《洪棄生詩歌研究》頁 38：「此傳乃筆者採集自李氏墳側碑記。」高雄師範大學國文研究所博士論文，2003 年 6 月。

〔註95〕陳素雲主編《林維朝詩文集》。臺北：國史館，2006 年 11 月初版。

〔註96〕見林耀亭《松月書室吟草》頁 102。臺北：龍文出版社，1992 年。原詩未繫年，惟首句之「戰罷文場」，據同書頁 31 梅樵〈林耀亭弔辭〉云：「癸巳科試，先生與鄙人同受知顧鼎臣學使」，可知梅樵與耀亭於癸巳（光緒 19 年，1893）同年考上秀才。因將「隔十春」一語逆推，知本詩大約作於明治 36 年（1903）。

〔註97〕許劍漁著、許常安編輯《鳴劍齋遺草》，高雄：大友書局，1960 年 9 月。鹿港民俗文物館典藏提供。

3、張麗俊《水竹居主人日記》〔註98〕

這部可視爲二十世紀前半期臺灣社會生活史的日記巨作，內容除了可見到梅樵與豐原張麗俊的往來詩歌創作之外，最具特色的，還在於以確切的時間、地點、人物，記錄了當時的許多文學及生活等活動實況，這是一般詩文集所無法獲致的珍貴資料。對瞭解施梅樵在以豐原爲主的中部地區的活動，極具細膩的文獻價值。

據筆者檢閱之後，前後長達 27 年的《水竹居主人日記》〔註99〕中，有關於施梅樵的記錄彙製成「《水竹居主人日記》中記載施梅樵一覽表」（表4-3），俾便觀覽。以此表來看，大約可區分爲二個時期：一、爲大正 5～6 年（1916～17），這段時期正是施梅樵寄籍葫蘆墩（今豐原）並在大墩（今臺中）開設醉墨軒的時期，二人頻有互訪，日記中的記錄最爲密集豐富，居其他時期之冠。二、爲昭和年間，除二人送有詩函書信往還〔註100〕之外，最主要的還是一起參加櫟社及其相關詩友或社團的聚會活動，如：林耀亭務滋園〔註101〕、吳子瑜怡園〔註102〕、中部聯吟大會〔註103〕……等。

梅樵與張麗俊之間數度往來唱和的作品，日記中多有抄錄，其中則僅有〈春日過訪升三先生即次瑤韻〉一首收入《捲濤閣詩草》〔註104〕。其餘則爲補佚提供了第一手材料。

表4-3　《水竹居主人日記》中記載施梅樵一覽表

紀　　年	新曆月份	有詩月份	紀　　年	新曆月份	有詩月份
明治 45 年（1912）	6		昭和 3 年（1928）	11	
大正 5 年（1916）	3、5、6、12	3	昭和 4 年（1929）	11	11

〔註98〕張麗俊著、許雪姬等解讀《水竹居主人日記》，臺北：中央研究院近代史研究所，2001 年 8 月初版。

〔註99〕《水竹居主人日記》內容起於 1906 年，止於 1932 年（其中 1922 年缺，1918～1920 年部分因入獄而缺載，因合併爲一冊），共 28 冊。

〔註100〕如：昭和 1 年 10 月 18、20 日，見張麗俊著《水竹居主人日記》頁 103、104。

〔註101〕如：昭和 3 年 10 月 8 日，見張麗俊著《水竹居主人日記》頁 450。

〔註102〕如：昭和 9 年 9 月 3、4 日及昭和 10 年 6 月 9 日。見張麗俊著《水竹居主人日記》頁 472、64。

〔註103〕如：昭和 2 年 7 月 13 日，見張麗俊著《水竹居主人日記》頁 227。

〔註104〕見《捲濤閣詩草》頁 26，改題作〈張升三留飲席上次韻〉。

大正 6 年（1917）	1、2、4	4	昭和 9 年（1934）	9	
昭和 1 年（1926）	10	10	昭和 10 年（1935）	6	
昭和 2 年（1927）	7		昭和 11 年（1936）	10	

二、異文校勘

　　所謂的「異文」，在文字學上，是與正字相對而言，包括有通假字、異體字等的統稱。若在校勘學上，則凡是同一本書的不同版本，或不同的書記載同一事物，字句互異，包括了通假字和異體字在內，皆可稱為異文。前者較為狹義，後者較為廣義。本論文的取向，自然是屬於校勘學上的異文現象。

　　校勘，古稱校讎或讎校。所謂「一人讀書，校其上下，得謬誤，為校。一人持本，一人讀書，若怨家相對，為讎。」〔註105〕考其言，在以辨別異同，糾謬正訛，審定文字，恢復本真為宗旨。而這些所謂狹義的校勘學工作〔註106〕，卻能對作品藝術及作家認識，提供樸實可靠的基礎。

　　對於嘔心瀝血、字斟句酌所得的詩歌文學而言，一字之誤，往往有差之毫釐，失之千里的天壤之別，尤其應予注意其文本校勘的進行。而鑑別所得的異文材料，常能提供有力的研究證據或提示〔註107〕，也具有應用上的價值。

　　在筆者閱讀《梅樵詩集》時，可見到部分應予商榷的文字，此則需予「校」其謬誤，以求其正。在進行輯佚的過程之中，也得見與原版本歧出之處，存在著相當一部份的異文現象，此則須予「讎」其兩方，以得其異。諸如此者，對於認識梅樵詩歌文本，應該也是要提出來的。

　　《捲濤閣詩草》與《鹿江集》的原刊本上，分別在書前、書後都附有一份「正誤表」。前者指出 26 則異文，後者指出 58 則。對於減少誤解原文，都有正面而必要的意義。只是翻閱詩集內文後發現：二本詩集中的異體、譌文之處，顯然不止上述二表中所示而已。筆者因此對梅樵詩集作全面性的瀏覽後，就其原有者上加以補缺，分別製成「捲濤閣詩草正誤表」、「鹿江集正誤

〔註105〕見《文選》卷六左思〈魏都賦〉李善注引漢應劭《風俗通》：劉向《別錄》言。

〔註106〕廣義的校勘學，一般以章學誠〈校讎通義序〉所言為代表，云：「校讎之義，蓋自劉向父子，部次條別，將以辨章學術，考鏡源流，非深明於道術精微，群言得失之故者，不足與此。」

〔註107〕班固《漢書・藝文志》載：「劉向以中《古文易經》校施、孟、梁丘經，或脫去「無咎」、「悔亡」，惟費氏經與古文同。」可見：至遲於西漢劉向時即已大加利用不同傳本校勘古籍了。

表」（詳表4-4、表4-5），期能深化作品的文本正確性。

當作品流通愈廣，其異文產生的可能性就越高。梅樵個別詩歌有不同的傳鈔，筆者盡可能搜尋一手或接近一手的文獻，作爲參校文本，此取材主要有二類：

1、優先選取與施梅樵同一時代的報刊或文獻作爲主要校本。這些一手資料，常常即詩集中作品的原始出處，對校勘今存詩集是重要的參校依據。另外，新公開的文書資料，對提供可靠參校本，有很大幫助。例如：永靖詹作舟收藏的明信片等文獻上所錄存的梅樵詩作。這些一手資料透過學者張瑞和的整理而傳印，提供了珍貴的比對參考。再有，新港林維朝私家文書的影刊面世，實質補充了梅樵詩作，也透露他的交遊情形。文學文獻的整理公開，爲研究提供了更大可能。

2、是年代與施梅樵相接近者的傳鈔本。例如：《東寧擊缽吟集》、《瀛海詩集》等總集，以及其他往來詩友的別集，例如：《楊元胡先生集》等。

在上述的材料基礎上，《捲濤閣詩草》與《鹿江集》二作內許多詩歌的原始出處，逐漸被尋得，因能匯集所得，製成「**《捲濤閣詩草》詩歌出處彙錄表**」、「**《鹿江集》詩歌出處彙錄表**」（詳表 4-6、表 4-7）。對進一步的詳細校勘，或觀察作者文學修飾痕跡等作業需求，都可以提供參用的基礎。

《捲濤閣詩草》與《鹿江集》經由校勘之後產生了異文的結果，這些異文可以歸納爲四大類，茲舉列顯明文例分述如下。

（一）**輾轉**訛誤

書面文獻在輾轉謄鈔、刻印、流傳等的過程中，文字容易由於錯漏脫誤等變化，而與正確原貌產生差異。這些異文可以再區分爲脫文、衍文、倒文、訛文四種。

1、脫文。指脫漏文字。

因爲疏忽而脫文，在文獻中時常可見。《梅樵詩集》中亦然。或者脫漏明顯，可據常理推擬補足；或者透過參校本相互比較，可使彼此得到補正；也或者無從得到參校對象，以致脫漏仍然存在。其例如：

（1）《鹿江集・許天奎壽詩唱和集及自著鐵峰詩草詩話索題》

鳳按：此詩題明顯脫字。擬加「以」字，便可使語意明暢，而題作「許天奎<u>以</u>壽詩唱和集及自著鐵峰詩草詩話索題」。

（2）《鹿江集・□果》。

鳳按：此詩題本脫字。高志彬本《鹿江集》據施讓甫〈正誤表〉已經補正：
作「諫果」。又，此詩題明顯是擊缽詩題，查《東寧擊缽吟前集》〔註
108〕即收錄施梅樵〈諫果〉一首，內容與《鹿江集》所示大抵類同，
可證明其詩題確為〈諫果〉無疑。〔註 109〕

（3）《鹿江集・六十初度放歌述懷》：「……我生記在同治庚午□，□年又逢
劫後之己巳。……」

鳳按：本詩此二處原即空缺。施讓甫〈正誤表〉補正：作「年，今」。又據
查，本詩原刊載於昭和 4 年（1929）10 月 10 日《臺灣日日新報》，題
作〈六十初度放歌述懷兼以誌感〉〔註 110〕，二者互相參校，可確知
應補「年，今」無誤。

（4）《鹿江集・連日困雨既晴鴻濤寄詩索和次韻答之》：「瀟瀟風雨□〔註 111〕
層棲，合向邯鄲借枕頭。……」

鳳按：「棲」為「樓」之形近致誤，應正之。「□層」原缺字，尚未能尋得參
校本，仍缺。

部分文字的脫漏，會造成語意晦澀，無法究其詩意。但若是整段文字脫
漏或刪除，將會造成讀者閱讀資訊的不足，使詩作背景或意涵的瞭解無法充
分。其例如：

（5）《鹿江集・寫懷》

鳳按：據《詹作舟全集》〔註 112〕：這首七言律詩原作題為〈寫懷　時避難
大里〉，並繫年於民國 34 年（1945）。顯然題下五字在《鹿江集》中
已經刪脫。這五字不重要嗎？詩中有云：「山中猿鶴原相識，書劍隨
身客是鄉」，「時避難大里」其實是可以幫助讀者對詩作的動機與空間

〔註 108〕見曾笑雲編《東寧擊缽吟前集》頁 52，臺北市，1934 年 3 月。

〔註 109〕二者所異者有二處：其一，「後甘先苦味差池」，《鹿江集》作「甘先」，《東寧
擊缽吟前集》倒文作「先甘」。其二，「留取君王咀嚼時」一句末字，《鹿江集》
作「時」，《東寧擊缽吟前集》作「宜」。鳳按：前者宜從《鹿江集》，後者以
《東寧集》文意為佳。

〔註 110〕《臺灣日日新報》第 10589 號 4 版，昭和 4 年（1929）10 月 10 日。詩後附
潤庵漫評：「起用陶潛〈閒情賦〉之願字法。以下敘述六十年間之世味。憤時
疾世。森張排萃。」

〔註 111〕原缺字。

〔註 112〕見張瑞和編《詹作舟全集・四・傳統詩篇上》頁 319。

環境，多些真實的認知。而藉由《詹作舟全集》的繫年，則更能讓詩云：「浩蕩胸襟隘八荒，避氛乏策且佯狂。……世事漸非空悵惘，時艱莫濟累驚惶。……」等情境，確切地提醒讀者將時間背景推至戰爭最激烈變化的 1945 年，以設身處境地體會詩中情意。

（6）《鹿江集・甲申生日誌感》刪除註語。

鳳按：據《詹作舟全集》〔註113〕：在這兩首七言律詩之後，有作者施梅樵註一則，註云：「余廿四歲入泮，再就學泉州。廿六歲春二月北京張珍五太史寄信催余赴戶部就職，余祖母雙瞽寄信召余歸臺灣，時正割讓，恐祖母盼望遂歸。」而今本《鹿江集》出版時，將原註完全刪去。這則註語明白地陳述著一段作者過往的私人回憶，是非常珍貴的歷史資料。因為有這一段記錄，才能使讀者對「早期才大騰千里，詎料時乖誤一官」，其詩語背後的緣由典故，了然曉悟。否則，徒費疑猜，亦無從得實。《鹿江集》將此刪脫，實屬遺憾。同樣的情形在〈哭莊仰山夫子〉〔註114〕也發生。該作原共有三註語：「時輓亡友鄭幼佩詩繳脫稿，而夫子凶耗至矣」「去年令弟竹書孝廉亦逝」、「公對諸弟極其友愛」，然收錄於《捲濤閣詩集》時，註語皆刪，對讀者瞭解詩作內容都是有礙的。

（7）《鹿江集・南遊雜詠》註語全刪。

鳳按：據《詹作舟全集》〔註115〕：施梅樵原題作〈南遊紀事〉，共十首七言絕句。除了部分文字與《鹿江集》有所異同之外，比較引人注目的，是其中的第三至第八首共計六首詩後，均有原作者附記的註語。茲分別對錄如下：

其三：

只宜一宿計行程，……。（三）（鹿江集）

……。（原註：）謂黃拱五。（詹作舟全集）

其四：

……違願客宵偏異宿，枉勞下榻竟拋閒。（四）（鹿江集）

〔註113〕見張瑞和編《詹作舟全集・四・傳統詩篇上》頁318。

〔註114〕《臺灣日日新報》第6930號3版，大正8年（1919）9月30日。刊於南瀛詞壇。再發表於《臺灣文藝叢誌》第二年第一號，大正9年（1920）3月15日。又收在《捲濤閣詩草》頁103。

〔註115〕見張瑞和編《詹作舟全集・四・傳統詩篇上》頁346。

……枉教下榻竟拋閒。（原註：）余與拱五一宿大東，一宿大和。（詹作舟
全集）

其五：

吟宴安排第一樓……座中盡是能詩客，占席憐余已白頭。（五）（鹿
江集）

吟讌安排第一樓……佔席憐余已白頭（原註：）陳家駒氏設席邀飲。（詹
作舟全集）

其六：

……下馬入門相見喜，故人已復舊精神。（六）（鹿江集）

……故人已復舊精神（原註：）此行爲問黃景謨氏病已痊癒。（詹作舟全集）

其七：

……忽觸平生飛動竟，倘容叱咤及風雲。（七）（鹿江集）

……忽觸平生飛動意，……（原註：）黃景寬氏歸自南京。（詹作舟全集）

其八：

……置酒旗亭日已哺。送我北歸情繾綣，勝他朗月照長途。（八）（鹿
江集）

……置酒旗亭日已晡。送我北歸情繾綣，勝他朗月照征途（原註：）
謂陳寄生氏治筵留飲。（詹作舟全集）

從以上的對照比較，可以恍然瞭解：梅樵的詩歌，各自有一個特定對象，
詩中所陳述的活動、樣貌、情感，都緊密的繫聯在作者與諸位詩友的觀察與
互動中。而這些原註如果隱藏起來，其實是很難對詩歌背景作聚焦性的掌
握。例如，其四有著料想之外的際遇、其六實原於關心黃景謨的健康等。這
些原註的出現，避免了讀者籠統浮泛的隨意聯想，而爲詩義的理解撥開了雲
霧。

再者，詩題中所謂的「南」，也就可以藉由附註所示五位詩友的所在地，
概括出比較具體的輪廓。黃拱五，臺南人。梅樵詩所謂「先寄魚書赤崁城」，
就是指先寄信與黃拱五相約，再聯袂搭車南下，而有「同車唱和各怡情」的
歡愉。而陳家駒居屏東，黃景謨、景寬兄弟及陳寄生，均在東港，則梅樵次
行南遊的重點，便是到屏東東港與詩友相會。

2、倒文。指顛倒文字。

在排印或抄錄的過程中，由於疏忽，以致文字詞句次序前後顛倒。其例

如：

（1）《捲濤閣詩草‧背面美人與竹修登高作同限韻》

鳳按：「作同」二字明顯為倒文，全題應作「背面美人　與竹修登高<u>同作</u>限韻」為妥。

（2）《捲濤閣詩草‧秋日得孔詩昭函賦示》

鳳按：「詩昭」二字為倒文，全題應作「秋日得孔<u>昭詩</u>函賦示」。實則，「何孔昭」，詩人名姓也，為梅樵詩友，《捲濤閣詩草》尚有〈何孔昭以詩寄懷次韻答之〉、〈秋日病中孔昭嘯峰過訪席上話舊〉二詩，可見二人往來情誼。

（3）《鹿江集‧寶桑吟社歡迎席上耀青贈詩次韻答之》：「……愧余吟非咏能事，端賴諸君共折衷。」

鳳按：「非咏」二字為倒文，應作「愧余吟<u>咏非</u>能事」。施讓甫〈正誤表〉已經指出。

（4）《鹿江集‧對酒》：「……。鏡裏酡忘顏我老，杯中餘滴屬民脂。」

鳳按：「忘顏」二字為倒文，全題應作「鏡裏酡<u>顏忘</u>我老」。同題亦可見於《詩報》〔註116〕、《臺灣詩醇》〔註117〕，可強化印證「酡顏」為是。

（5）《捲濤閣詩草‧偕沈笛亭許存奏過林癡仙無悶草堂》：「……相逢禁舊說滄桑，事雨凋零已斷魂。」

鳳按：「舊說滄桑，事」為倒文，應作「相逢禁<u>說滄桑事，舊</u>雨凋零<u>已</u>斷魂」。這是字與句之間的前後顛倒，是較為大型的倒文，應該是排印致誤的結果。

3、譌文。指譌誤文字。

譌文，簡單地說，便是錯字。文字以形、音、義為構成要素。所謂對錯是以意義為準據，若在正確的字詞意義上，沒有使用正確的音或形，便是譌字。因此譌文可分為形譌與音譌二類。或是字形相近，或是讀音相近，但在字義上沒有正確的關係，即是譌文。這類情況在自覺或不自覺中都很容易出現，譌文的多寡反映了校勘的精粗，能做到完全沒有譌文，是需要付出相當的細心與耐心。茲分類陳述。

〔註116〕見《詩報》昭和 9 年 3 月 1 日，76 號頁 3。復見於《詩報》74 號頁 4。
〔註117〕見賴子清編《臺灣詩醇》，頁 295。

其一、形誤

（1）《捲濤閣詩草・伯廉過訪客次有詩因和其韻》：「……潛仲何曾忘舊誼，喜看稽紹學能成。」

鳳按：「嵇紹」乃嵇康之子，「嵇」為姓氏，因形近誤作「稽」。應改正之。

（2）《捲濤閣詩草・古寺》：「……石碑猶認義熙號，詳記當年檀樾功。」

鳳按：「義」應作「羲」，「樾」應作「越」。「羲熙」為晉安帝年號，「檀越」為佛學名詞，施主之義。凡此專有名詞，其形皆不能改易。但如果閱讀者不具備相關常識或知識，恐怕也會有相見不相識的可能。解詩需多拓廣見聞、多讀書，由此可見一斑。如上亦以形近之故致誤，應改正之。

（3）《捲濤閣詩草・寓齋雜感》（一）：「……誰許終軍一請纓……箸作千秋寄死生……牟因謗姤暮知名。」

鳳按：此段引文中有二個誤字：其一，「箸作」顯然應作「著作」，為「箸、著」形近誤誤。其二，「姤，好也」。若為「謗姤」，於義不暢，依句義宜為「嫉妒」之義，則「姤」乃「妒」之形誤。

在《瀛海吟草・天集》〔註118〕恰引錄此詩，兩相比對，正如前述，可知原來誤甚，而改易者能得確證。

（4）《鹿江集・多夜風雨交作友松邀飲》：「……披哀戴笠且行沽……洒家咫尺未模糊……樽中薄洒非醍醐。……」

鳳按：詩中有將「蓑」作「哀」、將「酒」作「洒」。前者為「蓑衣」義，後者為「酒家」義，詞意均為常識，無庸置疑。然因字形甚為類似，或是抄錄有誤，或是撿字不精，亦或是倦眼朦朧，致使形近致誤，意義雖鮮明不容改易，但形誤是必須糾正的。類似情形，在《捲濤閣詩集》與《鹿江集》中尚可見許多。

一部分的形誤字，是常態性地出現於《梅樵詩集》中。包括有：以「束」作「束」、以「岐」作「歧」、以「梁」作「梁」、以「棲」作「樓」等等。其中最為嚴重者，首推「己」、「巳」、「已」三字的錯雜，不論是《捲濤閣詩集》或是《鹿江集》，其混用情況都通遍全書。以上述諸例而言，從意義上來看，其用字都是十分清楚無疑。即「約束」不能作「約束」、「分歧」不能作「分

〔註118〕見洪寶昆主編《瀛海吟草・天集》頁2。

岐」、「黃粱」、「稻粱」不能作「梁」，「高樓」不能作「高樓」。其理至明，而仍然經常性地出現誤用，想來，也只能說是用心不足，校對不精而已了。

《鹿江集》的校對不精，或者因爲施讓甫餘暇不足，艱困中勉力從事，以致難求精確。他在書後附錄〈正誤表〉，顯示他其實明白書中校對存在著相當一些的問題。惟以今日看來，施讓甫〈正誤表〉其實還有相當的補充空間。

比較令人不解的是《捲濤閣詩集》。據本論文前節考察，此書的編錄長達十餘年，並非倉促成書；於詩集之卷上與卷下的刊頭均載明校對者高達六人，包括梅樵門人袁飲湘、楊爾材、李櫻航，以及族姪施石甫、施讓甫，及其子施健甫；並且《捲濤閣詩集》是由梅樵親自出版的。固然，校對易作難精，文本本來難以苛求百分百的一字無誤。但若訛誤頻見，顯然也是要檢討的。

其二、音譌

（1）《鹿江集・歸鄉感作並示菽廬寶書養元》（鹿集）

鳳按：「養元」是指「王養源」，人名。「元」與「源」音同，這是漢字一音多形的特性，但專有名詞不能改易，音譌以致形誤。施讓甫〈正誤表〉已經指出。

（2）《鹿江集・春日漫興》：「……若輩足衣食，如予愧比鄰。……」

鳳按：本詩原載《詩報》〔註119〕，收錄在《鹿江集》後改「富」字爲「足」字，改「余」字爲「予」字。若依常規，「足」字本應作平聲，而不論《詩報》或《鹿江集》卻先後都仍作仄聲，此實令人不解。另，「予」字有二讀，作動詞「給予」義時讀上聲，通「余」字作「我」義時讀平聲。此處依格律應讀作平聲，即通作「余」解。既然二者在聲、義上均相通，則梅樵何需易字？或欲以避直白耳。

（3）《鹿江集・新柳》：「……他年汝合垂青眼，莫漫飄搖舞落暉」

鳳按：本詩原載《臺灣日日新報》，「他年汝合垂青眼」句之「年」字原作「日」字。依平仄譜，此字應作平聲。若作仄聲「日」字，顯然有誤。後《鹿江集》改作平聲「年」字，是正確的。

（4）《鹿江集・對酒》：「……誰知酒味輸詩味，競說斯時勝昔時。……」

鳳按：本詩原刊於《詩報》〔註120〕，也被選錄於日治時期出版的《臺灣詩

〔註119〕原載《詩報》昭和19年4月25日，314號頁2。又收錄在《鹿江集》頁37。
〔註120〕見《詩報》昭和9年1月15日，74號頁4。復見於昭和9年3月1日，76

－214－

醇〔註121〕》，其中「競」字，二者原皆作「爭」字。此句首字作平聲
雖亦無不可，但顯然作仄聲「競」字更爲合律。《鹿江集》的改作「競」
字是較好的。

（5）《捲濤閣詩草·秋日書感次漁山韻》：「……一例繁華看過鳥，雄心未已
雪盈頭。……」

鳳按：「一例繁華看過鳥」句中「過」字，依平仄譜應作仄聲。惟，「過」字
作仄聲時屬去聲廿一箇韻，解作「過錯」。〔註122〕置於此句中意義不
協。疑爲誤用。

（6）《捲濤閣詩草·感懷十首次徐植夫韻》：「悔恨茫茫未有涯，臥薪嘗膽報
夫差。……」

鳳按：此詩押六麻韻，「臥薪嘗膽報夫差」句之「差」字應讀作ㄔㄚ。惟，
人名「夫差」一般讀作ㄔㄞ，未有作ㄔㄚ者。若此，則爲不協韻的誤
字。

（7）《鹿江集·登高》

鳳按：〈登高〉一詩收在《鹿江集》七言絕詩部。茲將其平仄譜陳列如下：
「仄仄平平仄仄仄，仄仄平平仄仄仄。

仄平平仄仄仄平，仄仄平平平平仄。」

如上所示，全然不合於近體詩平仄譜。即使是押仄聲韻，詩譜亦絕非如
此。實不宜置於絕詩之部，應移置古詩之部。

4、衍文。指誤添文字

在《梅樵詩集》中，並未見到衍文的情形。這應該與傳統詩歌屬於整齊
的形式有關，在規整齊一的詩陣中若有衍贅，很容易一眼看出而被改正，也
就減少了衍文出現的機會。

（二）異體字

漢字有一義多形、一音多形、一形多義多音等特性。其中音義相同，而
字形相異的情況，可謂爲異體字。〔註123〕包括正俗字、古今字、繁簡字、常

號頁 3。

〔註121〕見賴子清編《臺灣詩醇》頁 295。

〔註122〕「過」字一字分屬二韻：下平聲五歌韻與去聲廿一箇韻。參見《增廣詩韻集
成》頁 79、202。臺南：大夏出版社，1984 年 3 月。

〔註123〕詳裘錫圭《文字學概要》頁 233，北京：商務印書館，1988 年 8 月。

體或體等，都屬於異體字。

　　在《捲濤閣詩集》與《鹿江集》中的用字，多有與現今習慣不同者。

　　例如：有取古字「埀」〔註124〕、「澁」〔註125〕而不作今字「垂」「澀」；取正字「肴」〔註126〕、「鬂」〔註127〕而不作俗字「餚」、「鬢」；取簡字「洒」〔註128〕、「届」〔註129〕而不作繁字「灑」、「屆」……等。此類雖非譌文，然古今字、正俗字、繁簡字等異體文字的使用習性，顯然在時代慣性之外，也還有其個人偏好。作者或欲藉此彰顯學識，亦反映了一部份的個人特殊的作品氛圍。

　　另有少數是以手寫字補闕的異體字，應是當初排印時已有找不到字模的困擾所致。這些字在電腦上也大多未有現成字可用，部分甚至是字典查無，頗費疑猜。例如：「懸磴□丹霞」〔註130〕、「乾坤□洞放光明」〔註131〕、「不需更唱吳□曲」〔註132〕、「春陰□薄棉」〔註133〕、「正喜此翁猶□鑠」〔註134〕……等。

　　《捲濤閣詩集》與《鹿江集》中的異體字，可謂頻頻出現。大抵反映了兩種情況：其一、《梅樵詩集》並不在意於詩集上的用字都一定要是「正體字」；其二、顯然不論是《捲濤閣詩集》或是《鹿江集》，也不在意詩集上用字的字形一定要前後一致。總體而言是正俗兼用、古今並見、繁簡同出。

〔註124〕「埀」字用例如：「臨江埀釣鉤」、「菱花開處暮雲埀」，分見《捲濤閣詩草》頁42〈得啓賢侄書詢近狀賦此示之〉、頁77〈晚粧〉。又，「埀楊纏成絲」，見《鹿江集》頁21〈偕久保天隨遊紅林席上賦贈〉。

〔註125〕「澁」字用例如：「何曾羞澁到詩囊」，見《捲濤閣詩草》頁55〈雪樵秋日寄詩相質賦此示之兼以述懷〉。又，「花瘦鶯聲澁」、「憐渠羞澁都成慣」，分見《鹿江集》頁52〈客中即事〉、頁115〈有贈〉。

〔註126〕「肴」字用例如：「酒肴塡飢壑」、「準備登臨饗野肴」，分見《鹿江集》頁32〈偕黃師樵訪夢花〉、頁69〈次丘荷公六十自壽韻並述鄙懷〉。

〔註127〕「鬂」字用例如：「鬂髮白於銀」、「金風吹雪鬂」、「況復新霜兩鬂侵」，分見《鹿江集》頁9〈壽林灌園〉、頁46〈遊東港賦示槎仙〉、頁110〈重到羅山感舊〉。

〔註128〕「洒」字用例如：「瀟洒原天性」、「坦懷到老增瀟」，，分見《鹿江集》頁51〈豐原訪柏峯〉、頁82〈次韻元煌同學六十感懷〉。

〔註129〕「届」字用例如：「已届杖國期」、「是歲届杖鄉」，分見《鹿江集》頁18〈壽林植卿〉、頁22〈題許存奏小照〉。

〔註130〕《捲濤閣詩集》頁14。

〔註131〕《捲濤閣詩集》頁91。

〔註132〕《鹿江集》頁23。

〔註133〕《鹿江集》頁37。

〔註134〕《鹿江集》頁125。

異體字對詩意實質上並不構成變易的影響，詩人在創作時或者也不會注意，而以其習慣書寫之。若再加以排印時檢字率依手筆，則異體字是必然存在的。若搭配上列形譌諸例所呈現的頗多譌字，以及音譌、脫字等輾轉譌誤諸字，其實在讀者的閱讀觀感上，其實是會產生負面氛圍的。換言之，《捲濤閣詩集》與《鹿江集》存在著校勘上明顯的瑕疵。未知是否是文人率性浪漫性格的另一種負面顯現。

相對的，如果《梅樵詩集》將來若是有出版計畫，則文字校勘應該列為首要工作為是。

（三）詳略有別

這一部份主要表現在題目。「題目」，是文學作品最醒目的組織。做為詩文的標題名稱，既有便利引稱的實用目的，也讓全文因此而具有相互呼應、畫龍點睛的作用。最主要的是，一個恰當優良的標題，可以有效地引起讀者閱讀正文內容的強烈吸引力。在傳播媒體發達的今天，「下標題」十分受到重視，尤其需要費心。

梅樵經常將作品發表在詩刊上，一部份被收錄到詩集中的詩歌，因此而得以相互對比。除了如上所陳，存在著相當一部份的字詞異文之外，以整句詩題來看，因詳略有別而產生的異文情況，也頗為常見。其例如：

（1）《捲濤閣詩集・題詩人林次逋寫照》

鳳按：此詩原刊於《臺灣日日新報》〔註135〕，題作〈題詩人林植卿先生壽照〉。收錄至《捲濤閣詩集》後，除了改稱其名，並刪除「壽」字。在詩歌中梅樵清楚地表示：為次逋圖像題詩以紀其壽辰，詩云：「先生攜圖命我歌，我亦顏甲敢獻醜。遙祝先生無他詞，億萬斯年永其壽」。若此，則加一「壽」字，可以讓題與詩更加切合。再則稱號不稱名，是比較禮貌的稱呼法。綜此，似乎《臺灣日日新報》上的詩題是較優的。

（2）《鹿江集・偕北友水裏坑看山歸途於集集下車訪雪樵》

鳳按：此詩原刊於《詩報》〔註136〕，題作〈偕北友水裡坑看山歸途**先別**於

〔註135〕原載《臺灣日日新報》第5908號3版，大正5年（1916）12月12日。又收錄在《捲濤閣詩草》頁45。
〔註136〕原載《詩報》昭和19年3月1日，311號頁2。又收錄在《鹿江集》頁11。

集集下車訪黃雪樵同學〉。收錄至《鹿江集》後將「先別」、「黃」、「同學」諸字略去。以訊息量而言，自然是《詩報》之題為多。「先別」者，暗示尚在旅途的中程；「黃」者，直示其姓；「同學」者，顯示兩人師生的關係。綜此，似乎《詩報》上的詩題是較優的。

　　類近的情況在〈遊赤崁將歸別拱五翁〉〔註137〕改作〈別拱五〉時，也重複地出現。

　　（3）《鹿江集・題陳坤輝小築》

　　鳳按：此詩曾刊於《瀛海詩集》〔註138〕，題作〈過茗園賦贈陳坤輝〉。收錄至《鹿江集》後題稱較簡略，最大的損失是陳坤輝宅署名「茗園」的訊息消失了。所幸尚有《瀛海詩集》錄其詩，方能存其名目。陳坤輝氏田中蘭社社員，曾任田中區長、保正。〔註139〕因此則標題，不僅得知陳宅題稱，也才能為梅樵行腳再添一處確切地點。校勘可以補文獻缺佚的功能，由此得一證明。

　　（4）《鹿江集・端輝族姪將遊大陸賦詩壯行》

　　鳳按：此詩原刊於《詩報》〔註140〕，原題作〈族姪端輝將遊中國詩以壯之〉。《鹿江集》詩題的遣詞用字雖略作更易，但二者句意、句式都相同。詳略差異不大。

　　（5）《鹿江集・王臥蕉留飲》

　　鳳按：此詩原作為詹作舟所藏，由《詹作舟全集》所示之原題作〈臥蕉詞兄留飲，席上賦質占梅觀濤〉〔註141〕。收錄至《鹿江集》後大減為五字，乍看之下詩題簡潔俐落，但是，由原題可明確知道當時同飲者尚有占梅、觀濤二人，並賦詩相質，是該詩的重點之一；對理解詩篇首句「好作忘年會」，提供了明確的訴求對象。改題之後，則詩歌的背景資訊完全剪去，實甚惋惜，詩篇首句「好作忘年會」的訴求對象，

〔註137〕原載《詩報》昭和19年9月5日，319號頁5。又收錄在《鹿江集》頁39。
〔註138〕見黃洪炎編《瀛海詩集》頁255。
〔註139〕見林翠鳳〈田中蘭社百年史——一個區域文學史的史料建構實例〉頁368。《東海大學學報》第16期，2004年7月。
〔註140〕原載《詩報》昭和11年7月1日，132號頁3。又收錄在《鹿江集》頁28。
〔註141〕見張瑞和編《詹作舟全集・四・傳統詩篇上》頁308。永靖鄉：詹作舟全集出版委員會，2001年11月初版。又收錄在《鹿江集》頁45。鳳按：《詹作舟全集》作「欽」，誤，應從《鹿江集》。

也僅侷限於臥蕉一人。如此的改題，是缺乏歷史文獻概念的結果。

〈遊豐原廖柏峰君留飲席上偶成〉〔註142〕簡省作〈過豐原柏峰留飲〉時，也是相類似的。

（6）《鹿江集・喜鏡如、文新至次鏡如見贈韻》

鳳按：此詩原刊於《詩報》〔註143〕，原題作〈喜鏡如、文新至次見贈韻〉。此詩由於一題中有雙人名，梅樵是次誰之韻？實未可確知。因此，《鹿江集》之詩題雖然較繁，但可以準確顯示，是其優點。將〈次小多郎韻〉〔註144〕增繁為〈次寄懷韻示小多郎〉、〈答海洲翁〉〔註145〕增繁為〈答海洲依過訪原韻〉，都有相同的成效。

（7）《鹿江集・懷拱五》

鳳按：此詩原刊於《詩報》〔註146〕，題作〈寄懷黃拱五翁〉。收錄至《鹿江集》後簡省為〈懷拱五〉。大意相同，而前者富於尊重意味，後者較為簡明扼要，各有偏重。

這種情況在悼輓詩題中最明顯。例如，原〈輓趙雲石先生〉〔註147〕簡化為〈輓趙雲石〉、〈輓王舜年同案〉簡化為〈輓王舜年〉〔註148〕。檢閱《捲濤閣詩草》與《鹿江集》，所有輓詩題目均為「輓＋姓名」，宛如是一道公式，試看〈輓蔡啟運〉、〈輓林癡仙〉、〈輓洪棄生〉等無一不是。唯二的例外，是〈哭厚中叔祖〉、〈哭莊仰山夫子〉，以「哭」代「輓」，意在顯示難以抑遏的悲痛；以「叔祖」、「夫子」的關係稱之，除了標示彼此關係的特殊之外，尤其凸顯對方在梅樵心中特殊的地位與高度的尊重。

以《捲濤閣詩集》與《鹿江集》諸詩題與原刊題相比較，其收於《梅樵詩集》者，若是擊缽詩題，自是詩題不變；其閒詠詩者，則可以看到一股「精

〔註142〕原載《詩報》昭和11年8月2日，134號頁3。收錄在《鹿江集》頁120。

〔註143〕原載《詩報》昭和11年5月15日，129號頁11。第一首收錄在《鹿江集》頁114。

〔註144〕原載《詩報》昭和11年5月15日，129號頁11。又見《鹿江集》頁75。

〔註145〕原載《詩報》昭和19年9月5日，319號頁5。又收錄在《鹿江集》頁40。

〔註146〕原載《詩報》昭和19年6月6日，318號頁2。又收錄在《鹿江集》頁57。

〔註147〕原載《詩報》昭和11年6月15日，131號頁3。同題同詩再復見於《詩報》11年7月1日，132號頁20。又收錄在《鹿江集》頁99。

〔註148〕原載《臺灣日日新報》10774和4版，昭和5年4月15日。又收錄在《鹿江集》頁26。

簡」的趨向，特別是對人的尊稱的省略。再者，《梅樵詩集》的目錄與內文之詩題文字，亦多有出入。茲將三者並排序列，製爲「**《捲濤閣詩草》詩題歧異對照表**」與「**《鹿江集》詩題歧異對照表**」（詳表 4-8、表 4-9），可以一目了然於這股趨向的確實存在。而較之《捲濤閣詩草》，《鹿江集》的差異顯得更大更多。

這樣一個作法上的調整，應該與因應詩作發表背景的不同有關。在報刊公開刊登時，詩作常具有慶弔酬唱的意味，是人情世故上的往來應對，詩題的命名自然應該考量彼此的關係與交情，也透過詩題來展現彼此的情誼和尊重，對人物的敬稱，在禮儀上是比較需要的。然而作爲一本計畫將之傳世的著作來看，或者爲了題稱簡要，或者爲了格式整齊、篇幅節約，也或者爲了濃縮詩歌的質地，「精簡」，似乎也就成爲必然的取向。

梅樵日常早已慣於寫詩，在編輯《捲濤閣詩集》與《鹿江集》的過程中，必然有一番刪汰的過程，「刪汰」是精簡的一種方法。梅樵是以怎樣的取捨比例完成其個人詩集的選錄？目前無從得知，但至少藉由「**詩題歧異對照表**」的管窺之中，可以比較清晰地看到他刪改詩歌的具體痕跡。

（四）修辭變化

古人謂：「詩不厭改」，一首詩總要經過千錘百鍊，尚不能眞正定稿。其例如：

(1)《鹿江集‧南遊雜詠》其二：「訪舊惟憑德律風，詞壇訂約在城東。須與多士如雲集，把管攤箋敍別衷。」

鳳按：此詩原刊於《詹作舟全集》〔註 149〕，其中二、四句原作「**酒家**訂約在城東」、「**個個傾樽話**別衷」。此作背景是詩會吟宴，惟原作重點在暢懷傾樽的逸樂，改作之後則側重攤箋聚鷗的雅興，二者頗異其趣。

(2)《鹿江集‧次王少濤韻》：「……放眼乾坤小，談心意興悠。平生無芥蒂，暫別莫須愁。」

鳳按：此詩原刊於《風月報》〔註 150〕，末句原作：「**聚散**莫須愁」。雖然只有二字之別，情意卻有不同。「聚散」是放在整體的人生過程上來看，聚散總是無常。然而以此詩乃與詩友唱和往來，本質是次韻酬應之

〔註 149〕見張瑞和編《詹作舟全集‧四‧傳統詩篇上》頁 346。永靖鄉：詹作舟全集出版委員會，2001 年 11 月初版。

〔註 150〕見《風月報》昭和 12 年 9 月 18 日 48 號頁 15。

作，應以珍惜情誼的態度出之。若勸以「聚散」莫愁，則似乎曠達有餘，情味不足。修辭改作「暫別」，其言下之意還有下次再相見的機會，短暫的離別莫過於惆悵，因為期待未來，必將相見。詩意的延展性因此拉大，二人情誼彷彿也因此得以延伸。

（3）《鹿江集·紀事》：「……貪婪抵死焉知悔，蹂躪羣生亦太苛。天道好還原不爽，如斯凌轢欲如何。」

鳳按：此詩原刊於《詹作舟全集》〔註151〕，引文首句原作「貪婪抵死**終難**悔」。《鹿江集》將「終難」改作「焉知」，語氣上即由肯定句改作疑問句。此詩主題在批判日本武力侵略的暴行，原作的肯定句表現出梅樵心中對日本人激切篤定的不滿。後雖改作疑問句，對日人不知悔改的惡性的認定，不僅絲毫未減，尤增一份嗤鄙。

（4）《鹿江集·次寄懷韻示小多郎》：「羨魚曾把一竿投，海國驚飛片片鷗。**失路**英雄蛟伏窟，登場傀儡蜃噓樓。拔山塡海誰能力，**奪解**掄元許狀頭。屈指將逢三月閏，永和禊事合重修。」

鳳按：此詩原刊於《詩報》〔註152〕，原題作〈次小多郎韻〉。原作「末路」，《鹿江集》改作「失路」，大意雖近，但「末路」有窮絕無望之慨，「失路」則尚保一絲存望，毫微之差，錙銖必較，可見詩人之斟酌用心如此。

又，原有「奪幟掄元許狀頭」一句，其「奪幟掄元」意謂吟會競賽高中狀元，奪得詩幟。其理甚明，其詞彙亦詩家常用。但，《鹿江集》改「幟」為「解」，則令人百思不得其解。異明曉為僻澀，是誤植抑或有別義？尚待另究。

（5）《鹿江集·過豐原柏峰留飲》（一）：「小樓〔註153〕風雨共傾樽，七字詩成日己〔註154〕昏。**只好高談消磊塊**，對花莫道便銷魂。」

鳳按：此詩原刊於《詩報》，題作〈遊豐原廖柏峰君留飲席上偶成〉〔註155〕，

〔註151〕見張瑞和編《詹作舟全集·四·傳統詩篇上》頁 328。永靖鄉：詹作舟全集出版委員會，2001 年 11 月初版。

〔註152〕原載《詩報》昭和 11 年 5 月 15 日，129 號頁 11。又見《鹿江集》頁 75。

〔註153〕鳳按：《鹿江集》作「樓」，應誤，宜從《詩報》作「樓」。

〔註154〕鳳按：《鹿江集》作「己」，應誤，宜從《詩報》作「已」。

〔註155〕原載《詩報》昭和 11 年 8 月 2 日，134 號頁 3。收錄在《鹿江集》頁 120。

其第三句原作「自愧老來吟興減」，《鹿江集》中則將此句完全剔去，
易作「只好高談消磊塊」。前句爲雖是自謙之語，「愧」、「老」、「減」
三字層疊出消極內縮的淡然；後句在積極自我解嘲中，似乎多了一分
不吐不快的自重瀟灑。展現在詩情上有冷熱之別。

（6）《鹿江集・端輝族姪將遊大陸賦詩壯行》：「丈夫遠大期，宜有<u>千里</u>志。
　　伏處負韶光，終爲人所棄。……阿咸年方富，舟車任所至。通都大邑間，
　　觀覽<u>無猜</u>忌。……」

鳳按：這是一首古詩，原刊於《詩報》〔註 156〕，原題作〈族姪端輝將遊中
　　　國詩以壯之〉，其第二句原作「宜有四方志」，《鹿江集》易「四方」
　　　爲「千里」，是透過數字上的放大，加強誇飾的形容。

中又有句原作「觀覽休疑忌」，《鹿江集》易此末三字爲「<u>無猜</u>忌」，這二
者意義上無大差別，修辭上變化之以求其新。

（7）《鹿江集・春日漫興》：「……乾坤皆醉夢，<u>里巷</u>偏荊榛。長鋤時攜手，
　　無庸託隱淪。」

鳳按：此詩原刊於《詩報》〔註 157〕，引文第二句原作「園圃偏荊榛」，《鹿
　　　江集》易「園圃」爲「里巷」，等於將田野景象變化爲聚落鄉閭，使
　　　得「乾坤皆醉夢，里巷偏荊榛」一語，天地如寄，人生若夢，里巷方
　　　圓之內，荊榛莽穢遍地。詩人內心對環境的不滿，已經不作絲毫掩飾
　　　了！在詩境上，後者較前者有了更爲深刻經營。

（8）《鹿江集・喜鏡如、文新至次<u>鏡如</u>見贈韻》：「好風吹夢<u>入</u>荒城，覿面能
　　教<u>離緒</u>清。<u>欲</u>洗客塵慚薄<u>釀</u>，<u>聯</u>吟直待月初生。」

鳳按：此詩原刊於《詩報》〔註 158〕。後收錄在《鹿江集》中將「度」改作
　　　「入」，將「俗慮」改作「離緒」，將「聊」改作「欲」，將「酌」改
　　　作「釀」，將「耐」改作「聯」。共計此一絕句有多達五處的改易。

除了「耐」字爲譌誤訂正外，其他四者概爲修辭變化。改「度」爲「入」、
改「聊」爲「欲」，都有增加氣勢，強化語氣的作用。改「俗慮」爲「離緒」，
是比較能聚焦於友朋相互過訪的背景，使詩歌內容更爲切合題旨。改「酌」

〔註 156〕原載《詩報》昭和 11 年 7 月 1 日，132 號頁 3。又收錄在《鹿江集》頁 28。
〔註 157〕原載《詩報》昭和 19 年 4 月 25 日，314 號頁 2。又收錄在《鹿江集》頁 37。
〔註 158〕原載《詩報》昭和 11 年 5 月 15 日，129 號頁 11。第一首收錄在《鹿江集》
　　　　頁 114。原題作〈喜鏡如、文新至次見贈韻〉。

爲「釀」，意象較爲清晰。修改之後的作品，教原作更爲可讀。

（9）《鹿江集・**記得**》

鳳按：此詩原刊於《詩報》〔註 159〕，題目作〈無題〉，後收錄在《鹿江集》
中將題目完全改易，改作〈記得〉。對讀者而言，以「無題」爲題，
對詩歌內容完全沒有提挈綱領的作用，雖有增加曖昧的朦朧美感，
卻也是有些不負責任的作法。唐代詩人李商隱爲詩喜立「無題」爲
標目，即是顯著例子。「記得」則清晰地傳達出回憶、懷舊的氣氛，
似乎點顯了創作者的寫作心態，對讀者的體會詩意，有一定的引領
作用。

表 4-4　《捲濤閣詩草》正誤表

序	頁	行	字	誤	正	原　　　句
1	2	10	7	朿	束	將書束閣
2	8	2	8	己	已	聞君已徙居臺中
3	9	10	18	佘	余	以古近體詩寄余
4	9	10	21	佘	余	並索佘序
5	9	10	23	佘	余	佘老矣
6	9	10	8	已	巳	越八年丁巳
7	12	6	17	箸	著	等身著作存詩卷
8	12	7	16	1	2〔註 160〕	1〔註 161〕
9	13	4	23	鶯	鶯	春老鶯花恨
10	13	12	27	沒	歿	存歿念親故
11	14	6	17	己	已	風塵已覺貂裘敝
12	15	7	19	義	羲	石碑猶認羲熙號
13	15	7	27	樾	越	詳紀當年檀越功
14	18	9	13	猶	由	情懷冷淡不由人
15	20	8	17	熟	爇	香炷爇時眠被薄
16	22	6	6	己	已	半壁東南局已殘
17	22	11	24	稽	嵇	喜看嵇紹學能成

〔註 159〕原載《詩報》昭和 10 年 6 月 1 日，106 號頁 4。收錄在《鹿江集》頁 122。
〔註 160〕「相逢禁說滄桑事，舊雨凋零已斷魂」
〔註 161〕「相逢禁舊說滄桑，事雨凋零已斷魂」

18	24	12	9	束	束	裝束維新及衣履
19	25	4	10	作同	同作	背面──同作限韻
20	25	5	20	迴	回	靠定闌干懶迴顧
21	25	11	9	拆	折	身經挫拆斂浮華
22	26	6	12	莊	藏	昂莊七尺好鬚眉
23	26	10	23	塵	麈	更容揮塵一談詩
24	27	27	15	己	已	己無福澤膺卿相
25	28	4	18	己	已	客鬢己成絲
26	29	4	11	抵	祇	抵增文字累
27	29	6	11	停	亭	……桐陰停畫圖……
28	29	11	18	束	束	噓氣束精魄
29	30	7	20	贏	贏	贏得盈盈笑語頻
30	31	3	8	己	已	歸途己四更
31	32	7	6	己	已	昔日繁華今己非
32	32	7	14	扇	扉	蔓藤秋草掩柴扇
33	34	1	26	己	已	吾宗領袖己無多
34	36	8	12	己	已	偶卸塵裝己及旬
35	37	2	2	析	柝	市析聲中歲又催
36	37	12	21	岐	歧	臨岐無語淚空彈
37	40	1	5	守愧	愧守	待兔年年守愧株
38	40	5	1	籍	藉	籍君佳句撥愁開
39	41	10	21	掉	棹	無分江湖來泛掉
40	41	3	4	己	已	樽前匿笑聲曷己
41	43	1	22	失得	得失	失得分明比塞翁
42	43	8	24	披	批	抹月披風愧客居
43	45	7	5	來	我	一函遙寄來
44	47	11	21	己	已	苜蓿肥來馬己疲
45	48	3	17	己	已	樊川己覺揚州夢
46	49	2	11	己	已	重逢各己鬢成絲
47	49	12	24	己	已	風氣今己變
48	51	2	21	束	束	詼諧曼倩無拘束
49	51	10	7	寬	寬	眼界都從閱歷寬
50	51	11	6	己	已	紈綺年來習己除

51	52	3	17	己	已	如何己嫁林和靖
52	57	6	23	弋	戈	一洗干弋戰血紅
53	58	1	7	臧	藏	堂構相承卜允臧
54	59	1	6	己	已	翹首鄉雲日己斜
55	60	10	14	中	盅	談笑傾將酒一中
56	61	7	12	己	已	離家不覺己秋深
57	61	12	5	己	已	一丸紅日己將晡
58	62	2	25	岐	歧	憶到臨岐便傷神
59	63	1	27	己	已	私愛何關鬢己絲
60	64	9	22	己	已	己閱滄桑世變多
61	65	11	10	己	已	客心愁曷己
62	66	4	5	束	束	吾生莫拘束
63	67	1	7	坂	坊	濁水溪如九折坂
64	67	6	19	寬	寬	騷壇此日寬詩禁
65	71	5	20	己	已	長征其曷己
66	71	9	4	搆	構	一字苦搆思
67	75	8	21	悵	帳	悔學馬融開降悵
68	81	4	26	束	束	好把臺書束閣中
69	82	8	13	己	已	欲賞春光願己圍
70	82	9	1	己	已	己無香氣襲人衣
71	82	10	18	香	鄉	或者返香猶有日
72	83	6	15	惊	踪	寄書叙別惊
73	83	7	29	己	已	鬚髮忽己變
74	83	8	25	堯	曉	桀犬宜吠堯
75	85	8	6	慘	殘	昊天降禍何慘酷
76	86	6	2	穎	穎	脫穎毛生屢奏勳
77	92	2	21	已	己	知已良朋恰兩三
78	92	7	18	己	已	鬢髮己半蒼
79	92	8	24	己	已	大道日己非
80	94	10	20	已	己	仔肩任一已
81	98	2	28	箸	著	人緣箸作忙
82	98	7	10	終	從	誰許終軍一請纓

83	98	8	4	泽	烽	河山萬里悲火
84	98	8	6	箸	著	箸作千秋寄死生
85	98	8	30	妬	姤	半因謗妬暮知名
86	99	2	25	日	白	身世分明等日鷗
87	99	7	7	肢	脂	臙肢失色懶施粧
88	104	3	4	己	已	少微星己失光芒
89	105	2	4	束	束	百篇今束閣
90	107	6	11	己	已	驀地化羊己成羣
91	108	2	18	己	已	彈鋏己無家
92	109	5	14	己	已	先生今己矣
93	110	5	12	己	已	白鹽堆積己如山
94	111	11	7	榮	塋	祖塋千古美文章
95	113	10	4	熟	蓺	捲簾乍熱博山爐
96	113	12	5	人	入	此夜襄陽人鹿門
97	113	12	12	己	已	漁梁渡口己黃昏
98	114	8	8	箸	著	曹劉箸作才
99	114	8	23	己	已	去世己云遠
100	116	2	18	箸	著	悔未十年多箸作
101	116	8	28	己	已	離懷己兩年
102	117	10	24	己	已	我車既己殆
103	117	10	29	己	已	我馬亦己疲
104	120	7	23	己	已	前遊己如夢
105	122	12	15	己	已	語不驚人死未己
106	125	2	16	彫	凋	彫零思親故
107	128	1	24	己	已	傳舍蕭條己一年
108	129	11	8	己	已	臨池己覺硯微凹
109	130	6	5	詩昭	昭詩	秋日得孔詩昭函賦示
110	135	8	7	岐	歧	交梨火棗贈臨岐
111	135	11	28	蜂	峰	忽化當前點點蜂
112	136	7	27	廉	簾	漫空散作雨廉纖
113	137	6	18	己	已	故園今己垂垂熟
114	138	11	2	到	搖	競到雙槳浪花粗

115	138	10	17	緣	綠	紅男緣女環如堵
116	139	5	6	己	已	奪錦歸來日己西
117	139	10	9	精	晶	日月同精瑩
118	141	9	1	己	已	己是西風薄暑天
119	147	6	10	己	已	探梅負約己宵經
120	147	6	12	己	已	探梅負約己宵經
121	147	8	24	熟	熱	一時熟血湧如潮
122	147	9	20	己	已	老矣江郎才己盡
123	148	7	16	己	已	潘郎己是絲絲鬢
124	148	9	27	己	已	干旄己逮草廬來
125	149	4	24	束	束	奇才翻束手
126	149	7	5	束	束	束手有劉郎
127	151	6	26	狂	任	不同銅臭狂摩挲
128	152	7	12	己	已	生不逢辰己悵然
129	目錄9	13	2	鳥	烏	渡烏溪

【◎註：頁碼依龍文出版社《梅樵詩集》總頁碼。】

表4-5　《鹿江集》正誤表

序	頁	行	字	誤	正	原　　句
1	目錄4			元	源	歸鄉感作……養源
2	7	9	10	賤	淺	文字緣非賤
3	9	6	20	巳	已	三澣朝令雖己班
4	9	11	10	巳	已	老來巳淡名利懷
5	9	11	32	梁	粱	未熟黃粱榮辱異
6	10	3	23	巳	已	著作己如林
7	10	11	12	巳	已	我別此山己十年
8	10	12	26	巳	已	旋覺鑿空己成隧
9	11	5	23	巳	已	憶別己經年
10	11	15	23	巳	已	濶別己數年
11	12	7	7	巳	已	行坐己無力
12	12	10	20	棲	樓	置酒此高樓
13	13	10	7	己	已	忽己堆黍稷

14	13	10	17	巳	已	亦己供稼穡
15	14	4	19	巳	已	辛苦嘗己備
16	14	8	7	秣	秫	種秣好釀酒
17	14	15	14	巳	已	四皓物化己多時
18	15	4	1	（缺空處）	年，今	……庚午年又……
19	15	5	12	巳	已	甲子干支歷己周
20	15	6	6	蠃	蠃	螟蛉蜾蠃半人間
21	15	11	3	巳	已	庠序己失眞
22	16	1	13	巳	已	轉瞬己慶銀婚式
23	16	2	5	座	坐	仙人伉儷座當中
24	16	6	4	厓	崖	峭壁危厓染蒼翠
25	18	9	16	籍	藉	籍以增眼福
26	18	13	29	洒	酒	洒家咫尺未模糊
27	18	15	18	洒	酒	樽中薄洒非醍醐
28	18	14	23	哀	蓑	披哀戴笠且行沽
29	20	6	6		濘	欄神注久
30	20	6	26	逢	峰	俗云九十九逢
31	22	6	23	屆	屆	是歲屆杖鄉
32	22	8	11	欵	款	一鳴……相欵感作
33	23	6	7	盡	晝	盡夜光明休秉燭
34	25	2	13	巳	已	家道己小康
35	26	7	23	針	計	無針可保千金軀
36	26	11	17	殮	飱	饔殮苦不繼
37	27	1	35	巳	已	報道己易簀
38	27	4	8	以	已	親舊以疏遠
39	27	6	17	巳	已	勢巳同石卵
40	27	9	30		嗤	俗子一見　且瞋
41	27	12	13	巳	已	辛苦巳備嘗
42	28	10	19	巳	已	惱我鬢髮巳皤皤
43	28	12	10	裙	裾	香氣襲襟裙
44	29	4	21	滛	淫	悔學劉峻作書滛
45	29	6	35	巳	已	羣龍酣戰何時己

46	29	12	3	巳	已	雞黍己見意眞誠
47	30	1	23	口	日	物價口昂騰
48	30	2	17	巳	已	今己七十六
49	30	11	7	夘	卯	先生誕降歲丁夘
50	30	11	11	夘	卯	今逢丁夘祝壽考
51	31	2	4	巳	已	故人去巳遙
52	31	11	8	巳	已	珍肴巳齊備
53	32	2	20	戰	顫	望之心膽戰
54	33	3	14	梁	粱	正好邘鄲續黃梁
55	33	14	3	巳	已	少壯巳難堪
56	34	4	4	近	進	近前又却退
57	34	5	19	巳	已	未言疑巳釋
58	35	5	31	欵	款	主人欵留情最摯
59	35	8	17	巳	已	轉瞬巳及古花朝
60	37	4	17	予	余	如予愧比鄰
61	37	8	2	巳	已	上巳懷修禊
62	37	8	5	禊	褉	上巳懷修禊
63	37	15	4	偬	傯	戎馬倥偬局
64	38	10	9	巳	已	炎威忽巳消
65	39	10	25	巳	己	得子成知巳
66	39	14	8	巳	已	禮式巳漸刪
67	41	8	16	欵	款	欵客足雞豚
68	42	8	2	巳	已	久巳心心印
69	42	8	30	殯	飧	調羹作夕殯
70	43	5	2	惜	息	欵惜春將老
71	44	4	12	元	源	歸鄉感作……養源
72	44	6	8	巳	已	不管巳斜暉
73	47	9	1	巳	已	巳熟南崗道
74	50	8	16	欵	款	欵客普芳醇
75	54	11	2	迴	回	前游一迴首
76	56	5	4	耒	來	猿鶴時耒往
77	57	5	27	樓	棲	羈樓又苦辭

78	63	10	5	巳	已	炎威滌盡巳秋殘
79	64	7	6	巳	已	雅會誰憐鬢巳斑
80	65	12	3	巳	已	偷閑巳慣語仍溫
81	66	2	16	巳	已	佛巳白頭惟兀坐
82	66	8	12	巳	已	相看鬢髮巳如銀
83	67	10	13	巳	已	過訪幽居日巳曛
84	68	4	18	復	腹	摩挲枵復豈忘餐
85	68	10	18	髩	髮	管教鬢髩盡成絲
86	68	12	16	巳	已	未巳壯心看寶劍
87	69	2	11	巳	已	才名久巳重平生
88	69	6	32	巳	已	珠匳久巳成遺物
89	70	12	33	絳	絳	講學久懸絳紗帳
90	70	13	11	瑕	嘏	古稀祝瑕賓朋集
91	71	13	4	廊	廓	煙塵寥廊伺飛鳶
92	72	2	24	巳	已	未巳雄心百尺潮
93	73	9	3	斯	斯	偕……曾遊斯地……
94	74	1	13	巳	已	壯不如人今巳老
95	76	16	19	櫻	攖	喜無俗客櫻幽思
96	77	15	10	非咏	咏非	愧余吟非咏能事
97	78	6	9	塵	麈	揮塵清談人不寐
98	78	11	6	扉	扇	分得班姬一扉涼
99	79	10	34	巳	已	經術兼優名巳著
100	80	10	20	巳	已	相見羣驚頭巳禿
101	81	10	7	零	霜	滄桑浩劫閱星零
102	82	2	24	巳	已	到家巳過荔枝斑
103	82	10	34	巳	已	燕惱鶯愁春巳去
104	83	1	13	巳	已	多病年來髩巳絲
105	83	6	9	竽	竽	濫竽南郭愧豪餐
106	83	9	11	巳	已	停鞭時巳近黃昏
107	84	14	19	巳	已	頓忘鬢髮巳如銀
108	85	15	13	募	慕	窈窕山阿鬼募余
109	87	8	32	忘顏	顏忘	鏡裏酡忘顏我老

110	87	16	4	刅	刀	秦火吳刅視等閒
111	90	2	18	巳	已	腳跟久巳環三島
112	90	3	6	梁	粱	不同餬口稻粱謀
113	91	10	15	巳	已	巳老花偏思護惜
114	91	12	32	巳	已	偎紅地巳非花絲
115	92	1	5	廋	庾	詩才酷愛廋肩吾
116	92	2	11	叟	臾	千里須叟藉好風
117	94	4	2	鵬	鵬	舍鵬初來總繫思
118	95	2	33	篷	蓬	不才只合篷蒿老
119	95	8	33	鳴	鳴	君如祥鳳鳴朝日
120	96	9	18	篷	蓬	斷梗飄篷寄武榮
121	97	3	12	欵	款	……治酒欵留……
122	97	11	15	涉	徙	涉倚樓欄縱目睜
123	99	4	4	巳	已	風流名巳躁平康
124	99	12	12	黍	忝	騷壇月旦黍隨公
125	103	11	15	巳	已	巳覺當前成妙境
126	103	12	20	粉	紛	遊人如蟻紛粉集
127	104	12	2	巓	嶺	庾巓春光一片明
128	105	10	3	杭	杭	滿山杭稻雨霏霏
129	105	15	17	巳	已	老來巳絕燃灰想
130	106	2	22	徵	爭	徵逐歡場亦寡歡
131	106	3	23	享	亨	旗享權作柏梁臺
132	107	5	28	坦	垣	燈光萬點掛城坦
133	107	8	17	巳	已	沉溺巳深生懊悔
134	108	10	10	巳	已	薄寒巳換著秋衣
135	110	7	27	支	枝	況今正值荔支肥
136	110	10	12	巳	已	歲序匆匆巳十周
137	111	3	6	巳	已	賈勇攀躋日巳斜
138	111	3	10	窈	窈	花真窈窱樹杈枒
139	111	3	11	窱	窕	花真窈窱樹杈枒
140	111	3	28	雅	鴉	驚動歸巢幾暮雅
141	111	12	6	貧	貪	冬烘頭腦本貧溫

142	112	2	14	稍	梢	輕煙籠不到高稍
143	112	6	25	俊	侅	朝曦夷俊草堂隅
144	113	8	2	岸	崖	蒼岸翠壁入雲高
145	114	7	5	蚊	蛟	浪遊休入蚊龍窟
146	117	13	26	巳	已	忽報香車巳到門
147	119	13	20	慚	漸	頓覺炎威今慚減
148	120	8	2	棲	樓	小棲風雨共傾樽
149	120	8	13	巳	已	七字詩成日己昏
150	120	11	22	巳	已	己見新秧碧四圍
151	120	15	23	(竿-一)	竿	釣竿兒女總能攜
152	122	8	27	逢	短	未肯逢人道逢長
153	123	4	24	駕	驚	風送駕濤帶雨聽
154	123	16	17	白	百	傾盡白壺拚醉死
155	124	4	26	語	話	兩三野老語栽桑
156	125	2	26	巳	已	占席憐余己白頭
157	125	3	24	巳	已	故人巳復舊精神
158	125	4	21	竟	意	忽觸平聲飛動竟
159	125	5	13	巳	已	置酒旗亭日巳哺
160	125	5	14	哺	晡	置酒旗亭日巳哺
161	125	14	20	(水+矍)	矍	正喜此翁猶□鑠
162	126	6	12	集	雀	解渴先嘗集舌茶
163	126	10	17	過	遇	自是過隆年亦永
164	126	14	15	往逕雜還	往還雜逕	往逕雜還人如蟻
165	127	7	20	巳	已	獨客不知秋巳到
166	127	9	12	巳	已	客思茫茫巳十分
167	127	10	25	歌	頭	舊事從歌話短長
168	128	4	21	雜還	雜逕	歌曲喧囂人雜還
169	128	9	7	棲	樓	瀟瀟風雨□層棲
170	131	9	2	巳	已	桂己飄香菊作花
171	138	2	2	郤	卻	老郤風塵感慨多
172	84	7	15	白紵	自鑄	白紵新詞翻蝶板

【◎註：頁碼依龍文出版社《梅樵詩集》總頁碼。】

表 4-6　《捲濤閣詩草》詩歌出處彙錄表

《捲草》題目 （依內文）	頁	出　處　原　題	出　　處
張升三留飲席上次韻	26	春日過訪升三先生即次瑤韻	《水竹居主人日記》大正 05 年（1916）03 月 11 日，頁 307
秋興八首	28	秋興八首　五律	《林克宏書信總集》影本頁 35
哭厚中叔祖	31	哭家渠寬叔祖	《臺灣日日新報》大正 1 年（1912）10 月 26 日，第 4455 號 03 版。
哭施家本	33	哭家本叔	《臺灣日日新報》大正 10 年（1921）12 月 24 日，第 7746 號 03 版
春日歸里大冶吟社諸賢見訪	34	歸里喜晤子敏啓南漢津并寄大冶吟社諸賢	大冶吟社課卷第二號，大正 11 年（1922）11 月
		寄大冶吟社	許幼漁《續鳴劍齋遺草》頁 75
感賦	34	感懷	《臺灣文藝叢誌》第三年 4 號～第四年 2 號。 又許幼漁《續鳴劍齋遺草》頁 75
立春後一日偕蘇心淵沈堤元施水池泛舟安平港有作	40	立春後一日偕蘇心淵先生沈堤元君水池阿咸泛舟安牛港舟中即事有作	《臺南新報》大正 13 年 02 月 14 日，7894 期
輓戴還浦	44	輓竹社長戴還浦秀才	《臺灣日日新報》大正 5 年（1916）11 月 2 日，5868 號 3 版
題詩人林次逋寫照	45	題詩人林植卿先生壽照	《臺灣日日新報》大正 05 年（1916）12 月 12 日，5908 號 3 版
暮春夜雨感賦並寄新竹羅山諸君子	48	暮春夜雨	《水竹居主人日記》大正 06 年（1917）04 月 27 日，頁 36
南遊歸來冬至日大冶吟社諸彥過訪	63	南遊歸來冬至日訪大冶吟社諸彥	大冶吟社課卷第三號，大正 11 年（1922）12 月
將南行留別並示諸賢	65	洛江留別	許幼漁《續鳴劍齋遺草》頁 77
端午節喜杜甲溪枉顧客盧有作兼以述舊	83	端午節喜杜甲溪枉顧客盧有作兼以述舊	《臺南新報》大正 12 年 07 月 29 日，7694 期頁 5
赤崁園小集	91	赤崁園小集	《臺南新報》大正 11 年（1922）11 月 11 日，7434 期頁 5
送魏潤菴之閩中	93	送魏潤庵君之閩中	《臺灣日日新報》大正 04 年（1915）10 月 07 日，5493 號 06 版

秋日病中孔昭嘯峰過訪席上話舊示之以詩	97	秋日病中孔昭子敏子昭過訪席上話舊示之以詩	《臺灣日日新報》大正 01 年（1912）11 月 14 日，4473 號 03 版
次韻答陳基六寄懷	99	答陳基六秀才寄懷詩	《臺灣日日新報》明治 45 年（1912）02 月 23 日，4215 號 03 版
閒雲	102	閒雲	《臺南新報》大正 11 年（1922）11 月 26 日，7449 期頁 5
哭莊仰山夫子	103	哭莊仰山夫子	《臺灣日日新報》大正 08 年（1919）09 月 30 日，6930 號 03 版
竹韻	106	竹韻	《臺南新報》大正 13 年 01 年 28 日，7877 期（頁數缺）。開元寺擊缽
遊公園即景	106	秋日遊公園即事	《臺南新報》大正 12 年 11 月 27 日，7815 期頁 5
過嘉義	109	過嘉義	《臺灣日日新報》大正 04 年（1915）03 月 29 日，5306 號 04 版
遊嘉義公園	109	遊嘉義公園	《臺灣日日新報》大正 04 年（1915）04 月 05 日，5315 號 03 版
北斗雜詠兼示伯廉	110	遊北斗雜咏	《臺灣日日新報》大正 03 年（1914）12 月 12 日，5203 號 01 版
過一鑑軒	111	過一鑑軒	《臺灣日日新報》大正 03 年（1914）11 月 21 日，5183 號 01 版
過瑞芝堂	111	過瑞芝堂	《臺灣日日新報》大正 03 年（1914）11 月 21 日，5183 號 01 版
次石川韻	115	石川翁以秋感大作索和因次瑤韻	《臺灣日日新報》大正 03 年（1914）04 月 22 日，4978 號 03 版
過錫口贈桂屏茂松坤泰諸賢	121	過錫口賦贈諸詞客	《臺灣日日新報》大正 04 年（1915）08 月 12 日，5439 號 03 版
錫口曉發過松山訪桂屏	121	錫口□□	《臺灣日日新報》大正 04 年（1915）09 月 16 日，5473 號 03 版
留別桂屏茂松隆脩	121	留別錫口南港諸東道	《臺灣日日新報》大正 04 年（1915）10 月 02 日，5488 號 03 版
雨意	122	雨意	曾笑雲《東寧擊缽吟前集》頁 77，昭和 9 年（1934）3 月
次林毓川送別韻	123	和韻	《臺灣日日新報》大正 04 年（1915）08 月 12 日，5439 號 03 版
次王瑤京見贈韻	123	次王瑤京韻	《臺灣日日新報》大正 04 年（1915）09 月 13 日，5470 號 01 版

還浦席上以有感詩見示次韻奉和	123	和韻	《臺灣日日新報》大正 04 年（1915）08 月 19 日，5446 號 03 版
寓齋雜感	124	寓齋雜感	《臺灣日日新報》大正 04 年（1915）12 月 04 日，5546 號 06 版
秋日得嘯峰書詢近狀率成八絕答之	125	秋日子敏寄書來詢近狀作時答之	《臺灣日日新報》大正 04 年（1915）11 月 09 日，5523 號 06 版
秋日得孔昭詩函賦示	130	秋日得孔昭詩函賦此制誌□□於孔□	《臺灣日日新報》大正 04 年（1915）09 月 21 日，5478 號 06 版
遊安平次雪若韻	132	遊安平次雪若韻	《臺南新報》大正 12 年 08 月 27 日，7723 期頁 5
與諸賢話舊感而有作	133	喜牧童秋波二君枉顧	《臺南新報》大正 12 年 12 月 15 日，7833 期頁 5
雙星會	138	雙星會	曾笑雲《東寧擊缽吟前集》頁 157，昭和 9 年（1934）3 月
祝尋鷗吟社大會	142	祝尋鷗吟社大會	《臺南新報》大正 12 年 10 月 14 日，7771 期頁 5
遊公園	143	秋日遊公園即事	《臺南新報》大正 12 年 11 月 27 日，7815 期頁 5
喜黃茂笙見過客次	144	茂笙蘭亭香圃諸詞兄辱訪客邸以詩見貽爰成七律喜政	《臺南新報》大正 11 年（1922）11 月 24 日，7447 期頁 5
夢遊仙	144	小遊仙戲贈鄭香圃詞兄	《臺南新報》大正 11 年（1922）11 月 24 日，7447 期頁 5
斐亭聽濤	145	斐亭聽濤	《臺灣詩醇》頁 86，昭和 10 年（1935）6 月
漫遊東港槎仙靜軒兩昆仲留宿將歸倚裝賦贈兼及研社諸君子	146	漫遊東港槎仙靜軒兩昆仲留宿將歸倚裝賦贈兼及研社諸君子	《臺南新報》大正 13 年 03 月 15 日，7924 期
春暮感懷	148	暮春感懷	《臺南新報》大正 14 年 04 月 27 日，8332 期頁 5
養花	151	養花	《臺南新報》大正 13 年 03 月 20 日，7929 期
延年同學將赴大陸以詩言別次韻示之	152	延年同學將赴大陸以詩告別次韻示之	《臺南新報》大正 14 年 03 月 08 日，8282 期頁 9。又見《臺灣時報》大正 14 年（1925）07 月 15 日，69 期頁 159

註：頁碼，依據高志彬主編《梅樵詩集》編頁。

表 4-7 《鹿江集》詩歌出處彙錄表

題目（依內文）	頁	出 處 原 題	出　　處
遺情	7	遺情　五古	手稿，《詹作舟全集・四》頁 321，昭和 20 年（1945）
羅山旅夜諸友畢集談詩至夜深始散余不能寐爰成此篇	8	羅山旅夜諸吟友相訪談詩夜深始散爰賦七古	手稿，《詹作舟全集・四》頁 290，昭和 20 年（1945）
壽林灌園	8	祝灌園詞兄六一壽展	《詩報》昭和 16 年（1941）12 月 17 日，262 號頁 2
		祝灌園詞兄六秩晉一榮壽	《南方》昭和 17 年（1942）06 月 01 日，153 期 38 頁
許天奎壽詩唱和集及自著鐵峯詩草詩話索題	9	題鐵峰壽詩唱和及詩草詩話諸集	許天奎《鐵峰山房唱和集》頁 1，昭和 9 年（1934）6 月。
遊水裏坑	10	遊水裏坑	《詩報》昭和 19 年（1944）01 月 19 日，309 號頁 2
望夜彤雲邀余與黃何諸賢飲於東芳樓	11	首夏望日過菱香吟社彤雲邀余及傳心秋陽策強飲於東芳旗亭	《詩報》昭和 18 年（1943）06 月 07 日，297 號頁 2
偕北友水裏坑看山歸途先別於集集下車訪雪樵同學	11	偕北友水裏坑看山歸途先別於集集下車訪雪樵同學	《詩報》昭和 19 年（1944）03 月 01 日，311 號頁 2
六十初度放歌述懷	14	六十初度放歌述懷兼以誌感	《臺灣日日新報》昭和 04 年（1929）10 月 10 日，10589 號 04 版
題張雨亭遺照	15	題故張雨亭上舍遺照	《詩報》昭和 10 年（1935）11 月 03 日，116 號頁 8
壽林植卿	18	壽林湜卿先生七秩	《詩報》昭和 08 年（1933）08 月 01 日，64 號頁 12
題陳坤輝小築	18	題陳坤輝小築	《瀛海詩集》頁 255，昭和 15 年（1940）12 月
送鏡川松岩之南安	19	景□□□□將遊大陸賦此壯行	《臺灣日日新報》大正 11 年（1922）5 月 2 日，7875 號 06 版
子敏一鳴見過喜賦	19	喜子敏一鳴見過偶賦	《詩報》昭和 18 年（1943）10 月 11 日，304 號頁 3
雜詠	20	雜詠	《詩報》昭和 17 年（1942）03 月 18 日，268 號頁 2
偕久保天隨遊紅林席上賦贈	21	贈久保天隨先生	《詩報》昭和 06 年（1931）05 月 15 日，12 號頁 14

黃景謨理街政三十一年解組後受川村總督特表彰為臺灣功勞者街之紳耆囑余賦詩頌之	21	東港街長黃景謨君在職卅一年今秋告退賦詩以頌其德	《臺灣日日新報》昭和04年（1929）01月12日，10320號06版
一鳴族姪孫聞余歸里治酒相欵感作	22	一鳴族姪孫聞余歸里治酒相欵感作	《瀛海詩集》頁255，昭和15年（1940）12月
		歸里一鳴族姪孫治酒相邀席上感作　七古	明信片，《詹作舟全集・四》頁323，昭和20年（1945）2月5日
勉某生	25	勉某生	《詩報》昭和18年（1943）07月12日，299號頁10
賦贈黃鏡軒	25	賦贈鏡軒	《詩報》昭和16年（1941）01月01日，239號頁26 又見《風月報》昭和16年（1941）01月01日，121期頁23
賦示莊垂裕	25	贈垂裕世弟	《詩報》昭和08年（1933）02月15日，53號頁2
輓林純卿	26	輓林純卿詞兄	《臺灣日日新報》昭和8年（1933）7月2日，11939號8版
輓王舜年	26	王舜年同案	《臺灣日日新報》昭和5年（1930）4月15日，10774號4版
自題七十四歲片影	27	自題小照	《詩報》昭和18年（1943）07月27日，300號頁10
端輝族姪將遊大陸賦詩壯行	28	族姪端輝將遊中國詩以壯之	《詩報》昭和11年（1936）07月01日，132號頁3
插梅	28	插梅	《詩報》昭和16年（1941）03月02日，243號頁22。心社潛廬讀舍
許奇高畫家自潮陽渡臺聞余名來彰化相訪袖畫虎一幅見贈並索題句	31	許奇高畫家以畫虎一幅見貽賦此報之	《臺灣日日新報》昭和9年（1934）12月1日，12452號8版
偕黃師樵訪夢花	32	偕師樵春霖訪夢華	《詩報》昭和09年（1934）08月01日，86號頁10
題少雨族叔寫生	33	題家少雨叔偉照	《詩報》昭和11年（1936）08月02日，134號頁3
二月十四日過永靖訪作舟見賢	35	見贈	《詹作舟全集・四》頁295，民國34年（1945）

春日漫興	37	春日漫興	《詩報》昭和 19 年（1944）04 月 25 日，314 號頁 2
郊望	37	郊望	《詩報》昭和 19 年（1944）08 月 07 日，318 號頁 2
薄酌	38	薄酌	《詩報》昭和 19 年（1944）08 月 07 日，318 號頁 2
戶外	38	戶外	《詩報》昭和 19 年（1944）06 月 06 日，316 號頁 2
獨坐	39	獨坐	《詩報》昭和 19 年（1944）06 月 06 日，316 號頁 2
自赤崁歸車中作	39	自赤崁歸車中作	《詩報》昭和 19 年（1944）06 月 06 日，316 號頁 2
別拱五	39	遊赤崁將歸別拱五翁	《詩報》昭和 19 年（1944）09 月 5 日，319 號頁 5
答海洲依過訪原韻	40	答海洲翁	《詩報》昭和 19 年（1944）09 月 05 日，319 號頁 5
東行到枋寮換乘局營自動車	40	枋寮換乘局營自動車	《詩報》昭和 18 年（1943）06 月 07 日，297 號頁 2
癸未重陽自基隆歸車中作	40	癸未重陽	《詩報》昭和 18 年（1943）11 月 01 日，305 號頁 2
鴻濤自北歸來下車相訪	43	周鴻濤至越宿即歸	《臺灣日日新報》昭和 09 年（1934）06 月 14 日，12283 號 08 版
寄生辭漁業組合重任先寄詩道意並約三日後來訪	43	和靜園詞友賦歸韻	《詩報》昭和 16 年（1941）01 月 01 日，239 號頁 30
過新竹賦贈魏澄川兼懷潤菴	50	贈國手魏澄川君	《臺灣日日新報》昭和 10 年（1935）01 月 26 日，12507 號 08 版
		過新竹賦贈魏澄川大國手	《詩報》昭和 10 年（1935）02 月 15 日，99 號頁 12
過豐原芳谷招飲感作	50	過豐原與叔潛柏鋒話舊適國芳招飲有感而作	《詩報》昭和 18 年（1943）06 月 25 日，298 號頁 3
豐原訪柏峰	51	豐原訪廖柏峰詞友	《風月報》昭和 16 年（1941）01 月 19 日，122 期頁 21 又見《詩報》昭和 16 年（1941）01 月 20 日，240 號頁 8
春夜訪亦鶴	51	春夜偕雪劍訪逸樵	《詩報》昭和 17 年（1942）04 月 20 日，270 號頁 2
梅村梓舟來訪賦此	52	喜梅村梓舟見過	《詩報》昭和 17 年（1942）11 月 10 日，283 號頁 2

贈黃槎仙	52	祝黃景謨軍受用村督憲表彰爲臺灣功勞者	《臺灣日日新報》昭和 04 年（1929）01 月 11 日，10319 號 4 版
春日過屏東諸吟社開歡迎宴感賦	52	過屏東賦贈吟壇諸彥	《臺灣日日新報》昭和 04 年（1929）03 月 21 日，10388 號 04 版
遊東港將歸留別槎仙	53	遊東港賦贈黃景謨先生	《臺灣日日新報》昭和 04 年（1929）03 月 14 日，10381 號 04 版
同學諸子訪余於近江屋客次賦示	53	同學諸子訪余於近江屋客次賦此示之	《臺灣日日新報》昭和 04 年（1929）03 月 21 日，10388 號 04 版
義宸閣席上賦示傳心鴻飛苧亭諸賢	55	義宸閣席上賦贈傳心鴻飛苧亭諸君	《詩報》昭和 15 年（1940）03 月 01 日。219 號頁 3
懷拱五	57	寄懷黃拱五翁	《詩報》昭和 19 年（1944）06 月 06 日，318 號頁 2
陳蕃榻	58	陳蕃榻	《臺灣日日新報》昭和 09 年（1934）12 月 22 日，12473 號 8 版。瀛社
次王少濤韻	59	次少濤先生瑤韻	《風月報》昭和 12 年（1937）09 月 21 日，48 期 15 頁
登定軍山	63	登定軍山	《詩報》昭和 15 年（1940）11 月 19 日，236 號頁 2
遣懷	63	遣懷	《詩報》昭和 15 年（1940）11 月 19 日，236 號頁 2
臺中宿夜逢萱草自金陵歸留飲	63	喜晤萱草詞兄	《詩報》昭和 16 年（1941）03 月 02 日，243 號頁 4
偕拱五之東津訪靜軒靜園	64	偕拱五詞兄之東港訪靜軒靜園諸吟友	《詩報》昭和 15 年（1940）07 月 6 日，227 號頁 2 又見《臺灣日日新報》昭和 15 年（1940）7 月 7 日，第 14482 號 8 版
遊北津賦示汾津吟社諸賢	65	過汾津吟社賦示諸賢	《詩報》昭和 15 年（1940）10 月 18 日，234 號頁 4
古寺題壁	66	古寺題壁	《詩報》昭和 16 年（1941）05 月 06 日，247 號頁 18
客次贈次連	66	贈陳藻雲君	《詩報》昭和 10 年（1935）06 月 01 日，106 號頁 4
秋潮	67	秋潮	《詩報》昭和 15 年（1940）11 月 19 日，236 號頁 17。道南樓小集
元胡見過有詩因次其韻	67	喜元胡詞友過訪卽次瑤韻	《風月報》昭和 15 年（1940）09 月 17 日，117 期頁 26
		次韻	《詩報》昭和 15 年（1940）11 月 02 日，235 號頁 4

歲晚感作寄鄭養齋鄭雪汀	68	歲暮書懷	《詩報》昭和 17 年（1942）04 月 03 日，269 號頁 2
一鳴族姪留宴於平和樓	68	平和樓偕垂裕世弟炳揚再姪攜酒話舊有作	《詩報》昭和 10 年（1935）09 月 15 日，113 號頁 8
		炳揚族姪留飲席上感賦	《臺灣日日新報》昭和 10 年（1935）09 月 16 日，12739 號 08 版
次丘荷公六十自壽韻並述鄙懷	69	次丘荷公六旬自壽兼以誌慶	《詩報》昭和 08 年（1933）09 月 01 日，66 號頁 13
		次丘荷公孝廉六十自壽瑤韻兼述鄙懷	《詩報》昭和 08 年（1933）12 月 01 日，71 號頁 2
次韻壽謝尊五	70	謹次尊五詞兄七十書懷原玉	《詩報》昭和 16 年（1941）05 月 06 日，247 號頁 24
次黃鯤瀛韻	71	謹次前列諸先生見贈瑤韻八首之二	《詩報》昭和 09 年（1934）11 月 01 日，92 號頁 16
早行即景	71	早行偶成	明信片，《詹作舟全集・四》頁 317，昭和 19 年（1944）
寫懷	72	遣懷	《詹作舟全集・四》頁 305，民國 34 年（1945）
宿東屯友人招飲舊識妓桔紅話前事	73	醉月樓席上遇桔紅女士作	《詩報》昭和 18 年（1943）11 月 01 日，305 號頁 2
嘉福旅舍小集分韻	73	嘉福旅舍席上拈韻	《詩報》昭和 15 年（1940）03 月 01 日，219 號頁 3
感賦	73	感賦	手稿，《詹作舟全集・四》頁 303，民國 34 年（1945）
次拱五移居韻	74	謹步留別寄廬元韻	盧嘉興〈臺灣日據末期著刊「拾零集」的黃拱五〉，氏著《臺灣研究彙集》9 頁 25。
次寄懷韻示小多郎	75	次小多郎韻	《詩報》昭和 11 年（1936）05 月 15 日，129 號頁 11
寫懷	76	寫懷時避難大里	《詹作舟全集・四》頁 319，民國 34 年（1945）
杏菴招飲於招仙閣賦質拱五杏菴	77	杏菴詞兄邀飲於旗亭賦謝並質拱五	《詹作舟全集・四》頁 308，民國 34 年（1945）
尊五寄詩索和因次其韻	77	謹次尊五同庚瑤韻	《南方》昭和 18 年（1943）02 月 15 日，169 期頁 34
寶桑吟社歡迎席上耀青贈詩次韻答之	77	遊東臺諸詩人設席後待邱君耀青以詩見贈次韻奉答並質諸詩人	《詩報》昭和 18 年（1943）05 月 25 日，296 號頁 3

臺南即事	79	臺南宿夜	《詹作舟全集‧四》頁 307，民國 34 年（1945）
遊基隆與大同吟社諸賢敘舊	80	仲夏遊基隆訪道南君並與諸吟侶敘舊	《詩報》昭和 18 年（1943）07 月 27 日，300 號頁 11
雨夜宿嘉義朱芇亭來訪有詩次韻	80	次芇亭韻	《詩報》昭和 19 年（1944）04 月 09 日，313 號頁 2
次琴生見訪韻	80	次謝金生韻	《詩報》昭和 19 年（1944）06 月 06 日，316 號頁 5
萊園雅集	81	萊園雅集	《詩報》昭和 18 年（1943）01 月 18 日，288 號頁 3
挹香山館小集賦質諸賢	81	挹香山館小集賦質諸賢	《詩報》昭和 18 年（1943）09 月 24 日，303 號頁 3
和王則修七七述懷韻	81	敬和王則修詞長七七述懷佳詠並次瑤韻	《詩報》昭和 18 年（1943）10 月 11 日，304 號頁 6 又見《南方》昭和 18 年 10 月 15 日
次韻小魯移居東山	82	次小魯詞兄移居東山玉韻	《詩報》昭和 18 年（1943）11 月 01 日，305 號頁 2
大東吟社歡迎席上朱曉菴贈詩次韻	82	次韻	《詩報》昭和 18 年（1943）12 月 08 日，307 號頁 3
遊茗園逢雪滄	82	遇雪滄君偶成	《詩報》昭和 16 年（1941）06 月 04 日，249 號頁 2
次韻元煌同學六十感懷	82	次韻元煌同學六十感懷	《詩報》昭和 18 年（1943）07 月 12 日，299 號頁 3
臺南客次諸同學來訪賦此示之	83	臺南客次諸同學來訪賦此示之	《瀛海詩集》，頁 255，昭和 15 年（1940）12 月
無題二首用義山錦瑟韻	84	無題二首用義山錦瑟韻	《瀛海詩集》頁 255，昭和 15 年（1940）12 月
秋日書感	85	秋日書感	《詩報》昭和 17 年（1942）10 月 26 日，282 號頁 3
對酒	87	對酒	《詩報》昭和 09 年（1934）01 月 15 日，74 號頁 4 又《臺灣日日新報》昭和 09 年（1934）01 月 20 日，12139 號 08 版。
喜杜香國至留飲	89	喜甲溪至留飲感賦	《臺灣日日新報》昭和 10 年（1935）03 月 29 日，12569 號 08 版
行腳僧	89	行腳僧	《詩報》昭和 08 年（1933）12 月 01 日，71 號頁 66。東墩吟社
歸里賦示寶書	90	席上賦贈王寶書世講	《詩報》昭和 10 年（1935）11 月 03 日，116 號頁 8

次韻答拱五	90	偕梅樵詞長飲於杏花樓上聞妓訴恨有感而作	《臺南新報》昭和01年08月27日，8819期頁6
擬淵明賞菊	93	擬淵明賞菊	《瀛海詩集》，頁255，昭和15年（1940）12月
靜軒過訪旅次有詩次韻慰之	93	次靜軒韻	《臺南新報》大正14年04月22日，8327期頁5
輓洪棄生	93	哭洪月樵詞伯	《臺灣日日新報》昭和03年（1928）07月13日，10139號04版
除夕	94	除夕書懷	《詹作舟全集・四》頁365，民國34年（1945）
溪月	94	溪月	《詩報》昭和08年（1933）09月15日，67號頁6。全島聯吟大會二日首唱
李少菴四十初度寄詩索和次韻兼敘鄙懷	95	次李少菴君四十書懷玉韻	《詩報》昭和08年（1933）07月01日，62號頁3
高文淵來訪有詩即次其韻	95	次韻	《風月報》昭和16年（1941）06月15日，132期頁21
		次韻	《詩報》昭和16年（1941）08月02日，253號頁3
次蘇鴻飛見贈韻	95	次韻鴻飛	《詩報》昭和16年（1941）04月18日，246號頁4
次黃傳心寄懷韻	96	次韻	《詩報》昭和15年（1940）07月15日，228號頁2
七十述懷	96	七十述懷四首乞諸吟侶賜和	《詩報》昭和15年（1940）01月01日，215號頁11
夏日黃鶴樓小集分韻	97	夏日黃鶴樓小集分韻	《詩報》昭和14年（1939）08月01日，206號頁4
偕曾文新遊埔里雲釵治酒欵留席上次文新韻賦示雲釵	97	次韻	《詩報》昭和14年（1939）07月04日，204號頁4
養花	97	養花	《詩報》昭和11年04月18日，127號頁10 《臺灣日日新報》昭和11年（1936）05月16日，12979號08版
敦風吟會將舉行發會式寄函索詩賦祝	98	敦風吟會發會誌盛	《詩報》昭和12年（1937）06月08日，154號頁16
遊金山蔡子淘以詩見贈次韻	98	謹次前列諸先生見贈瑤韻八首（之七）	《詩報》昭和09年（1934）11月01日，92號頁16

次韻答拱五	98	次韻	《臺灣日日新報》昭和 11 年（1936）06 月 03 日，12997 號 08 版 又《詩報》昭和 11 年（1936）06 月 15 日，131 號頁 20
梅村說劍見過有詩次韻	99	梅村說劍見過有詩次韻奉答	《詩報》昭和 17 年（1942）10 月 10 日，281 號頁 3
聞笛	99	聞笛	《詩報》昭和 18 年（1943）01 月 01 日，287 號頁 30
輓趙雲石	99	輓趙雲石先生	《臺灣日日新報》昭和 11 年（1936）06 月 06 日，13000 號 08 版 又見《詩報》昭和 11 年（1936）06 月 15 日，131 號頁 3。又見同報 07 月 01 日，132 號頁 20
偕青蓮遊鐵砧山訪勉之次勉之韻	100	次韻（縱奴〈可白先生偕其美適存偉湘諸君枉顧寓齋喜而有作〉）	《詩報》昭和 12 年（1937）11 月 04 日，164 號頁 3
紀事	102	紀事	信件，《詹作舟全集・四》頁 328，民國 34 年（1945）
鄉夢	103	鄉夢	《東寧擊缽吟前集》，頁 8，昭和 9 年（1934）3 月
秋日登八卦山六首	103	秋日登八卦山雜詠	《詩報》昭和 08 年（1933）11 月 15 日，70 號頁 3
贈梅	104	贈梅	《臺南新報》大正 14 年 01 月 09 日，8224 期
斗南道上	104	赴田中庄於車中偶得一首	《臺灣日日新報》昭和 04 年（1929）10 月 29 日，10608 號 04 版
公園口占	105	秋日偕一儂遊公園口占	《詩報》昭和 10 年（1935）11 月 03 日，116 號頁 8
坐擁	106	次韻兼寫懷（一、三）	《臺灣日日新報》昭和 05 年（1930）06 月 09 日，10829 號 08 版
夏郊晚步	107	夏郊晚步	《詩報》昭和 17 年（1942）09 月 01 日，279 號頁 16
晨雞	109	晨雞	《詩報》昭和 19 年（1944）02 月 11 日，310 號頁 14。彰化聲社
初春即景寄羅蔚村（其二）	111	初春即景	《詩報》昭和 18 年（1943）02 月 21 日，290 期頁 13。彰化聲社
春柳	111	春柳	《詩報》昭和 18 年（1943）06 月 25 日，298 號頁 16。彰化聲社
白竹	112	白竹	《詩報》昭和 19 年（1944）03 月 01 日，311 號頁 19。彰化聲社

喜鏡如文新至次鏡如見贈韻	114	喜鏡如、文新至次見贈韻	《詩報》昭和 11 年（1936）05 月 15 日，129 號頁 11
有贈（十首）	115	於報紙上讀嘯霞笑儂二君唱和什不覺技癢因憶舊遊夫韻成十二首	《臺灣日日新報》昭和 05 年（1930）09 月 23 日，10935 號 04 版
諫果	116	諫果	《臺南新報》大正 14 年 07 月 04 日，8400 期頁 5。西山吟社
散悶	117	散悶	與《詩報》昭和 10 年（1935）06 月 01 日，106 號頁 4
過南陔吟社劍秋留飲賦謝	118	過南陔吟社蒙留飲賦謝	《詩報》昭和 18 年（1943）10 月 11 日，304 號頁 7
與劍秋承郁話舊	118	與陳林二君話舊	《詩報》昭和 18 年（1943）11 月 01 日，305 號頁 9
次朱曉菴見贈韻	118	賦贈曉菴詞兄	《詩報》昭和 18 年（1943）12 月 08 日，307 號頁 3
次古少泉見贈韻	118	次韻	《詩報》昭和 18 年（1943）12 月 08 日，307 號頁 3
次劉翠岩見贈韻	118	次韻	《詩報》昭和 18 年（1943）12 月 08 日，307 號頁 3
次黃坤松見贈韻	119	次韻	《詩報》昭和 18 年（1943）12 月 08 日，307 號頁 3
題朱芾亭江南紀遊畫帖	119	題朱芾亭江南紀遊畫帖	《詩報》昭和 17 年（1942）12 月 07 日，285 號頁 2
嘉福旅次與蕙川臥雲雲翔天福話舊並開秋宴席上賦質諸君子	119	嘉福旅次賦質諸吟侶	《詩報》昭和 17 年（1942）09 月 01 日，279 號頁 4
新涼	119	新涼	《詩報》昭和 11 年（1936）09 月 17 日，137 號頁 9。又見《臺南新報》昭和 11 年 08 月 25 日，12446 期頁 8。將軍吟社
次嘯雲感懷韻（一首）	120	次嘯雲韻（二首）	《詩報》昭和 12 年（1937）04 月 20 日，151 號頁 2
新柳（一首）	120	新柳（二首）	《詩報》昭和 12 年（1937）04 月 20 日，151 號頁 1。興賢吟社
竹風	120	竹風	《詩報》昭和 11 年 05 月 01 日，128 號頁 12。全島聯吟大會二日次唱
過豐原柏峰留飲	120	遊豐原廖柏峰君留飲席上偶成	《詩報》昭和 11 年（1936）08 月 02 日，134 號頁 3

春耕	120	春耕	《臺灣日日新報》昭和 11 年（1936）04 月 16 日，12949 號 08 版。又收錄於《詩報》昭和 11 年 04 月 18 日，127 號頁 6。
陪江亢虎游彰化溫泉	120	於彰化溫泉呈江博士	《臺灣日日新報》昭和 09 年（1934）09 月 06 日，12367 號 08 版
漁村（一首）	120	漁村（二首）	《詩報》昭和 08 年（1933）12 月 15 日，72 號頁 10。蘅社
嘉福吟盧雅集	121	嘉福吟盧雅集	《詩報》昭和 16 年（1941）04 月 18 日，246 號頁 4
次天福韻	121	疊前韻贈天福	《詩報》昭和 16 年（1941）04 月 18 日，246 號頁 4
次天福韻	121	次韻天福	《詩報》昭和 16 年（1941）04 月 18 日，246 號頁 4
雁字	122	鴈字	《詩報》昭和 15 年（1940）10 月 01 日，233 號頁 18。麗澤吟社
旅雁	122	旅鴈	《詩報》昭和 15 年（1940）10 月 18 日，234 號頁 23。菱香吟社
記得	122	無題	《詩報》昭和 10 年（1935）06 月 01 日，106 號頁 4
遊淡水即事	123	遊淡水即事	《南瀛新報》昭和 09 年（1934）12 月 15 日
		多日偕林荔奴陳鴻林遊淡水即事	《臺灣日日新報》昭和 09 年（1934）12 月 20 日，12471 號 08 版
輓鄭永南	123	輓鄭永南詞兄	《臺灣日日新報》昭和 11 年（1936）01 月 18 日，12861 號 12 版
高賓閣席上書所見	123	珈琲館即事	《臺灣日日新報》昭和 09 年（1934）12 月 07 日，12458 號 08 版
南遊雜詠	124	南遊紀事	信件，《詹作舟全集‧四》頁 346，民國 34 年（1945）
秋光	125	秋光	《詩報》昭和 17 年（1942）10 月 26 日，282 號頁 10。彰化應社
弔簡若川	125	輓簡若川茂才	《臺灣日日新報》昭和 11 年（1936）01 月 12 日，12855 號 08 版
酒旗	127	酒旗	《詩報》昭和 12 年（1937）07 月 18 日，157 號頁 10。菱香吟社
連日困雨既晴鴻濤寄詩索和次韻答之	128	次韻（二首）	《風月報》昭和 14 年（1939）01 月 01 日，77 期頁 26

過二林陳建上留飲賦贈	128	遊二林訪陳建上君即事	《孔教報》第二卷 8 號頁 24，昭和 13 年 12 月 8 日
夏日寓齋感作	129	夏日寓齋感賦	《詹作舟全集・四》頁 258，昭和 16 年（1941）
月澄老兄七秩榮壽	131	月澄老兄七秩榮壽	《詩報》昭和 12 年（1937）08 月 01 日，158 號頁 23

【註】：頁碼，依據高志彬主編《梅樵詩集》編頁。

表 4-8　《捲濤閣詩草》詩題歧異對照表

目錄題（頁）	內文題（頁）／出處題（號）
客遊斗山黃丕承留飲歸後寄懷（1）	客遊斗山黃丕承留飲歸後寄懷並及濱石服五克明諸君子（14）
雙鯉校書索詩（2）	雙鯉校書索詩率成贈之（18）
琴仙校書索書（2）	琴仙校書索書偶賦三絕錄二（19）
重過萃園感舊（2）	重過萃園感舊有作（21）
排悶（2）	排悶寄示好友（22）
次子青見贈韻（2）	次韻子青見贈韻（23）
寒食節鄰人招飲（2）	寒食節鄰人招飲詩以誌之（23）
品茶偕櫻航登高同作（2）	品茶二首偕櫻航登高同作（24）
背面美人與竹修登高同作（2）	背面美人與竹修登高同作限韻（25）
許志坤攜其先室桐陰停畫圖遺照索題（3）	許志坤攜其先室桐陰停畫圖遺照索題走筆賦此兼以誌感（29）
春日歸里大冶吟社諸賢見訪（3）	春日歸里大冶吟社諸賢見訪（34） 歸里喜晤子敏啓南漢津并寄大冶吟社諸賢（大冶吟社課卷 2 號）
立春後一日偕蘇心淵沈堤元施水池泛舟安平港（4）	立春後一日偕蘇心淵沈堤元施水池泛舟安平港有作（40） 立春後一日偕蘇心淵先生沈堤元君水池阿咸泛舟安牛港舟中即事有作（臺南新報 7894 期）
席上聽白玉杏校書唱古涼州曲賦贈（4）	席上聽白玉杏校書唱古涼州曲校書向余索詩賦此贈之（48）
鄭竹溪以詩送別次韻答之（4）	鄭竹溪以詩送別次韻答之兼慰竹社諸君子（50）
席上玉霞校書索詩（5）	席上玉霞校書索詩率成絕句（50）
北遊稻江駱香林留飲招遊北投	北遊稻江駱香林留飲招遊北投偶得二絕並贈香林（51）

由臺南之鳳山道中（5）	由臺南之鳳山道中有作（61）
南游歸來冬至日大冶吟社諸彥過訪（5）	南游歸來冬至日大冶吟社諸彥過訪（63） 南游歸來冬至日訪大冶吟社諸彥（大冶吟社課卷 3 號）
疊前韻（5）	疊前韻（63） 疊韻再呈大冶吟社諸賢（大冶吟社課卷 3 號）
再疊前韻（5）	再疊前韻（63） 再疊韻（大冶吟社課卷 3 號）
三疊前韻（5）	三疊前韻（64） 三疊韻（大冶吟社課卷 3 號）
喜櫻航見過并招余飲於醉仙閣（6）	喜櫻航見過并招余飲於醉仙閣席上有賦（74）
喜國楨筴顏枉顧客居（7）	喜國楨筴顏枉顧客居有作（80）
乞巧節偕德卿遊嘉義歸途留宿蒙設酒席（8）	乞巧節偕德卿遊嘉義歸途留宿蒙設酒席賦贈（96）
秋日病中孔昭嘯峰過訪席上話舊（8）	秋日病中孔昭嘯峰過訪席上話舊示之以詩（97） 秋日病中孔昭子敏子昭過訪席上話舊示之以詩（臺灣日日新報 4473 號）
將之碧山五雲樓諸子治酒踐行（8）	將之碧山五雲樓諸子治酒踐行詩以道謝（100）
冬日訪洪月樵留飲（8）	冬日訪洪月樵留飲歸後寄贈（100）
過營盤口茂林雪若留飲（9）	過營盤口茂林雪若留飲即席賦示（117）
偏遠堂雅集（10）	偏遠堂雅集拈得歌韻（121）
與諸賢話舊（11）	與諸賢話舊感而有作（133） 喜牧童秋波二君枉顧（臺南新報 7833 期）
遊公園即景（8）／遊公園（11）	遊公園即景（106）／遊公園（143） 秋日遊公園即事（臺南新報 7815 期）

按：同一詩作重複收錄

表 4-9　《鹿江集》詩題歧異對照表

目錄題（頁）	內文題（頁）／出處題（號）
春日午睡夢中得句（1）	春日午睡夢中得山中有松柏金石同堅貞二句覺而湊成短篇（7）
羅山旅夜諸友畢集談詩至夜深始散（1）	羅山旅夜諸友畢集談詩至夜深始散於不能寢爰成此篇（8）

由臺中將之大里候車殊久始至（1）	由臺中將之大里候車殊久始至作此以示古轂（8）
壽林灌園（1）	壽林灌園（8）
	祝灌園詞兄六一壽辰（詩報262號）
中和節未曙驟雨夢中驚覺（1）	中和節未曙驟雨夢中驚覺作此（9）
許天奎以壽詩唱和集鐵峰詩草詩話索題（1）	許天奎壽詩唱和集及自著鐵峯詩草詩話索題（9）
	題鐵峰壽詩唱和及詩草詩話諸集（鐵峰山房唱和集）
望夜彤雲邀飲於東芳樓（2）	望夜彤雲邀余與黃何諸賢飲於東芳樓（11）
	首夏望日過菱香吟社彤雲邀余及傳心秋陽策強飲於東芳旗亭（詩報297號）
偕北友水裏坑看山歸途於集集下車訪雪樵（2）	偕北友水裏坑看山歸途先別於集集下車訪雪樵同學（11）
	偕北友水裏坑看山歸途先別於集集下車訪黃雪樵同學（詩報311號）
六十初度放歌述懷（2）	六十初度放歌述懷（14）
	六十初度放歌述懷兼以誌感（臺日報10589號）
壽林植卿（2）	壽林植卿（18）
	壽林湜卿先生七秩（詩報64號）
冬夜風雨交作友松邀飲（2）	冬夜忽風雨交作友松驅車邀飲席上感賦（18）
送鏡川松岩之南安（2）	送鏡川松岩之南安（19）
	景□□□□將遊大陸賦此壯行（臺灣日日新報7875號）
黃景謨解組受川村總督表彰爲功勞者（2）	黃景謨理街政三十一年解組後受川村總督特表彰爲功勞者之紳耆囑余賦詩頌之（21）
	東港街長黃景謨君在職卅一年今秋告退賦詩以頌其德（臺灣日日新報10320號）
一鳴姪聞余歸治酒相款（2）	一鳴族姪孫聞余歸里治酒相欵感作（22）
	一鳴族姪聞余歸里治酒相欵感作（瀛海詩集255）
楊嘯霞寄古稀吟索和賦祝（3）	楊嘯霞寄古稀吟索和賦此祝之（28）
許奇高袖畫虎一幅相貽並索題句	許奇高畫家自潮陽渡臺聞名余名來彰化相訪袖畫虎一幅相貽並索題句（31）
	許奇高畫家以畫虎一幅見貽賦此報之（臺灣日日新報12452號）

過草屯嘯雲留宿（3）	自南陔過草屯嘯雲留宿（33）
過生春醫院賦寄作舟（3）	過生春醫院歸後賦寄作舟（35）
別拱五（4）	別拱五（39）
	遊赤嵌將歸別拱五翁（詩報 319 號）
疊春日漫興韻寄鐸庵（4）	春日漫興三首再疊韻寄鐸庵（39）
答海洲依過訪原韻（4）	答海洲依過訪原韻（40）
	答海洲翁（詩報 319 號）
王臥蕉留飲（5）	臥蕉詞兄留飲席上賦質占梅觀濤（詹作舟全集・四）
梅癡自新竹來訪喜賦兼憶舊遊（5）	梅癡自新竹來訪喜賦兼憶舊遊（48）
	戲贈梅癡居士（詩報 102 號）
春日漫興疊韻寄鐸菴（5）	春日漫興三首疊韻寄鐸菴（49）
過新竹賦贈魏澄川兼懷潤菴（5）	過新竹賦贈魏澄川兼懷潤菴（50）
	過新竹賦贈魏澄川大國手（詩報 99 號）
豐原訪柏峰（5）	豐原訪柏峯（51）
	豐原訪廖柏峰詞友（詩報 240 號）
梅村梓舟來訪（5）	梅村梓舟來訪賦此（52）
	喜梅村梓舟見過（詩報 283 號）
同學諸子訪余近江屋客次（5）	同學諸子訪余近江屋客次賦示（53）
	同學諸子訪余於近江屋客次賦此示之（臺灣日日新報 10388 號）
夏間風雨菊苗敗壞重陽賞菊者頓失所望（5）	夏間風雨暴虐菊苗敗壞重陽節賞菊者頓失所望（53）
懷拱五（6）	懷拱五（57）
	寄懷黃拱五翁（詩報 318 號）
偕拱五之東津訪靜軒靜園（7）	偕拱五之東津訪靜軒靜園（64）
	偕拱五詞兄之東港訪靜軒靜園諸吟友（詩報 227 號）
春寒冒雨歸里諸親友邀飲（7）	春寒冒雨歸里諸親友邀飲於醉西園（65）
雨夜歸里世楨表弟邀飲（7）	雨夜歸里世楨表弟邀飲於醉西亭（66）
遊關西沈梅岩招飲（7）	遊關西沈梅岩招飲即席賦贈（67）
寄冷史靜園筑客元胡夢仙（7）	疊韻寄冷史靜園筑客元胡夢仙（67）
一鳴族姪留飲（7）	一鳴族姪留飲於平和樓（68）
	平和樓偕垂裕世弟炳揚再侄攜酒話舊有作（詩報 113 號）
	炳揚族侄留飲席上感賦（臺灣日日新報 12739 號）

贈王寶書（7）	贈王寶書（70）
	席上賦贈王寶書世講（詩報116號）
杏菴招飲於招仙閣賦質拱五杏菴（8）	杏菴詞兄招飲於旗亭賦謝並質拱五（詹作舟全集・四）
和王則修七七述懷韻（9）	和王則修七七述懷韻（81）
	敬和王則修詞長七七述懷佳詠並次瑤韻（詩報304號）
白沙道上（9）	白沙坑道上（86）
春日偕萱草遊綠社諸詩人留宴（9）	春日偕萱草遊綠社諸詩人留宴歸後賦詩言謝（88）
次靜軒過訪韻慰之（10）	靜軒過訪旅次有詩次韻慰之（93） 次靜軒韻（臺南新報8327期）
韻梅詩詢近況次韻答之（10）	韻梅女弟子詩詢及近況次韻答之（94）
李少菴四十初度寄詩索和次韻	李少菴四十初度寄詩索和次韻兼敘鄙懷（95） 次李少菴君四十書懷玉韻（詩報62號）
高文淵來訪有詩次韻（10）	高文淵來訪有詩即次次韻（95）
	次韻（風月報132期）
夏日黃鶴樓小集（10）	夏日黃鶴樓小集分韻（97）
	夏日黃鶴樓小集分韻（詩報206號）
黃拱五寄感懷詩索和兼詢近況次韻（10）	黃拱五寄感懷詩索和兼詢近況爰次韻率成三章（97）
敦風吟會發會式寄函索詩賦祝（10）	敦風吟會將舉行發表會式寄函索詩賦祝（98） 敦風吟會發會誌盛（詩報154號）
偕大同詩人訪石鯨即次石鯨見贈韻（11）	偕芝生鯤瀛漢生景岳道南桂村訪李石鯨即次石鯨見贈韻（100）
二月十六日歸里諸耆招宴偶作（11）	二月十六日歸里諸耆舊招宴偶作（101）
秋日登八卦山（11）	秋日登八卦山六首（103）
	秋日登八卦山雜詠（詩報70號）
能高歸途宿草屯與諸吟侶話舊（11）	能高歸途宿草屯宿夜與諸吟侶話舊（106）
一鳴姪以惆悵詞索和次韻（11）	一鳴以惆悵詞索和次韻（107）
過菱香吟社（12）	過菱香吟社有作（107） 賦菱香吟社諸彥（詩報109號）
過可園懷亡友菊隱（12）	過可園懷亡友菊隱分韻（109）
北斗螺溪吟社留宴（12）	過北斗螺溪吟社詩人留宴並訪仁賢小謝（110）

得吉堂詩函疊韻（12）	得吉堂詩函疊前韻寄之（112）
桃園三宿（12）	北遊將歸若川永南強留桃園三宿（113）
過南陔吟社劍秋留飲（13）	過南陔吟社劍秋留飲賦謝（118） 過南陔吟社蒙留飲賦謝（詩報304號）
過豐原柏峰留飲（13）	過豐原柏峰留飲席上偶成（120）
	遊豐原柏峰君留飲席上偶成（詩報134號）
與謝紹楷吳子屏話舊拈歸字（13）	與謝紹楷吳子屏話舊拈得歸字（121）
疊韻示天福（13）	疊前韻示天福（121） 疊前韻贈天福（詩報246號）
偕拱五步月同作（14）	偕拱五步月有詩二絕即次其韻（128）
困雨既晴鴻濤寄詩索和次韻答之	連日困雨既晴鴻濤寄詩索和次韻答之（128） 次韻（風月報77號）
癸酉閏夏五下浣題扇寄王養源（15）	癸酉閏夏五下浣題扇寄王養源臺東（131）
勉王一儂有序（15）	勉王一儂（131）
壽柏族姪少君東岳新婚詩以賀之（15）	壽柏族姪令少君東岳新婚詩以賀之（131）

第五章　文本綜觀類論

　　施梅樵雖然親身經歷著日治時期新文學運動的風潮，再雖然他的交遊網絡中也不乏嘗試新文學的文人，如：林荊南、周定山、陳虛谷⋯⋯等，然而卻未見他的作品中有新文學寫作。再者，梅樵的散文作品，相對上數量也是少的。顯然他是以古典詩歌的寫作最擅勝場，形兼各體，質量皆具，遂至「平昔文名轉為詩名掩矣！」〔註1〕。

　　文學創作的主題，是指作者透過語文形式構成創作，所呈現的主要題旨，藉此以反映現象、抒發懷抱、記錄經歷、闡述思想、說明問題等，是文學作品的核心所在。主題的選擇與書寫，來自於作者就其生活的外在現實與內在思維的素材進行提煉與組織的創作，可以一定程度地反映作者的生命內容與態度趨向。文學主題的觀察，可以體現二大特徵：

1、個別性

　　文學創作建構在作家生命歷程的基礎上，因此主題的書寫是作家個人意志與文學能力的綜合結果。不同的作家，會呈現具有差別特色的主題趨向，而凸顯其作品的個別性。此一個別性反映在兩方面：

（1）客觀的生活經驗

　　每個人的生命都是一部獨立的歷史，作家正是透過文學形式記錄其個人的生命史。其現實生活中個別的經歷或體驗，正是其創作架構的主要淵源。

〔註1〕蔡壽星〈序〉，見《捲濤閣詩草》頁7。

（2）主觀的情感體察

即使是在近似的客觀經歷下，每一個心靈的觀察或感受都會有所異同。文學的書寫，很大一部份地爲作者個人的主觀感情或思想做出組織化的個別呈現。

2、時代性

在凸顯作家個人的主客觀體驗之外，文學寫作也同時反映著時代共相。所謂「文學是時代的側影」，大環境的形勢與條件，提供了孕育作家文學生命的基本背景，文學作品則是結構於時代的大框架之下，雙方互爲表裡。

第一節　詩　觀

施梅樵以詩名家，他對於漢詩寫作的理念或體會，或者有其獨到之處，值得一窺其妙。早期，梅樵也曾自覺性地欲將其個人的讀詩見解綜理爲書冊，題爲《玉井詩話》〔註2〕。可惜該書目前佚失，吾輩後人無緣得識其堂奧。所幸梅樵詩作至今大多仍在，也提供了吾人探尋其詩觀的重要途徑。

一、著作的價值意義──名山大業，千秋盛事

日治時期的漢詩寫作，具有特殊的意義，尤其在新文學的浪潮衝擊下，漢詩寫作的價值意義被重新省思。施梅樵對漢詩寫作的價值和意義的看法，可以從兩方面說：其一，從世俗價值上言，梅樵直嘆：「文字由來不救饑，硯田難望稻粱肥」〔註3〕；從精神意義上言，則自勉「閒中增著作，期許各千秋」〔註4〕。所謂「著作」不一定專指詩作，但正如梅樵所言：「等身著作存詩卷，亂世功名付酒樽」〔註5〕，實則便是以漢詩著作爲主。在現實面與精神面上，漢詩著作實際上無法完全同時滿足雙方的需求，但顯然梅樵內心眞正重視的是歷史評價，他所擅長的漢詩寫作是抒情與溝通的美好形式，是可以跨越時空族群的雋永藝術，自然是足以提昇與延長生命意義的名山事業。正如其所謂「褒貶惟運筆一枝」〔註6〕，漢詩著作值得、也必須用心經

〔註2〕　據施讓甫〈施公梅樵家傳〉載，見《鹿江集》頁（2）。
〔註3〕　〈寓齋雜感〉句，見《捲濤閣詩草》頁124。
〔註4〕　〈遊東港將歸留別槎仙〉句，見《鹿江集》頁53。
〔註5〕　〈偕沈笛亭許存奏過林癡仙無悶草堂〉，見《捲濤閣詩草》頁12。
〔註6〕　〈次丘荷公六十自壽韻並述鄙懷〉（二），見《鹿江集》頁69。

營。

　　施梅樵對漢詩創作的態度是鄭重的。既具天分也有熱情的梅樵，〔註7〕同時也認爲「詩遲鍛鍊工」〔註8〕，爲追求更完美的呈現，他願意爲一字一句反覆的琢磨。以慢工鍛鍊，作爲提昇詩歌藝術的重要關鍵。所謂「山人耽吟成性癖，一字構思數晨夕」〔註9〕、「一字苦構思，窮源且竟委」〔註10〕，寫作兢兢業業，不辭其煩苦，期許提昇漢詩的美感境界。足見施梅樵自愛而用心的寫作態度。

　　施梅樵原本即有志於詩學，在寄予好友徐埴夫的詩作中曾謙虛地表露其平生砥礪品行、精進詩學的心志，謂：「砥礪廉隅師永叔，箕裘詩學紹肩吾。平生此志成虛誕，鬢雪蕭蕭起荻蘆。」〔註11〕他的詩作中也一再地以「名山著作」自勵勉人，如有詩云：

　　　　風塵奔走羞雙鬢，著述辛勤計百年。……
　　　　忘機鷗鷺時相狎，勝卻兒孫繞膝前。〔註12〕

　　　　關河落日遲歸思，風雨名山老棄才。
　　　　悔未十年多著作，藏書世外有蓬萊。〔註13〕

　　　　南容不廢惟安命，西子增妍在捧心。
　　　　倘得十年天假我，遺山著作已如林。〔註14〕

　　　　天教著述老名山，筆硯何當一日閒。
　　　　疑是前生修不到，爲償詩債落人間。〔註15〕

梅樵因緣際會於此風雲時代，兼以天縱詩才，彷彿爲償前世詩債落此凡間，

〔註7〕　施梅樵〈自嘲〉云：「天教著述老名山，筆硯何當一日閒。疑是前生修不到，爲償詩債落人間。」見《鹿江集》頁124。又，〈遣情〉云：「惟此觴與詠，可以樂晨夕」，見《鹿江集》頁7。
〔註8〕　〈客次遇啓運〉，見《捲濤閣詩草》頁13。
〔註9〕　〈紹堯寄詩放歌答之〉，見《捲濤閣詩草》頁37。
〔註10〕　〈讓甫任至詩以示之〉，見《捲濤閣詩草》頁71。
〔註11〕　〈感懷十首次徐埴夫韻〉，見《捲濤閣詩草》頁57。永叔，謂宋代歐陽修，字永叔，以德行文章稱譽於世。肩吾，謂南朝梁庾肩吾，庾信之父，擅長詩賦，辭采甚美，號爲「高齋學士」。
〔註12〕　〈韻梅女弟子寄詩詢及近況次韻答之〉，見《鹿江集》頁94。
〔註13〕　〈林笙齋惠和四章賦此道謝〉，見《捲濤閣詩草》頁116。
〔註14〕　〈排悶寄示某友〉，見《捲濤閣詩草》頁22。
〔註15〕　〈自嘲〉句，見《鹿江集》頁124。

筆硯未嘗閒置，詩名早傳騷壇。雖然他曾說著書是「奢願」〔註16〕，仍辛勤
著述，只怕天不假年。因其深感人身易逝，而著作則足可與名山同老。

　　施梅樵表露其內心深處對漢詩著作價值實現的鮮明宣言，莫過於其諄諄
叮嚀的臨終遺言，他囑咐弟子施讓甫云：

　　　　余……生平心血，僅留數卷詩歌。所謂不能見之行事之深切著明，

　　而只載之空言，其即此意乎？爾等不可不爲余傳。〔註17〕

梅樵平生心血盡在數卷詩歌，他期盼著詩集傳諸名山，以明心見志，唯恐其
一世爲人的經營付諸煙塵。更足見他對漢詩著作的價值意義的看重。

　　梅樵推崇著作爲名山大業，千秋盛事的背景，一則乃繼承了傳統觀點，
再則是受到了現實環境的衝擊。

（一）繼承傳統價值

　　曹丕〈典論論文〉名言：「文章，經國之大業，不朽之盛事。……營目前
之務，而遺千載之功。」，賦予文學崇高的價值與地位。向上承續了太史公著
作「成一家之言，……藏之名山」〔註18〕的苦心孤詣，向下引領了千百年來
文人對文學寫作意義的肯定。傳統君子追求「三不朽——立德、立功、立言」
〔註19〕，文人最得力者便是立言。對文學寫作的肯定與努力，是文學中人的
傳統價值觀。

　　施梅樵也曾說過：「此身何僅千歲計，著作年來願未違」〔註20〕，人的年
壽有時而盡，但生命的意義可以無限延伸，又何止千歲而已！一如老子所謂：
「死而不亡者壽」〔註21〕。對文人而言，延長生命價值的最佳方式，便是著
作。梅樵繼承傳統價值觀，不以一己的短暫生命歷程看待得失，而是放大生
命的格局，看千秋萬世後的價值延續。如果以數十年的困頓滄桑得以成就生

〔註16〕〈壬戌生日誌感〉：「隨俗庸才知醉飽，著書奢願補蹉跎。近來時事惟緘口，
　　　　當作浮雲轉瞬過。」見《捲濤閣詩草》頁64。
〔註17〕見施讓甫〈鹿江集編後語〉。
〔註18〕見《史記・太史公自序》：「序略以拾遺補藝，成一家之言，厥協六經異傳，
　　　　整齊百家雜語，藏之名山，副在京師，俟後世聖人君子。」後世因以「名山
　　　　著作」比喻不朽的作品。
〔註19〕《左傳・襄公二十四年》：「太上有立德，其次有立功，其次有立言，雖久不
　　　　廢，此之謂不朽。」
〔註20〕〈秋日子敏見過招游公園贈之以詩〉（一）句，《臺灣日日新報》第4438號3
　　　　版，大正1年（1912）10月8日。
〔註21〕見《道德經》33章。

命的恆久光熱，是積極而有意義的。

（二）現實環境衝擊

日本軍國治臺，許多文人感受到臺灣面臨著漢文化存亡絕續的危機，漢詩的寫作被賦予了「延斯文於一線」的時代使命。一如櫟社標誌無用之櫟以圖漢文長存的悲情大願，前清秀才施梅樵雖因改朝換代中斷仕途而閒散，卻有感「天教閒散作詩伯」〔註22〕，似乎是冥冥之中註定的天職，面臨了令人悲憤的現實環境，反而激勵他亟思著作，以傳千秋名山。它的作品中屢屢反映著這份企望，如詩云：

> 雄心老至未消磨，阮籍窮途哭且歌。
>
> 百變風雲經眼幻，十年湖海閱人多。
>
> 我材自分成樗櫟，隻手無從假斧柯。
>
> 贏得閒閒脩野史，名山歲月忍蹉跎。〔註23〕
>
> 滄桑二十九年經，芥芥乾坤付醉醒。
>
> 劫外斂才思著述，老來失色愧丹青。〔註24〕
>
> 食單檢點付山庖，準備登臨饗野肴。
>
> 著述千秋聊自慰，利名兩念卻全抛。
>
> 珠厓久已成遺物，燕翼今猶護故巢。
>
> 一片鄉心終不死，甘貧依舊老蓬茅。〔註25〕
>
> 說到人情耳厭聞，由來鳥獸本難群。
>
> 從茲著作消愁悶，清福名山占幾分。〔註26〕

梅樵不幸遭逢臺灣割臺之變，一介書生無力扭轉時勢，又無意奔走富貴，他意欲以無用之筆，成有情之作。憑藉秉賦的詩才寫一世之變異，記一地之滄桑，則以此傳諸後世，不僅成就一家之言，更側記歷史之音，使後世不忘，其意義大矣。漢詩寫作不是小道，是足以藏諸名山的千秋盛業。

經營名山事業大不易，梅樵致書好友徐埴夫時透露了他的態度，詩云：

〔註22〕〈紹堯寄詩放歌答之〉，見《捲濤閣詩草》頁37。

〔註23〕〈秋日子敏見過招游公園贈之以詩〉（二）句，《臺灣日日新報》第4438號3版，大正1年（1912）10月8日。

〔註24〕〈癸亥生日感作〉，見《捲濤閣詩草》頁106。

〔註25〕〈次丘荷公六十自壽韻並述鄙懷〉（三），見《鹿江集》頁69。

〔註26〕〈何孔昭以詩寄懷次韻答之〉，見《捲濤閣詩草》頁69。

> 坌垢紛紛不忍看，扁舟有約訪嚴灘。
>
> 人言舞劍藏頭尾，我悔吟詩耗肺肝。
>
> 文字早知售世賤，山林尤覺立名難。
>
> 霜風一夜書燈暗，坐定青氈獨耐寒。〔註27〕

時局艱危，言行多諱。詩吟耗氣傷神又賤價，詩人實現立名山林之願似乎又難又遠。但梅樵實際上卻抱持著耐寒的毅力，相信耐得霜寒春必見，守得雲開月將來。亂世功名比氣長，梅樵用盡一生的歲月經營漢詩著作，成就他理想的名山事業。

二、創發的重要推力──江山之助，神重於形

藝術家的創作動力各有不同的來源，施梅樵最常於詩作中提及的，當推「江山之助」。如其詩云：

> 藉助江山筆有神，老天不負苦吟身。
>
> 數盃酒為看明月，一紙書如對故人。〔註28〕
>
> 沙鳥翻翻白，籬花簇簇黃。溪聲環戶牖，秋色滿衣裳。
>
> 詩藉江山助，人緣著作忙。客情差可遣，未敢怨淒涼。〔註29〕

梅樵詩中清楚表示了：由於藉著江山景物的啟發靈感，使得下筆如有神助，詩篇遂文采煥發，源源而出。詩人所謂「江山」者，是盃酒，是明月，是沙鳥、籬花，是溪聲、秋色，也是戶牖、衣裳。包含了自然景觀、環境物件，也涵攝了時序氣候，可以泛指外在的一切風光景物。

顯然詩人感情因環境景物而蕩漾，語言文采又隨感情而得到啟發創作，這樣的創作歷程，形成了一個鮮明的鏈帶關係：「詩人──江山──文學作品」。這樣的鏈帶關係若套用生產程序來看，便是：「詩人（生產者）──江山（材料/媒介）──文學作品（產品）」。江山，可以是啟發詩人靈感的觸媒，也可以是寫入作品中的素材，總之，「江山」在文學創作過程中是極為重要的角色。

施梅樵自主地意識到在詩文創作啟發中，「江山之助」具有絕佳的推力作

〔註27〕 〈感懷十首次徐埴夫韻〉，見《捲濤閣詩草》頁58。

〔註28〕 〈中秋夜席上〉，見《捲濤閣詩草》頁30。

〔註29〕 〈秋日病中孔昭子敏子昭過訪席上話舊示之以詩〉（二），《臺灣日日新報》第4473號3版，大正1年（1912）11月14日。「著」原誤作「箸」，今改。

用。當詩人登臨定軍山賦詩，開篇即讚嘆「天留勝景助詩雄，莫大乾坤在眼中」〔註30〕；客途中與好友洪棄生歡遇偕遊，大書長篇記勝，詩末不禁高呼「對此放狂歌，應有江山助」〔註31〕。對好友賴紹堯的欣賞己作，梅樵直言「感君愛我寄佳句，讀之百回不忍釋。自是江山默相助，一語抵人足千百。」〔註32〕凡此，都足見江山勝景在施梅樵創作靈感啓發上的重要性。

　　江山之有助於詩文創作，歷史以來當推劉勰《文心雕龍・物色》說得最早也最貼切，在此專章中論道：

> 春秋代序，陰陽慘舒，物色之動，心亦搖焉。……歲有其物，物有其容。情以物遷，辭以情發。一葉且或迎意，蟲聲有足引心。況清風與明月同夜，白日與春林共朝哉！……然屈平所以能洞監風、騷之情者，抑亦江山之助乎！

劉勰指出：四季氣候和景物的變化對人們的情感，具有極強烈的誘發與感召的力量。使得文學創作的內在感情與外在景物間，確實存在著緊密且微妙的關係。例如屈原洞察景物魅力，感情細膩動人，正是藉著楚地江山之助而成就。這個典型是值得後世效法的對象。劉勰的論述，正可以爲施梅樵的重視江山之助提供有力的註腳。

　　一篇理想詩文的完成，是需要經營的。既有內在理念的支持，也有外在技巧的運用。梅樵曾告語弟子詩友曰：「高樓團坐不知寒，叉手哦詩倚畫欄。……語涉粗豪應退悔，行文尙要寫波瀾」〔註33〕費心忘我的琢磨詩語，重點在避免粗豪直露。言下之意，梅樵認爲理想漢詩應追求的是婉轉細雅，波瀾動人。施梅樵曾自述他對詩文摹寫的看法道：

> 淡墨新描雨後山，傳神只在不言間。
> 文章我亦工摹寫，雅正清眞視等閒。〔註34〕

此詩直指：寫景所貴在「傳神」。摹寫景物即使細膩形似，做到了「雅正清眞」也無足誇口，只是中等一般。此一論點實則與劉勰〈物色〉篇中批評晉宋時期文學的看法一致，同樣都反對「文貴形似」。梅樵主張的是「神重於形」。形可經堆積雕琢而似，神卻需深入心靈而後感應之。既超越在語言文字之上，

〔註30〕〈登定軍山〉，見《鹿江集》頁63。
〔註31〕〈彰化客次逢月樵歸後卻寄〉，見《捲濤閣詩草》頁14。
〔註32〕〈紹堯寄詩放歌答之〉，見《捲濤閣詩草》頁37。
〔註33〕〈大東吟社歡迎席上朱曉菴贈詩次韻〉，見《鹿江集》頁82。
〔註34〕〈養齋以山居雜詠疊韻索和再賦寄答〉，見《捲濤閣詩草》頁41。

也跨過時空人我的溝界。文學創作能至此「傳神」境界，方能臻於雋永長存的名山之林。

〈物色〉篇中已經總結了自《詩經》、《楚辭》以來的文學經驗，就江山景物之助於詩文創作，提出了觀察評論與書寫學習的標的，歸納其精要者主要有二大重點：情貌無遺、抓住特色。以此二要觀察梅樵的漢詩創作，則不僅可見他對傳統薰陶的吸納，也體現了他個人「神重於形」的獨特詩觀。茲舉例說明之。

（一）以少總多，情貌無遺

〈物色〉篇云：「詩人感物，聯類不窮。流連萬象之際，沈吟視聽之區；寫氣圖貌，既隨物以宛轉；屬采附聲，亦與心而徘徊。」劉勰以《詩經》為範，指出創作者感物聯想，沈浸於物色視聽之中，圖寫景物神貌，便能隨景物情態而曲折婉轉；描繪景物聲色，也能隨心周旋。劉勰總結《詩經》篇章事例，歸納出「以少總多，情貌無遺」的特色，也成為創作的重要原則。

施梅樵有〈彰化道上〉一首，乃遊於道途之上，因觸景生情而慷慨賦詩，成七律一首，詩云：

> 暮雲一片俯荒城，誰挽銀河洗甲兵。
> 古驛斜陽鴉背疾，亂山秋色馬頭生。
> 榴花過雨含紅淚，江水爭流帶怒聲。
> 莫怪王郎歌斫地，天涯慣作不平鳴。〔註35〕

此作採入了豐富的物色元素，發抒臺灣乙未割讓、彰化城血戰終至淪陷的滄桑感慨，全詩以景帶情，以情附物，是情景交融的代表佳構。

「秋色」「暮雲」的時序中梅樵登臨「彰化道」，在時空座標明確下，詩人在山徑上俯瞰彰化城，那昔時甲兵廝殺的戰場，而今已是荒城一座。回想那腥污不堪的過往，使詩人大膽聯想：直欲引來無量的天上銀河之水大大沖洗，似乎才能得一淨。在時──空、今──昔、天──地、戰──荒……的交織對比中，詩人一開篇的聯想，已經將外在自然景物與其內在經驗情感，透過對立比較的方式，充分地高度交錯。反映出梅樵在受到江山景況的劇烈衝擊之下，打開了長期醞積於內心的幽淒情感。那感傷於土地人民苦難的滿腔悲情，則無法抑扼地回向到一切耳目所及的江山景物，詩人因江山興懷，江山則因詩懷而帶淚。

〔註35〕〈彰化道上〉，見《捲濤閣詩草》頁 12。

　　詩作中梅樵以「暮雲、斜陽」鋪陳天色，渲染悲戚的背景情調；設「亂山、秋色」圖繪地景，架構出蕭颯荒涼的氣息；再綴以疾遊於天的「鴉」，迷走於地的「馬」，暗示了主人公憂燥不安的心情。特別是原本的嬌美「榴花」與奔流「江水」，詩人精簡地點出「紅淚」「怒聲」，予以傷心激動情緒的擬人化，更生動的激化出聲色視聽的震撼形象。梅樵最後自擬於不得志的王郎，拔劍砍地，放歌大慨不平之鳴，〔註36〕將全篇積累的淒惻悲憤情緒推到了最巔峰。讀詩至此已畢，但詩人的哀歌吶喊，彷彿仍盛氣地迴盪在江山同悲的彰化道上，久久不已。施梅樵在此作中實踐了「以少總多，情貌無遺」的理想詩境。

（二）善於適要，抓住特色

　　〈物色〉篇云：「因方以借巧，即勢以會奇。善於適要，則雖舊彌新矣。」意謂憑藉方法以生巧妙，順勢發展以達新奇。只要善於抓住景物的重要特徵，則即使是舊方法、舊素材，也能創作出美感新意了。意謂：江山雖如舊，但若能透過不同視角抓住特色，筆下詩文的風光便可能別開生面。

　　梅樵詩集中幾則小品之作，便有此趣。如〈由田中至嘉義車中書所見〉：

　　　　雲自東飛日向西，林煙如繡鳥爭啼。

　　　　乘車偶過危橋去，吊膽驚心濁水溪。〔註37〕

濁水溪為臺灣第一長河，是自古常見的題材。梅樵此詩寫車過濁水溪時的所見所感。前半首寫過溪前車經田中地區〔註38〕所見的如畫風光與悠閒心情，與後半首寫過溪時的危橋惡水與忐忑不安，形成鮮明的對比。反映出詩人的感受完全而直接地受到外在江山的牽引而變化，並且由於景觀的急遽轉換，詩人的心情也急轉直下。

　　全篇雖未正面書寫濁水溪的湍急遼闊，詩人卻巧妙地以人車的渺小，突出了濁水溪的壯闊霸氣，並且別具創意地以高危行車的不安輕微，形象地描繪出詩人內心面對勝景險境時的敬畏驚懼。梅樵緊緊抓住了身臨此境時、景觀對比所帶來的強烈特殊感受，而能成就此一精簡有味的詩篇。那心緒激盪

〔註36〕王郎歌斫地，典出杜甫〈短歌行——贈王郎司直〉：「王郎酒酣拔劍斫地歌莫哀，我能拔爾抑塞磊落之奇才。」後世因以「王郎斫地」表示激憤。

〔註37〕〈由田中至嘉義車中書所見〉（一），見《捲濤閣詩草》頁143。

〔註38〕田中，古稱田中央，位在濁水溪北側。日治時期隸屬臺中州員林郡田中街，今為彰化縣田中鎮。

的衝擊，早已使人忘了山河景致的細節。傳神高妙，何在乎形似呢？

再如〈晚登望遠樓〉：

> 倚闌貪看大屯山，山與高樓咫尺間。
>
> 我每看山如讀畫，一回相對破愁顏。〔註39〕

此詩明顯地為寫景之作，但梅樵卻全篇無一字涉及景象的直接描寫。詩人開篇很快地就以「貪看」告知讀者自己為此山中美景吸引難捨的歡喜心情。而山在高樓咫尺間，每每看山便時時破顏。詩人沒有明說美在何處，只概括了欣賞山景的總體印象，以如「畫」比喻之，給讀者各自想像的無限可能。而大屯山的美難以形容，已經不言可喻。梅樵或者認為說不出單一特色，就是最大特色，傳神重於摹形，就此小品塑造了朦朧幽雅的情境效果，則此作真乃是「江山之助」的詩篇。

事實上，抓住特色的詩法也是文學創作的通則，如何推陳出新，去俗造雅，是創作者的共同課題。在景物描寫之外，梅樵馳名詩壇的重要表現之一，是其擊鉢詩寫作常能有突出群倫之上的創意。如〈背面美人　與竹修登高同作限韻〉一題，詩云：

> 玉容怕露篸紋新，故意逢人轉避人。
>
> 靠定闌干懶迴顧，檀郎休怪不相親。〔註40〕

〈背面美人〉是常見的擊鉢詩題，作者多矣，惜常語涉淫浮，多作豔體。梅樵此作，觀其題目所示，亦應為詩友吟遊時同題限韻的遊戲之作。雖然如此，此作卻能緊抓美人嬌羞自矜的一面加以聚焦描寫，而能成此不輕薄的脫俗詩篇。

第二節　創作分期與風格轉變

綜觀施梅樵長達一生的漢詩寫作歷程，大約可以透過臺灣割讓與《捲濤閣詩草》出版二事，區分為早期、中期、晚期三大階段。茲分述之。

一、早　期

自求學創作以來至臺灣割讓（1895 年）之間，即施梅樵 26 歲之前，期間

〔註39〕〈晚登望遠樓〉，見《捲濤閣詩草》頁 34。
〔註40〕〈背面美人與竹修登高同作限韻〉，見《捲濤閣詩草》頁 25。

約 20 年。

　　施梅樵早期作品現今得見者甚少。以筆者目前考察所得，僅有二題詩作，分別是〈過施靖海將軍故園〉七絕二首與〈春日偕同族諸子致祭有明定國將軍施公墓〉五古一首〔註41〕，其寫作時間都在 1888～1895 年之間，也有可能為同時間前後之作。〔註 42〕此二作主題類近，而前作藉記遊寫景寄託自我身世感慨，後作則回顧將軍一生戎勳以申宗族裔孫之虔誠，都表現出雅麗的風格傾向，前作尤為可讀。

　　梅樵早期詩作雖僅能窺此一斑，但藉由同鄉好友洪棄生的評價，可增得一輪廓。洪棄生曾說：

　　　吾友施君梅樵之詩，……君少時以王筠華第之才，遭文舉覆巢之
　　　禍；……入閩山之嶠，遂增爪李之囊。君詩既豔……。〔註43〕

洪棄生以南朝名門高手王筠〔註 44〕比擬施梅樵，用以譽稱梅樵的優裕家世及其早發而突出的寫作高才；而家族的覆巢之禍對於梅樵的寫作能力，也產生了正面推升的影響。洪棄生以「豔」字統稱其青年時期詩作風格，反映出梅樵早年才氣風流、文采動人的特色。則梅樵早期詩作雖不可多見，而風格之趨向則因此可以略知。

二、中　期

　　臺灣割讓至首部個人詩集《捲濤閣詩草》出版（1895～1926 年），乃施梅樵 26～57 歲之間，期間約 31 年。

　　此時施梅樵已邁入人生的青壯期，在臺灣全島漢學方興未艾的同時，梅樵的漢詩產量不僅大增，受到詩壇的廣泛注目與讚譽，所謂「驚才絕豔，蜚聲藝苑」〔註 45〕。在漢學教授與詩社參與的雙軌累進中，已然逐漸形塑了他個人在詩壇的形象與聲望。

　　於大正 15 年（1926）2 月出版的《捲濤閣詩草》，正是此一時期作品的精

〔註41〕分見《捲濤閣詩草》頁 32、139。

〔註42〕請詳本論文第三章第一節〈著作知見考〉。

〔註43〕洪棄生〈序〉，見《捲濤閣詩草》頁 4。

〔註44〕王筠，南朝梁代人，為王羲之第四世族孫，七歲能屬文，年十六曾作〈芍藥賦〉。及長，文章深受沈約賞識，曾謂：「每見筠文，咨嗟吟詠，以為不逮也。」後曾任昭明太子蕭統的文學侍從。參《南史・梁書・王筠傳》。

〔註45〕見許天奎《鐵峰詩話》。

選集，可視爲梅樵漢詩的代表作。雖然「詩人寫詩並不是憑智慧，而是憑一種天才和靈感」〔註46〕，但經歷過家禍與國變等小我與大我的劇烈衝擊之後，施梅樵自云：「我每藉詩聊寫志，滿腔憂憤尚難平」〔註47〕。誠如其摯友洪棄生所云：「君既風波之震駭，宜其才思之蕭條。而乃鸚鵡詞華，滂沛襧衡之筆，麒麟頭角，崢嶸孝穆之文。」〔註48〕指出梅樵在身經風波洗禮之後，文思才華不僅沒有因此而遏殺，反而華藻滂沛，宛若襧衡之筆，本來鶴立雞群的他，越發頭角崢嶸，作品更臻成熟。正所謂「士非窮不覘其氣節，詩非窮不見其悲壯」〔註49〕，生命遭遇的變異衝激，淬煉了文學內蘊的厚度。《捲濤閣詩草》集中地呈現了詩人「藉謳吟以洩其不平之氣」〔註50〕的悲音，洪棄生說得最好：

> 人世之變既深，君詩之境遂老。元遺山之感慨鄉關，陸放翁之蒼茫家國，夐乎上已。余與君淵源共脈，滄海同經。以爲龍爲鼠之人，處呼牛呼馬之世。滿腔壘塊，無從澆阮籍之胸；觸處悲哀，何地擊漸離之筑。既朝鳳之莫鳴，繁寒蟬之長噪。而君乃一集編成，千章煥發。當天荒地老之餘，作石破天驚之語。……傳諸他日，將在鄭所南之間，擬於本朝，豈居趙甌北之下。後有知者，當共定之。〔註51〕

這一段話以優美動人的駢文體，完整地概括了施梅樵在此一時期漢詩創作的背景與特色，且謂其能傳芳後世者將是一如南宋鄭所南（思肖）之遺民之音，而其詞采直與清初名家趙甌北相媲美，蓋推崇梅樵詩集乃是兼得氣韻與文采的漢詩佳作。類似的看法也出現在許天奎《鐵峰詩話》，謂「（梅樵）賦性風流，不拘小節。牢騷抑鬱之氣，時於詩中見之，蓋亦所南、伯虎之流亞也。」〔註52〕二人同樣看重梅樵遺民悲音的突出性，而許天奎以明季唐伯虎比擬

〔註46〕 蘇格拉底語，見柏拉圖〈申辯篇〉，收在華諾文學編譯組編《文學理論資料匯編》頁112。臺北：華諾文化事業有限公司。1985年10月臺一版。

〔註47〕 〈天籟〉句，見《捲濤閣詩草》頁81。

〔註48〕 見洪棄生〈序〉，《捲濤閣詩草》頁4。

〔註49〕 見蔡壽星〈序〉，《捲濤閣詩草》頁7。

〔註50〕 施士洁〈序〉云：「逸士騷人每於登臨酬應之時，藉謳吟以洩其不平之氣，千載後猶如見其人焉。族弟梅樵著捲濤閣詩草之意，殆此類歟！」見《捲濤閣詩草》頁9。

〔註51〕 見洪棄生〈序〉，《捲濤閣詩草》頁5。

〔註52〕 《鐵峰詩話》，收在許天奎《鐵峰山房唱和集》，臺中州：博文社印刷商會，

之，蓋指出其風流婉麗的一面。則大時代環境變遷與個人生活閱歷，對梅樵綜合地產生了巨大的影響力。反映在處世上是其自比遺民，斂才長寂；反映在漢詩創作上便是傷時慨歌，致力漢學。《捲濤閣詩草》具體地反映出詩人的道德心志及其書寫重心。

洪棄生云：「（梅樵）其早歲惟工豔詩，中年以後肆力古風，乃一變而骨格清高。」〔註53〕放眼《捲濤閣詩草》與《鹿江集》，其古風之作的數量確實佔有相當比例，亦佳作輩出。洪棄生並舉〈過斗六寄友〉〔註54〕為例：

> 驅車南山下，遊子念行役。長途生悲風，行行我心惻。
>
> 忽忽日昏暮，停車斗六驛。憑檻望君家，相去但咫尺。
>
> 回溯十年前，過訪騷人宅。感君情意厚，留賓且設席。
>
> 座中風雅士，大半清狂客。豪吟盡佳句，擊節浮大白。
>
> 明知覆瓿物，珍重如拱璧。聚會亦良難，交情況筆墨。
>
> 別來未幾時，故人生死隔。我年雖未老，鬢髮已如戟。
>
> 重登君子堂，或者不相識。人生若大夢，百年只頃刻。
>
> 勸君且加餐，保此好顏色。

此詩寫車過斗六，憶及十年前的詩友佳會。昔日擊節豪吟的雅聚盛宴，對比今日的生死兩隔，相見不識，直覺百年若夢，分外令人歔噓。人我如是，家國之變又何嘗有異？詩人悠悠道來，用語樸實自然，以小喻大，而臺島滄桑自見。意在言外，而情韻難掩。惟尾聯勸君加餐，互勉保好顏色，顯然提振全詩，與人無限希望。詩人非柔弱說愁，實乃韜光養晦。

觀《捲濤閣詩草》所呈現最鮮明傑出的主要風格在「悲慨」，且以此類作品數量眾多，可謂為梅樵中期寫作的主流風格。查司空圖《二十四詩品》釋「悲慨」曰：

> 大風捲水，林木為摧。適苦欲死，招憩不來。
>
> 百歲如流，富貴冷灰。大道日喪，若為雄才。
>
> 壯士拂劍，浩然彌哀。蕭蕭落葉，漏雨蒼苔。

此一風格多抒發著感時傷亂、憂憤悲憫、寂寥抑鬱的內心不平，而表現出情緒悲壯、出語慷慨、思志高昂的美感傾向。陳子昂〈登幽州臺歌〉便是世人

昭和 9 年（1934）6 月。

〔註53〕見洪棄生《寄鶴齋選集》頁 213，臺灣文獻叢刊第 304 種。

〔註54〕〈過斗六寄友〉未見收錄於《捲濤閣詩草》或《鹿江集》中，已經收入本論文附錄一：「施梅樵佚作彙編」。

週知的「悲慨」風格的典型範例。

統合構成梅樵中期漢詩創作的總體氛圍，乃以割臺之痛爲最強勢情調，再以日治高壓的憂憤抑鬱相疊相乘之，反映出時代之大悲，詩人之深慨，而塑造了梅樵詩作中濃厚的悲慨風格。此類作品俯拾即是，如：〈偕沈笛亭、許存奏過林癡仙無悶草堂〉、〈彰化道上〉、〈次韻癡儂東港晚步〉、〈排悶寄示某友〉、〈道上遣懷〉、〈感懷十首次徐埴夫韻〉、〈寓言〉、〈幼佩、毓川以詩見示賦此奉懷〉、〈寓齋雜感〉、〈赤崁城樓北望〉〔註55〕、〈秋日子敏見過招游公園贈之以詩〉〔註56〕……等，都是具有鮮明「悲慨」風格的佳作。這些作品雖不以詞藻之雕麗爲尚，然以其才高詞情仍見腴潤；最著力者在意志氣節之表抒，所貴在風骨，格外顯出動人的內在魅力。此殆洪棄生所謂之「骨格清高」者也！亦章太炎所謂「下筆時神氣兼到，情景相生，返虛入渾，積健爲雄」〔註57〕者耶！

另外，李漁叔《三臺詩話》曾讚梅樵詩：「律、絕多清穩流麗之作。」此一特色自《捲濤閣詩草》中已見，如：〈次韻答癡仙〉、〈秋日過同安嶺〉、〈病中賦示叔潛〉、〈背面美人〉、〈歲暮書感用東坡韻歲暮書感用蘇東坡先生秋興三首韻〉、〈種竹〉、〈海山館旅夜賦示爾材及樸雅汾津諸賢〉〔註58〕、〈茂笙蘭亭香圃諸詞兄辱訪客邸以詩見貽爰成七律喜政〉〔註59〕諸作，殆可爲例。這些清麗之作或者也能反映其「才大心細，元氣充溢」〔註60〕的優點。

青年施梅樵以充沛才氣恣放豔藻的詩風，至中年一變而成滄桑勁健之語，作品轉而趨向於悲慨風格。值此臺灣巨變之時，梅樵之詩正可謂是時代之音。

三、晚　期

《捲濤閣詩草》出版之後至其辭世（1926～1949），在施梅樵 57～80 歲

〔註55〕依序見《捲濤閣詩草》頁12、12、16、22、56、56、65、92、98、150。
〔註56〕《臺灣日日新報》第4438號3版，大正1年（1912）10月8日。詩後附漫評：「一起有笠釣青茫茫之慨。俯仰身世，發爲文章。阮籍之歌哭，不獨爲窮途己也。」
〔註57〕見夏存鼎〈序〉，見《鹿江集》頁5。
〔註58〕依序見《捲濤閣詩草》頁12、13、18、25、68、101、142。
〔註59〕《臺南新報》大正11年（1922）11月24日，7447期頁5。清陰評：「晃旒秀發，旌旆飛揚。端莊流麗，兼而有之。洵可稱中部詞宗矣。」
〔註60〕見夏存鼎〈序〉，見《鹿江集》頁5。

之間，期間約 23 年。

　　施梅樵人生最後的二十餘年，不幸遭遇二次世界大戰，全臺進入戰爭警備狀態，日本政府因戰敗退出臺灣，民國政府接收，臺灣雖喜迎光復，卻進入另一個混亂凋弊的恐慌時期。詩人和大部分的臺灣人一樣，面對了經濟緊縮，世道衰微的窘境。老來窮病，身心都十分煎熬，而致「閱世漸深懷倍淡」〔註 61〕。施梅樵晚期作品產量仍大，於其辭世後出版的第二本個人別集《鹿江集》，正是梅樵晚期漢詩的代表作。

　　施梅樵晚期詩作的筆觸除延續原來的「悲慨」風格之外，另外也有部分下筆清脫，質樸簡直，明顯轉趨於「淡簡」的風格。如：〈中和節未曙驟雨夢中驚覺作此〉、〈漫詠〉、〈自南陔過草屯〉、〈寒夜〉等。〔註 62〕

　　梅樵推崇「淡」乃是天然詩境，本色之美，所謂「天然詩境歸於淡，本色風流雅不粧」〔註 63〕。他在中期時已經意識到，並且自信地追求自我詩歌風格逐漸地趨向於淡雅簡真。「我亦頗自信，詩情淡如水。一字苦構思，窮源且竟委。近來斂浮華，尤非曩昔比。」〔註 64〕而這種對「淡」「簡」的追求，至晚期愈發增顯。他屢屢提到：「老來文境漸歸淡」、「漸臻老境詩歸淡」、「老至文情比秋淡」〔註 65〕，可見詩人對自我詩風的轉變是自覺的。

　　「淡」的含意包含有內在心靈的淡泊與外在吐辭的直樸二方面。前者是世事看多，淡泊富貴，所謂「老來已淡名利懷，詎似盧生妄希冀」〔註 66〕；後者是詩家老手，意重於詞，情勝於巧，懶事雕琢。反映在現實上，是雖饑貧交迫，而淡泊依舊；反映在寫作主題上，是在憂國憂民之外，增添了不少憶舊傷今的題材，如：〈昔日〉、〈感遇〉、〈書感〉、〈感賦〉等；〔註 67〕

　　較之中期漢詩的頻伸堅壯氣節，至此晚期，則多見淺直明切之作。尤有甚者是敘事、說理乃至議論的傾向更為濃厚，如：〈遣情〉、〈雜詠〉、〈午夢〉、〈除夕〉等，〔註 68〕或者因此而使學者認為梅樵晚期詩風趨近於宋詩

〔註 61〕〈寫懷〉句，見《鹿江集》頁 65。
〔註 62〕依序見《鹿江集》頁 9、26、33、53。
〔註 63〕〈偕祝澄劍漁世珍紹堯冬日觀菊分韻〉，見《捲濤閣詩草》頁 15。
〔註 64〕〈讓甫侄至詩以示之〉，見《捲濤閣詩草》頁 71。
〔註 65〕依序為〈秋雲〉、〈李少菴四十初度寄詩索和次韻兼述鄙懷〉、〈秋光〉句，見《鹿江集》頁 66、95、125。
〔註 66〕〈中和節未曙驟雨夢中驚覺作此〉句，見《鹿江集》頁 9。
〔註 67〕依序見《鹿江集》頁 52、57、69、73。
〔註 68〕依序見《鹿江集》頁 7、20、76、94。

了。〔註69〕

　　李漁叔《三臺詩話》曾批評梅樵:「其詩大抵腹儉手滑,至晚歲學不加增,而下筆愈亦輕脫,詩格墮矣。其五七言古詩更全無似處。自壯至老,安於故轍。昔人謂宋輕之學,其梅樵之謂乎?」這樣的批判可謂嚴厲,為歷來評論諸家之所僅見。如王竹修之所見便與之迥異,其〈鹿江詩集序〉有言:「(梅樵)天秉高超,學力純粹,兼精書法,尤長於詩。古風遒勁峭拔,恍似白香山;近體則藻麗英華,直逼杜工部。且熟讀韻府,成竹在胸,故造句皆有來歷,押韻俱有出處。」〔註70〕

　　李氏以「腹儉手滑」論梅樵,此則於晚期略有跡象。例如:相同語詞的重複使用,對詩人而言,有腹笥儉窘之嫌。梅樵部分詩作即有此現象。如其寫梅,慣於與「羅浮」一詞聯用,如〈插梅〉、〈題畫梅〉、〈贈梅〉三作均是;「七鴉七鳩」一詞復見於同題為〈雁字〉之二作〔註71〕;「劉綱夫婦便神仙」一語復見於〈次韻拱五移居〉、〈祝李金燦伉儷花甲雙壽〉二作。〔註72〕最顯明者莫過於不僅「仙人玉女兩峰高莫極,相距雲天惟咫尺」之語或類似語屢屢重出,甚至其行文結構率皆以歡喜遊仙的模式鋪陳之,如:〈兩峰歌——題黃維文暨德配寫照〉〔註73〕、〈祝黃拱五暨德配銀婚式〉〔註74〕、〈祝族叔母陳太孺人七句華帨〉〔註75〕、〈祝朱如松金剛石婚盛典〉〔註76〕、〈玉女峰歌——壽張母蔡孺人古稀〉〔註77〕諸作,作品的相似度極高。或許是這類應酬之作數量不少兼以背景多相近所致,梅樵以人情難卻兼可得潤筆之資,寫作難免趨向制式規格,然也予人梅樵腹儉手滑、輕脫格墮的聯想。又,梅樵以

〔註69〕　學者施懿琳前已指出:「清末至日治時期的施梅樵,原來推崇盛唐,晚年傾向宋詩風格。」見氏著《清代臺灣詩所反映的漢人社會》頁42～52。臺灣師範大學國文研究所博士論文,1991年6月。

〔註70〕　王竹修〈鹿江詩集序〉,見《詩報》昭和17年6月21日274號頁21。

〔註71〕　見《鹿江集》頁80、122。

〔註72〕　依序見《鹿江集》頁74、127。

〔註73〕　見《捲濤閣詩草》頁107。

〔註74〕　見《鹿江集》頁15。

〔註75〕　《臺灣日日新報》第10455號4版,昭和4年(1929)5月28日。刊於詩壇。

〔註76〕　《詩報》昭和10年(1935)6月1日,106號頁11。

〔註77〕　施梅樵致詹作舟詩稿。題下原註:「蔡孺人係斗六詩人張立卿、嘉義張乃賡醫學博士之母。樸素與他兄弟不相識,亦與斗六諸詩人不相識,日前以雲峰吟社之名索詩,乃賦此應之。」錄自張瑞和編《詹作舟全集·六·傳統詩篇·下》頁462。未詳年代,暫置日治末期。

善於擊缽馳名詩壇，李氏之譏可視爲梅樵晚年未能超脫於擊缽慣性之弊。

　　日治時期在執政者與新文學者雙方的催化下，使得舊文學在日治後期愈來愈呈現出衰頹的危機。梅樵懷抱舊夢，又不擅營生，詩歌寫作既然逐漸失去社會關注與世用，也越來越剩下自我遣興與應酬的功用。再加上梅樵晚年疲於經濟，疾病纏身，以致耽誤勤學，詩藝也就難免受到影響了。梅樵詩作中有大量的擊缽詩和應酬詩，後期尤甚，都已反映了些許端倪。這也難怪李氏的批評了。

　　然李氏以「全無似處」論梅樵古詩，實在不妥。即使以晚期之作《鹿江集》來看，其〈古詩部〉中實不乏動人之作，例如：〈種茶歌〉、〈六十初度放歌述懷〉、〈日月潭櫂歌〉、〈自題七十四歲片影〉、〈稚孫〉、〈秋夜〉……等，〔註 78〕皆是詞情並茂，可予推薦之佳作，實在不至於如李氏所言之一無是處。

　　綜合而言，青年施梅樵才氣充沛，詩風偏豔。至中期激變而常抒滄桑勁健之氣，頻伸氣節堅壯之志，詩作一轉而趨向於悲慨風格。晚期筆觸雙軌並出，其一脈仍延續原來的悲慨風格，另一脈則多見淺直明切，展現出簡淡的風格。一生的漢詩創作，在文學藝術上可推《捲濤閣詩草》爲首要代表，較能充分代表施梅樵在天分才氣與後天學力雙方面的均勻成就，允推爲其個人的巔峰之作。

第三節　多元體式與主題

　　施梅樵以其創作時間之長、數量之多，其詩作在體式與主題上也顯現出多元化寫作的特質。茲分述之。

一、多元體式，展現旺盛的創作活力

　　不同的文學體式，在結構、語言、格律等的運用，都有個別的制約作用，考驗著創作者的書寫實踐。詩人創作時的多元選擇與發揮，反映著詩人才學的拓展與挑戰。施梅樵一生詩作無數，實際涉及於廣泛的形式。茲分類記述之。

〔註78〕依序見《鹿江集》頁 14、14、23、27、29、32。

（一）古體詩

1、五言古詩。

2、七言古詩。

以《鹿江集》爲例，編輯者施讓甫在編輯體例上採用體裁分類法，將施梅樵遺作區分爲古詩、五言律詩等四大類。綜觀其古詩部，實可再細分爲五言古詩、七言古詩、古風三項。予以統計數量，則依次分別爲 51 題、25 題、7 題。可見得五古所佔比例最高，甚至是七古的兩倍之多，梅樵之好作五古，由此可知。再，古詩總數合計爲 83 題，佔《鹿江集》全體 477 題的 17%強，比例不輕。

3、古風，古詩之雜用長短句者，梅樵長篇詩作常以此式鋪陳。如〈六十初度放歌述懷〉、〈日月潭櫂歌〉等，磅礴有力，推爲佳作。其中，〈黃景謨理街政三十一年解組後受川村總督特表彰爲臺灣功勞者街之紳耆囑余賦詩頌之〉〔註79〕一詩長達 1866 字，爲梅樵詩作中篇幅最長的古風。詩中以七言爲主體，間用 5、9、10 字等不一，最短至三字一句，最長至 11 字一句。參差變化，節奏活潑。

4、詩經體，如〈狡童三章〉〔註80〕，完全仿自《詩經·國風》，題目亦襲用之。

5、楚辭體，如〈漁父曲〉，不僅每句第五字均用「兮」字，亦四句通押韻。

6、樂府詩，樂府爲詩之變體，或稱歌，或稱行，或稱辭等。梅樵有〈相逢行〉，乃仿漢代樂府古詩者；再有〈采蓮詞〉，乃仿樂府相和歌辭者。

7、仿民歌體，如〈江干曲〉、〈渡頭曲〉、〈懊儂曲〉〔註81〕、〈古意〉〔註82〕，乃仿南朝西曲者。多爲五言四句小詩，是最短小的古體詩。

8、柏梁體，柏梁體詩相傳始於漢武帝大宴群臣於柏梁台，約定共賦七言詩，人各一句，句皆用韻，後人遂以每句用韻者爲柏梁體，亦以爲詩會聯吟遊戲的一種。可屬於七言古詩中的聯句詩。梅樵於昭和元年（1926）應邀參加總督上山滿之進官邸吟宴，席間主賓聯句同歡，所得之作題爲〈東門官邸

〔註79〕《鹿江集》頁 21。

〔註80〕《捲濤閣詩草》頁 118。

〔註81〕依序見《鹿江集》頁 16、16、17。

〔註82〕〈古意〉一題有二作：一見《捲濤閣詩草》頁 104，一見《鹿江集》頁 17。

雅集席上聯句仿柏梁體〉〔註83〕，梅樵爲其中之一。柏梁體爲遊藝詩之一種，騁才競技聯誼的意味較濃厚。昭和9年（1934）〈怡園主人五十雙壽在座諸友依柏梁體各賦七言以祝〉〔註84〕亦然。

（二）近體詩

施梅樵的近體詩爲其詩歌寫作的最主要類型，大致上是律詩較絕句爲多，七言較五言常見。以《鹿江集》爲例，就其近體詩部分分項統計之，可得：五言律詩99題、七言律詩160題、七言絕句130題。合計律詩達259題，絕句130題，而全書未見五言絕句之作；合計其七言之作達290題，五言詩僅99題。這在《捲濤閣詩草》和拙編《施梅樵詩文輯佚彙編》所見中相同，也與詩人一般常見的書寫趨向是類近的。梅樵可謂兼擅古、近體，而以近體詩爲首要書寫體裁。

（三）對　聯

對聯是傳統詩人的基本功，卻也是常民應酬世用最爲普及的應用文學。梅樵對聯寫作數量，自其生平交遊廣闊來看，理應甚眾，惟今日能見者實相對有限。以筆者蒐集者爲例，得見六類，分別爲：

1、楹聯，如：彰化五通宮、咸安宮諸名刹楹聯，至今依然鮮明。

2、贈聯，如：贈詩友許稼秋、贈弟子施天福等。

3、輓聯，如：輓魏篤生伉儷。

4、龍門聯，如：〈行楷十二言龍門聯〉。〔註85〕

5、格言聯，如：〈行楷七言聯〉〔註86〕：「嚼雪餐氈憐白髮／服勞持節見丹心」。

6、狀景聯，如：〈行楷七言聯〉〔註87〕：「山靜水深趣舍異／風和日朗古今同」。

梅樵善書法，其對聯之作大多留存於其墨寶之中，與書藝同芳。檢閱《捲

〔註83〕《臺灣時報》85期頁127，昭和元年（1926）12月15日。又見豬口安喜編《東閣唱和集》，臺北市發行，昭和2年（1927）11月。

〔註84〕《詩報》昭和9年（1934）10月1日，90號頁3。

〔註85〕以上各聯聯文及款識，請詳參拙編附錄一：〈施梅樵佚作彙編〉。

〔註86〕見《臺灣早期書畫專輯》頁161。南投：國史館臺灣文獻館，2003年12月。涂勝本先生藏。

〔註87〕國立臺灣美術館典藏。未詳年代，暫置日治末期。

濤閣詩草》或《鹿江集》，則未見錄入。此或以其聯作多爲應酬，兼以爲維持詩集體例純粹之故。

（四）詩　鐘

詩鐘自清末傳入臺灣之後，即廣受本島各地詩社聯會所歡迎，唐景崧編《詩畸》〔註88〕允爲濫觴之作。梅樵悠遊於眾詩社之間，詩鐘之作當夥，惟多不存，今得見者亦僅寥寥，共得六作而已。雖然如此，而此六作的規格恰皆不同，分述如下：

1、〈仙洞〉，合詠格　兼題字鶴頂。

2、〈美人/猿〉，分詠格。此爲臺灣文社支部詩鐘課題之作，梅樵高中狀元。

3、〈祝花朝〉，碎錦格。

4、〈道東〉，鳳頂格。道東書院擊缽之作。

5、〈魚電〉，鶴膝格。大同吟社聯吟之作，勇奪右一左二。

6、〈鏡杯〉〔註89〕，梟脛格。詞宗謝雪漁評曰：「是何意態雄且傑。」

詩鐘之作無一被收入《捲濤閣詩草》或《鹿江集》中，詩人或以其爲遊戲之作而取捨之。詩鐘或擊缽之作於日治時期詩家別集中多有不收。

（五）竹枝詞

竹枝詞源於巴蜀民歌，歷史悠久。形式上爲七言體的韻文，內容上則以歌詠地方風光習俗爲主。台灣士人多有鍾愛，自郁永河起，累積十分豐碩。梅樵〈鬥龍舟竹枝詞〉一題八首，此雖爲其僅見之作，然寫台島端午競舟之盛況，生動鮮活如在目前，頗爲成功。

（六）別體詩

詩有別體，或爲逞奇逗趣，或爲委曲盡意，或爲淬練詩法等等，於正體之外，歷史以來之別體甚多。以梅樵諸作中所見者，舉要例如下：

1、全仄詩，有〈全仄詩〉。

2、全平詩，有〈全平詩〉。〔註90〕

〔註88〕唐景崧編《詩畸》，光緒 19 年原刊，民國 71 年（1982）端午節（北區）臺灣
　　　史蹟源流研究會影印重刊。

〔註89〕以上詩鐘作品，請詳參拙編附錄一：〈施梅樵佚作彙編〉。

〔註90〕二詩見《捲濤閣詩草》頁 149。

為詩字字用平聲者，謂平聲體或全平詩；其字字用仄聲者，謂仄聲體或全仄詩。可五言，亦可七言。此體貴在自然，勉強之容易生澀。梅樵此二作似帶有遊戲成分，有佳句，卻難全脫鑿痕。

3、廻文詩。廻文詩者，反覆成章，任起一字皆可成詩。著名的竇滔妻蘇氏廻文詩，812 字縱橫顛倒讀之皆為詩，正為令人驚嘆的絕妙奇作。後世則多以順讀、倒讀二可，便可稱作廻文詩。梅樵有〈客中秋懷廻文〉、〈廻文詩〉、〈納涼〉〔註91〕三首廻文詩，其順讀、倒讀皆屬佳作，詩人之著力用心可見。

4、〈六憶詩〉，此作在題目和格式上都明顯地模仿了沈約〈六憶詩〉。

六憶詩是由六首詩組成的連章詩，因每一首詩的開首都冠以「憶」字，分從六個方向分詠值得回憶的事物或情景，遂稱之。此體首創者為南朝梁沈約〈六憶詩〉。梅樵〈六憶詩〉〔註92〕，在題目和格式上都直接模仿了沈約〈六憶詩〉。分別從聚、別、行、坐、食、眠六種面向回憶情郎，浪漫而深情。

施梅樵古典漢詩的寫作，從體裁上而言，可謂兼擅眾體，對各種文體的特性，付出了深究精研的心力。以其內在長存的崇高漢文學理想為根柢，其創作活力也就顯得格外地旺盛而活潑。

（七）附記：其他文體

1、詞：又名「詩餘」。梅樵詞作不多，如：〈訪國楨詞兄遇雨書贈〉〔註93〕、〈誤佳期　贈友〉〔註94〕等。

2、駢文：駢文以詩為文，實乃亦文亦詩。施梅樵古文中即常應用駢儷之句，其駢文創作允為特出。雖多為應酬之作，然仍有其出色的文采，可附觀之。如：〈興賢吟社百期詩集序〉〔註95〕、〈楊丕若先生五旬壽序〉〔註96〕。

3、古文：

〔註91〕分見《捲濤閣詩草》頁 18、20、《鹿江集》頁 125。〈納涼〉題下原註：「迴文」。
〔註92〕《鹿江集》頁 34。
〔註93〕《臺南新報》大正 15（1926）3 月 20 日，8659 期頁 6。曲牌名「虞美人」。
〔註94〕《臺南新報》大正 15（1926）1 月 29 日，8609 期頁 6。刊於詩壇。署名「捲濤閣主人」。
〔註95〕見《詩報》昭和 9 年（1934）7 月 15 日，85 號頁 8。後收錄於黃溥造編《興賢吟社百期詩集序》，員林：興賢吟社，昭和 12 年（1937）1 月。
〔註96〕《臺灣文藝叢誌》第二年第 1 號，大正 9 年（1920）3 月 15 日。

（1）序跋：梅樵序跋之作多有可觀，如：〈黃金川女士詩草序〉〔註97〕、〈壬
申敕題集序〉〔註98〕、〈鳴劍齋詩集序〉〔註99〕、〈李少菴壽詩集序〉
〔註100〕、〈興賢吟社百期詩集序〉〔註101〕、〈啓後集序〉〔註102〕、〈寄
廬遺稿序〉〔註103〕、〈拾零集序〉〔註104〕、〈邱仙根黃公度兩詩伯遺
稿合刊序〉〔註105〕。

（2）慶弔：包括壽辭、祝婚、弔辭、墓誌銘、傳略等婚喪喜慶之應酬文章，
不免匠氣。〔註106〕然部分流露眞摯深情，如：〈林耀亭弔辭〉〔註107〕、
〈故詩人林茂才植卿先生弔詞〉〔註108〕、〈黃瑞符公百歲冥壽追弔辭〉
〔註109〕等。

（3）碑記：如：〈員林福寧宮碑記〉〔註110〕、〈建築謏懿宮緣起〉〔註111〕
等。

（4）書信：梅樵與友人書信，今存者有限。其補益於史料價值，而彌足珍
貴。其中富文采者，亦可爲佳文賞之。如：〈與瘦菊書〉〔註112〕、〈與

〔註97〕黃金川《金川詩草》，上海：中華書局，民國19年（1930）6月。

〔註98〕《詩報》昭和7年（1932）11月1日，46號頁5。

〔註99〕許劍漁、許幼漁合著、許常安編輯《鳴劍齋遺草》頁10，高雄：大友書局，
民國49年（1960）9月13日。

〔註100〕《詩報》昭和8年（1933）8月1日，64號頁3。

〔註101〕見《詩報》昭和9年（1934）7月15日，85號頁8。後收錄於黃溥造編《興
賢吟社百期詩集序》，員林：興賢吟社，昭和12年（1937）1月。

〔註102〕《孔教報》第一卷3號頁14，昭和11年12月18日。

〔註103〕林培張著，施梅樵刪訂《寄廬遺稿》頁1。臺北：龍文出版社，2001年6月
初版。

〔註104〕黃拱五《拾零集文詩合編》，1942年刊本。

〔註105〕施梅樵編，黃拱五校正《邱黃二先生遺稿合刊》。臺中州：東亞書局，昭和
17年（1942）11月。

〔註106〕如：〈祝黃拱五暨德配銀婚式〉一文的鋪寫模式與遣詞用語，可重複見於〈祝
族叔母陳太孺人七句華悅〉與〈祝朱如松金剛石婚盛典〉二作，有如規格化
產出之製品。依序見於《鹿江集》頁16；《臺灣日日新報》第10455號4版，
昭和4年（1929）5月28日；《詩報》106號頁11，昭和10年（1935）6月
1日。

〔註107〕林耀亭《松月書室吟草》頁31。臺北：龍文出版社，1992年。

〔註108〕《詩報》昭和16年（1941）2月18日，第242號頁22。

〔註109〕《詩報》昭和19年（1944）3月20日，312號頁22。

〔註110〕福寧宮，位於彰化員林街，主祀天上聖母。今碑刻尚完整嵌於廟內牆上。

〔註111〕張瑞和編《詹作舟全集・六・傳統詩篇・下》頁465。謏懿宮在今彰化縣永
靖鄉永北村。

〔註112〕《孔教報》第一卷12號頁28，昭和12年（1937）10月1日。作者署名「可白」。

　　詹作舟書信〉十九封、〈與林克宏書信〉一封等。

（5）傳奇：梅樵傳奇之作僅此一見，題為〈貽金報〉。內容講述慈禧太后未入宮前客遊江南，盤費窘迫之際，適有當地吳惠勤者遣使誤餽巨金，始得抒困返北。回京後亟思回報，幾度默默為吳解圍並提拔之。吳雖納悶，而喜朝中有人。後始知乃陰錯陽差、僥倖所得的回報。此後青雲平步，終卒於任。此作為史話傳奇，情節雖有起伏，而文采未見突出。尤其僥倖得官的宗旨，豈是崇儒衛道之人所應宣揚倡作！此與梅樵平素宣揚孔教、鼓吹志節的形象大為迥異！令人不免懷疑此文果真為梅樵之手筆？

二、多元主題，抒寫波盪的見聞遭遇

　　施梅樵一生著述，既以詩寄情，也以詩為生活。他曾自嘲道：「天教著述老名山，筆硯何當一日閒。疑是前生修不到，為償詩債落人間。」〔註113〕詩債追迫，亦可喜亦可惱，而詩作則因此日增，所涉主題日廣，終以成其大。茲舉其要者分述之。

（一）抒情詠懷

　　《文心雕龍・物色》有言：「春秋代序，陰陽慘舒。物色之動，心亦搖焉。……歲有其物，物有其容。情以物遷，辭以情發。」四時變化經常觸動心緒，山川景觀容易誘發興致，詩人天生敏感的心思，透過詩詠抒發情懷，正是文人本色。

1、登臨記遊

　　以詩記遊是詩人最常見的寫作，凡目之所見，足跡所至，皆為詩料，寫景與抒請併陳，而間發議論。施梅樵足跡幾遍全島，他曾說：「詩藉江山助。人緣著作忙」〔註114〕、「江山風月助吟懷，適興何愁鬢髮白」〔註115〕，梅樵自言空間景觀與環境氛圍對的創作靈感，確實是具有正面的啟發作用。登臨之際秉筆記遊詠懷，乃成其詩作一主題。此類作品不少，而在以下三方面具有鮮明的表現：

〔註113〕〈自嘲〉，見《鹿江集》頁124。

〔註114〕〈秋日病中孔昭子敏子昭過訪席上話舊示之以詩〉，《臺灣日日新報》第4473號3版，大正1年（1912）11月14日。

〔註115〕〈壽陳基六案兄花甲〉，《臺灣日日新報》第9789號4版，昭和2年（1927）7月29日。

（1）記遊蹤

此類作品數量頗多，梅樵亦習於題目中記載同伴、路徑、事由……等相關背景，如〈立春後一日偕蘇心淵沈堤元施水池泛舟安平港有作〉、〈北遊稻江駱香林留飲招遊北投〉〔註116〕等，其中或間有小註以說明。諸作中以〈南遊雜詠〉〔註117〕八首七絕，最爲引人注意。依時序列述，使讀者宛若隨行前進。此連章組詩重點不在景觀描寫，而是側重朋儕互動往來的風采，第二至六首詩的小註載明了各詩訴求對象皆不同，呈現詩友相會的歡欣與雅趣。

（2）即景即席之作

梅樵乃性情中人，因事興發，觸景生情，而有不少即景、即席、即事諸作，凸顯了詩人盎然的詩興與捷才。如：〈春日江村即事〉、〈遊公園即景〉、〈由田中至嘉義車中書所見〉、〈車中即目〉、〈北投即景口占〉……等〔註118〕。此類大多小巧可人，清新閒淡，別具風韻。

（3）題壁詩

題壁自古展現特有的文人雅興，亦可屬即事之作，今見梅樵有〈遊碧山寺題壁〉、〈醉紅樓題壁〉、〈古寺題壁〉三作〔註119〕。就內容而言，此三作以見聞記遊爲主，兼以舒發胸懷。

2、四時遣興

以《捲濤閣詩草》與《鹿江集》爲取樣統計，有關春夏秋冬四季的詩作，題目中安入秋、重陽、中秋、新秋、乞巧節等「秋季」字眼者，二作合計達54 題，明顯高居於其他三季之上，顯示秋天是爲梅樵最易興懷的季節；其次爲春季。所謂「秋心爲愁」，蕭颯冷涼的季候最是動人心魂，傳統文學界早有秋懷抒情的傳統。〔註120〕梅樵〈秋思〉、〈秋日寄內〉等之外，又與杜甫同題作〈秋興八首〉、呼應邱逢甲作〈秋懷八首次邱仙根韻〉，其著名的〈秋日書感〉自發表後更引起台島文人廣泛迴響〔註121〕……，以實際創作傳承秋懷傳

〔註116〕依序見《捲濤閣詩草》頁40、51。

〔註117〕見《鹿江集》頁124。

〔註118〕依序見《捲濤閣詩草》頁33、106、143、《鹿江集》頁56、61。

〔註119〕依序見《捲濤閣詩草》頁101、143、《鹿江集》頁66。

〔註120〕參松浦友久著，孫昌武、鄭天剛譯《中國詩歌原理・詩與時間》，台北：洪葉文化事業有限公司，1993年。

〔註121〕依序見《捲濤閣詩草》頁28、102、《鹿江集》頁85。

統。〔註122〕

再以一日早午晚分計，題目中安入夜、晚、月、暮、夕等「夜晚」字眼者，二作合計達 62 題，顯示入夜時分是梅樵靈感最為活躍的時段。沈靜的夜晚恰是詩人心思最活躍的時候。而秋、夜合題者，更是屢見不鮮。

此外，每逢元旦、端午、除夕、生日等特定時節，詩人多有詩作以寄懷。如梅樵於 53、54、70、75 歲四年生日時，均題有生日誌感詩作〔註123〕，分別是詩人中年與晚年時的心境寫照，也同時提供了瞭解詩人生平的一手資料。

3、旅懷鄉愁

施梅樵因設帳各地，交遊廣闊，經常離家在外，客途鄉愁的抒發，遂為詩歌中的特色主題。此類作品或懷人，如〈秋日客中寄懷林笙齋〉、〈寄內〉；或思鄉，如〈病起得家書感賦〉；或慨嘆，如〈歲暮旅次誌感〉；或朋儕往來，如〈喜國楨筱顏枉顧客居有作〉；或無聊興詩，如〈兀坐無聊撫今思昔因疊前韻〉……等，呈現客途中的多樣面貌。〔註124〕

《捲濤閣詩草》卷上比較密集地收錄了梅樵以「客」為字眼的旅懷之作達 20 餘題以上，其內容相關者則更多，反映了施梅樵中年時期旅外的心境寫照。

（二）詩友酬唱

日治時期臺灣傳統詩壇唱和風氣熾盛，以《詩報》為主，最為清晰明白。施梅樵為當時詩壇大老，歷經各式詩會吟宴無數，交際八方詩友不計，其賡和酬唱之作自難勝數。或謂應酬之作無足觀，然摯友相交，真情如何不能成其動人詩篇？同道相求，盛會如何不能成其活潑風采？故見梅樵二別集中，亦不乏賡和酬唱之精選佳作。

1、賡和諸作，自詩題中之「次韻」、「疊韻」、「和韻」等即可顯見。欣喜相迎、議論切磋、客套呼應等皆有之。是集詩藝、思想、社交為一體的重要往來。

2、聯吟詩會，凡參與詩社、詩會等的團體活動多屬之，如：〈羅山小集

〔註122〕參余美玲〈日治時期臺灣秋懷組詩探析〉，《東海大學文學院學報》45 卷，2004 年 7 月。

〔註123〕施梅樵於 53 歲作〈壬戌生日誌感〉、54 歲作〈癸亥生日感作〉、70 歲作〈七十述懷〉、75 歲作〈甲申生日誌感〉，依序見《捲濤閣詩草》頁 64、106、《鹿江集》頁 92、96。

〔註124〕依序見《捲濤閣詩草》頁 114、24、151、37、80、99。

賦贈諸賢〉、〈春夜蘭社諸賢留飲〉、〈南陔吟社雅集分韻〉〔註125〕……等。

3、詩友互訪，梅樵與各地詩友間的私人互訪，此亦不少，如：〈喜飲湘至〉、〈留別羅山諸詩人〉〔註126〕……等，往往情感濃厚動人。特別是互訪之後尚多「歸後卻寄」之作，尤顯詩人間情誼之細膩有禮，如：〈彰化客次逢月樵歸後卻寄〉、〈訪徐見賢歸後卻寄〉、〈過竹塘荊南留宴歸後卻寄〉〔註127〕……等。

4、即席創作，梅樵善於即席即興之作，詩友聚會、月旦品評時皆然，往往呈現出詩人豪邁揮灑的一面，如：〈張升三留飲席上次韻〉、〈席上玉霞校書索詩〉、〈北斗宿夜諸吟侶留宴席上逢昭林口占〉〔註128〕……等。

（三）慶弔贈別

傳統漢詩既作為美感藝術的一種形式，也作為人際互動的往來工具。詩壇諸家以詩文慶弔，早有傳統，亦已成各色文類。各傳統詩刊亦多闢有「慶弔欄」，以應各界所需。梅樵此類作品亦夥，舉凡謝贈、弔輓、留別、賀壽、祝婚、像讚、題畫、題扇、樂新居、誌喬遷、勉遠遊、喜添丁……，各式因應人情往來，交際應酬的詩作名目眾多，不一而足。應酬之作雖常受詬病，然而未嘗沒有真性情之作？

梅樵應酬詩文多矣，然而若是其師友群弟，情分深厚，則易有佳作，如：〈題厚中叔祖寫照〉、〈為林生題扇〉〔註129〕……等俱辭情動人之佳構；但也可見有部分甚為毫不相識者，作品以制式鋪陳，便恐匠氣難掩。

（四）寫實諷諭

梅樵親身見證三朝政權遞變，社會中的強霸與乖張層出不窮。詩人以文字記錄見聞，見證時代。對於反映現實，暗諷日政，顯得格外有力。

1、社會現實

梅樵對日本治台深感沈痛，在詩作中述及對日方不滿之處甚多。以全篇進行指控的詩作，可推〈與陳基六述近況〉、〈種茶歌〉〔註130〕二作為代表。

前者以猛虎喻指治台日人，殘暴凶戾，貪狠狡詐，荼毒臺灣人民，令人

〔註125〕依序見《捲濤閣詩草》頁130、《鹿江集》頁44、72。
〔註126〕依序見《捲濤閣詩草》頁124、37。
〔註127〕依序見《捲濤閣詩草》頁13、《鹿江集》頁34、126。
〔註128〕依序見《捲濤閣詩草》頁26、50、《鹿江集》頁60。
〔註129〕依序見《捲濤閣詩草》頁11、108。
〔註130〕依序見《鹿江集》頁10、14。

痛恨！梅樵直言「思欲寢其皮，豈但食其肉！」彷彿爲台民代言心聲，日本暴政使人恨之入骨！後者則可藉以瞭解對臺灣三大農產之一的茶葉，日方是如何窮極催逼搜刮之能事，而使百姓宛若奴工，未聞茶香只聞民哀。梅樵短短數語道出了殖民帝國統治之下臺灣人作爲次等國民的悲情。

此外，梅樵〈阿芙蓉〉痛陳鴉片毒害之深、〈過鹽水港〉感慨海鹽專賣，與民爭利、〈過大武〉以責番婦暗諷民生貧困、〈歸鄉感賦〉痛心故里歷經浩劫後的滄桑殘破、〈五州詩人大會偶成〉提示了諜影幢幢的日警監視、〈寫懷〉書寫進入戰爭期的避難心情、〈紀事〉從日軍發動侵略戰爭的爲政不仁，預告其終將失敗。〔註131〕凡此皆爲時代現實的側記，足可稱爲史詩之筆。

2、自身困頓

施梅樵自從父親遭逢誣陷、舉家流亡福建之後，從此命運多舛。特別是晚年經歷太平洋戰爭與戰後初期的動盪，體衰多病，常忍饑凍，詩歌成爲他艱難生活中的主要寄託。

〈雜詠〉〔註132〕古詩二首可謂爲梅樵一生自述之作。憶往撫今，多少心事，然「志士耐困苦，乞憐非所宜」，終以持節耐寒自勵。又〈寓齋雜感〉述其饑病相逼，詩債難償；〈病起得家書感賦〉婉轉道來貧賤夫妻的愛憐情義；〈苦寒〉慨嘆民生物價高昂，年老體衰，經營無方的苦楚；〈歲晚感作〉沈重地哀嚎著一家八口飢寒交迫、傾囊繳稅的窘境，自憐多病偃蹇的一生。至痛者莫如〈稚孫〉一詩。〔註133〕稚孫饑甚，而僅有清粥糊其口。高齡七十六歲的梅樵不捨卻十分無奈，道是物價騰貴，人情涼薄，自己體衰力弱而家有數口，素無積蓄實無金繳稅。整首詩沈重得令人不忍。這是民國35年（1946）所作的一首詩，正是大戰方休臺灣經濟情勢最嚴峻的時期。梅樵一家的遭遇可謂是當時社會實況的縮影。

（五）詠物寄託

詠物詩的寫作透過詩人對客觀事物的移情作用，而達到「體物肖形，傳神寫意」的目標。臺灣於日治時期詩壇，詠物詩成爲重要的書寫主題，推其原因有二方面：其一，政治高壓下，文人明哲保身的應世之道；其二，擊缽風氣盛行，同題共作的方式下，詠物詩是適合出題的方向。施梅樵筆下的詠

〔註131〕依序見《捲濤閣詩草》頁85、110、《鹿江集》頁10、27、70、76、102。
〔註132〕見《鹿江集》頁20。
〔註133〕依序見《捲濤閣詩草》頁124、151、《鹿江集》頁33、48、29。

物詩數量頗多，其中雖有不少爲擊缽詩會之題，〔註134〕然而在同題同韻的條件下盡出巧思，以求運典靈活、立論多方，作品往往具有新意，亦有可觀。再論其內容，實多有以物寓情、託物言志的佳作，約可分爲幾類：

1、詠物以自勵

梅樵以其名字中之「梅」與「鶴」入詩，多具有自況之意。如：〈紅梅〉、〈鶴聲〉〔註135〕、〈早梅〉〔註136〕、〈獨鶴〉〔註137〕等，詩中之梅與鶴其實都是梅樵的化身，梅之耐寒自芬芳，鶴之清高不隨俗，無非都是其心志的寫照。此外，如：〈雛鳳〉伸張其一鳴視等閒的壯志；〈白燕〉直言「素衣何必羨封侯」；〈石灰〉以石灰之質堅雪白自我惕勵〔註138〕。

2、詠物以諷世

〈火雲〉羅天大火雲，九州若洪爐，而趨炎日頻仍，雖寫暑熱，實諷世態；〈雄雞〉譏刺空談而無實行者；〈蒲扇〉睥睨世間多少蚊蠅之輩；〈燈蛾〉謂世局如火場，識者切莫如燈蛾之躁進；〈龍眼〉讚龍眼甘果園珠之誘人，使人欲藏之以避催租，直指稅賦之沈重；〈秋潮〉寫秋潮起落看人間起伏，暗喻強霸者的終將更替；〈晚煙〉嘲弄聽信或鼓勵志願軍者的不智；〈假面具〉更鮮明地諷刺了厚顏取媚者的可恥。〔註139〕

3、詠物以寄情

〈竹韻〉詩人體察詩竹同韻，冀此清音大揚風雅；〈虹〉四首寫其七彩似弓的形色妙趣；〈水簾〉抒發對水瀑的浪漫聯想，幽遊於書畫仙境的奇美中；〈溪月〉寫清夜載酒尋詩的雅興；〈秋光〉藉秋日清光以抒一己淡泊情懷。〔註140〕

（六）奇幻遊仙

遊仙源於求道成仙，是精神理想的追求與圓滿，是極致夢幻的樂園。文

〔註134〕參閱：表3-6：《捲濤閣詩草》詩歌出處彙錄表、表3-7：《鹿江集》詩歌出處彙錄表，與附錄一：「施梅樵佚作彙編」。

〔註135〕依序見《捲濤閣詩草》頁52、88。

〔註136〕《臺灣詩學》第二輯頁33，民國37年（1948）11月30日。螺溪吟社擊缽吟。

〔註137〕《臺南新報》昭和7年1月29日，10789期頁8。東墩吟社三週年紀念。

〔註138〕依序見《捲濤閣詩草》頁150、136、《鹿江集》頁87。

〔註139〕依序見《捲濤閣詩草》頁86、87、88、136、137、《鹿江集》頁67、76、108。

〔註140〕依序見《捲濤閣詩草》頁106、131、140、《鹿江集》頁94、125。

人寫作遊仙詩藉以寓託期待中的烏托邦，也隱喻浪漫冶遊諸情事。以含蓄、想像、影射等特質，妝點內在情志。施梅樵詩作中以「遊仙」為題者有〈小遊仙〉、〈夢遊仙〉〔註 141〕二題合計 22 首，數量可觀。其不以「遊仙」為題者亦夥。茲就其表現之不同分述如下：

1、以遊仙記事託志

仙人為幻影，仙境為虛設，遊仙詩因此多含寄託之意。

（1）冶遊情事

如〈即事〉、〈示櫻航用伯廉韻〉、〈回春院席上即事〉〔註 142〕等，乃寫旗亭之樂，其以諸家高才若群仙，諸女柔美似仙女，極樂歡遊，彷彿在仙境。

（2）託懷言志

如：〈秋夜〉〔註 143〕藉夢遊華胥國，描述心目中理想的樂土，無滄桑之變，無冬夏之苦，無刁吏酷稅，無猜忌饑凍……，在人世間歷經萬般艱難後造就的期盼，都在秋夜仙遊中得到了圓滿；〈遣興〉〔註 144〕，想像樂居蓬萊仙宮，丹火長旺，石室藏書，遨遊伴屈原，爬搔有麻姑，透過仙家人物隱喻一己心志，抒發內在儒思的期許。再如：〈小遊仙〉與〈夢遊仙〉之作，或為冶遊之於所作，然此龐大寫作中的言外意涵，卻更引人深思。容後討論。

（3）運用遊仙典故

梅樵在詩作中常可見穿插運用遊仙相關典故，以喻指或美化其意。如喜用「仙」字，或以喻己，或以尊台島諸賢，或以稱詩壇騷家；再如：〈入山詞〉以紫瓊芝、白玉田形容山中景色一如仙境般美妙；〈秋日書感次漁山韻〉謂「蓬萊宮闕對斜曛」暗喻蓬萊仙島臺灣正處於日暮時分的幽暗期，期待著何時能得「麻姑」仙女的紅絲以編織綺麗雲彩；〈偕黃師樵訪夢花〉將隱居山中的好友夢花先生比擬為得道仙人洪崖；〈次韻拱五移居〉將黃拱五夫婦比美於一同學道成仙的劉綱夫婦。〔註 145〕

2、以登仙綺思賀壽

凡有關賀壽祝婚的應酬詩文，施梅樵慣以登仙之情境比擬祝禱之。如：

〔註 141〕依序見《捲濤閣詩草》頁 134、144。
〔註 142〕依序見《捲濤閣詩草》頁 20、22、39。
〔註 143〕見《鹿江集》頁 32。
〔註 144〕見《捲濤閣詩草》頁 112。
〔註 145〕依序見《捲濤閣詩草》頁 13、32、《鹿江集》頁 32、74。

〈祝黃拱五暨德配銀婚式〉〔註 146〕、〈祝朱如松金剛石婚盛典〉〔註 147〕、〈祝族叔母陳太孺人七旬華帨〉〔註 148〕率以靈峰秀境之仙居喻其優沃家境，以仙姥、仙人擬稱主人公之福壽雙全。即使爲未曾謀面者賀壽，如〈壽王有虞翁七十晉一〉〔註 149〕祝詩中也鋪陳仙班嘉賓雲集，絲竹亂耳，佳餚羅致的熱鬧歡愉。誌喜詩聯亦常見仙界美好事物，透過仙境的瑰奇想像，煥發慶樂祈祝的歡欣氛圍。

（七）附記：現代化

日治時期臺灣正值面臨現代化的大潮流，在施梅樵的寫作中，有關於現代化的主題卻十分有限。遍尋諸作，僅有三者：其一爲〈電扇〉〔註 150〕，其二爲〈阿芙蓉〉〔註 151〕，其三爲「公園」主題，包括〈偕劍漁遊公園〉、〈遊臺中公園〉、〈遊公園即景〉、〈遊嘉義公園〉、〈公園口占〉〔註 152〕等。其中，僅〈電扇〉與現代化較有直接相關。「公園」雖是現代化的重要標誌，惟梅樵所書偏向於景觀與情懷發抒，對其「現代」意義似未予重視。

梅樵對新學並不熱衷。觀察施梅樵詩作擬題，反映出他對新學的接受趨向保守。相較之下，施梅樵十分重視傳統文化，對振興與傳承漢學，具有高度的自我使命感。他所期望的是「恢復古風」。因此提倡積極孔教。他雖然也具有遺民心態，但與林朝崧不同的，是對未來的恢復漢制，似乎仍然抱持著一絲的期望。「蛻奴」就透露此一訊息。他甚至影響了如施一鳴等後輩文人，也投入從事舊詩寫作，足見其影響。

〔註 146〕 見《鹿江集》頁 15。
〔註 147〕 《詩報》昭和 10 年（1935）6 月 1 日，106 號頁 11。
〔註 148〕 《臺灣日日新報》第 10455 號 4 版，昭和 4 年（1929）5 月 28 日。刊於詩壇。
〔註 149〕 《王有虞先生壽詩集》。農曆中秋節爲苑裡庄王有虞翁壽誕。昭和元年（1926）其子王清淵爲徵詩祝壽，錄集成冊以爲獻禮。轉錄自林文龍〈鹿港詩人施梅樵〉頁 82，《臺灣風物》26 卷 4 期，1976 年 12 月 31 日。
〔註 150〕 見《捲濤閣詩草》頁 70。
〔註 151〕 見《捲濤閣詩草》頁 85。
〔註 152〕 依序見《捲濤閣詩草》頁 14、18、106、109、《鹿江集》頁 105。

第六章　特色主題探析

第一節　棄地遺民書寫

「遺民」的意涵，以歷代以來所見可歸納爲五大類：

1、作「亡國留遺之民」解，如《左傳·閔公二年》：「衛之遺民男女七百有三十人」、《左傳·哀公四年》：「司馬致邑，立宗焉，以誘其遺民，而盡俘以歸。」、《史記·周本紀》：「成王既遷殷遺民」、《三國志·魏志·衛覬傳》：「當今千里無煙，遺民困苦。」等，皆是成例。

2、作「易代之後不仕新朝者」解。〔註1〕如漢代杜篤〈首陽山賦〉：「其二老乃答余曰：吾殷之遺民也。」〔註2〕此二老爲伯夷、叔齊、清代梁章鉅《歸田瑣記·鼓樓刻漏》：「陳石堂……以宋遺民不受元聘，隱居授徒，巋然爲後學師表。」〔註3〕

3、作「後裔」解，如《左傳·襄公 29 年》：「思深哉！其有陶唐氏之遺民乎？」、「其周德之衰乎？猶有先王之遺民焉！」

4、作「遺世之民」、「隱士」解，如唐代張登〈招客遊寺〉：「江城吏散倦春陰，山寺鳴鐘隔雨深。招取遺民赴僧社，竹堂分坐靜看心。」〔註4〕

5、作「百姓」解。如宋代陳亮〈胡夫人呂氏墓碣銘〉：「因歎承平遺民，

〔註1〕謝正光《清初詩文與士人交遊考》頁 6 認爲：「遺民」一詞原泛指「江山易代之際，以忠於先朝而恥仕新朝者。」南京：南京大學出版社，2001 年。

〔註2〕見《藝文類聚》卷七引。

〔註3〕清代梁章鉅《歸田瑣記》，臺北：木鐸出版社，1982 年。

〔註4〕見《全唐詩》卷 313。

雖婦人猶能如此。」〔註5〕

　　日治時期清廷割讓臺灣給日本，全體臺灣百姓一夕之間成爲「棄地留遺之民」，與亡國並無二致。惟馬關條約中協議〔註6〕：臺澎居民於條約批准互換後的二年之內，可自由選擇變賣產業搬出界外。第一年眞正申請離境的百姓，全臺僅僅只有 4456 人〔註7〕。但這並不代表大部分臺民對日本政權的接受，而其實是關涉到與生活現實、安土重遷等許多因素的結果。

　　特別是原來預備「學而優則仕」的科舉進程上的臺灣舉子們，前途遭到「斷崖式」的摧毀，在生涯實務與心理調適上，都面臨著巨大的衝擊。其中有識實務者親近日方，另謀高就；也有武裝抗日者，效法先烈不計死生；也有隱逸反日者，與上古伯夷、叔齊一脈相類近。後二者率皆難以認同新朝，不仕新政，蓋可謂爲遺民之屬。

　　自古以來，知識分子面臨改朝換代，就是面對一次政治身份與文化認同的大省思、大選擇。遺民是其中一個選項，卻往往也在傳統文化中被賦予較高的道德肯定。遺民文學也於焉形成，成爲標示時代更替的特殊烙印，也是知識份子透過文學形式，呈現對政治、族群、教養等綜合文化的心理思想與情感反映。然而作爲一個遺民，在現實的失落與理想的追求之間，承載著身心上多重的的矛盾衝擊，對過往眷懷感傷，對現世失望與對未來無奈，注定爲其人生與作品添上一抹悲鬱色彩。

　　施梅樵青年時期正欲大展宏圖之際，遭逢臺灣割讓的歷史十字路口。當時 26 歲之齡他恰好身在福建，不僅沒有因此居留不歸，甚至選擇從大陸移返臺灣，從此未再離開。他的人生自此逆轉，五十年日治殖民期間和許多臺灣人一樣，「棄地遺民」的悲情在生命中始終無法消去，殖民專制的高壓在生活中時刻箝制，都深刻地影響了其一生的思想和寫作。遺民、移民與殖民的三

〔註5〕　見《陳亮集》，臺北：漢京圖書出版公司，1983 年。

〔註6〕　〈馬關條約〉第五款：「本約批准互換之後，限二年之內（1895.5.8～1897.5.8），日本准，清國讓與地方人民願遷居讓與地方之外者，任便變賣所有產業，退去界外。但限滿之後尚未遷徙者，酌宜視爲日本臣民。」參《清季外交史料選輯》（三）〈全權大臣李鴻章奏中日會議合約已成摺〉所附〈馬關條約〉全文。臺灣文獻叢刊第 198 種，頁 261。

〔註7〕　選擇內渡的臺灣人，1895 年間僅 4456 人佔全臺人口的不到 0.2%，至 1896 年底，農工階層內渡者，僅 1%，富商大賈階層內渡者約 10%。內渡比例最高者，爲官宦或地方仕紳階層，約達 50%。見吳文星《日據時期臺灣社會領導階層之研究》頁 24。臺北：正中書局，1995 年 4 月。

重交會，讓包括施梅樵在內的臺灣人，都承擔著「身心的大剝離，大捨棄。」〔註8〕

作爲一個傳統讀書人，面對日本統治的變局，施梅樵的處世態度很清楚，他說自己：

> 每懷夷與齊，首陽采薇蕨。避世有卓見，千秋載口碑。
>
> 不作兩截人，徒惹眾口譏。〔註9〕

梅樵以伯夷、叔齊爲理想，效法其首陽山採薇的隱逸避世，恥作「兩截人」，志求千秋口碑，不在乎一時眾譏。他是「易代之後不仕新朝」的典型遺民。

施梅樵「義不臣倭」的遺民心志，吐露在他一生鍾情的傳統漢詩中。他的一生以反日氣節堅定而知名，其遺民詩可作爲施梅樵文學的代表性主題，亦同時是日治時期遺民文學的一個典型縮影。

一、臺灣的遺民與遺民文學傳統淵源

位於大陸東南海域的臺灣，雖然雙方在地理距離上是接近的，數千年來的接觸記錄卻是零零星星，更遑論被中國統治。〔註10〕眞正使雙方開始發生密切關係的，當推明代末年鄭成功大舉移軍來臺，在臺灣建立反清復明的基地。這一個具有標誌性意義的大規模移民背景，正是朝廷已然覆亡的明朝遺民，也開啓了臺灣遺民史的新頁。

（一）南明遺民

明朝覆亡（1644）之後，一批不願受清朝統治的臣民渡海來到臺灣避難，尋求反攻再起的機會。他們國破家亡，離鄉背井，既思念故鄉，又緬懷前朝，展現出強烈的海外遺民心情。但身在陌生的臺灣，現實上必須努力尋求生活安頓。年久月深，遺民成爲移民。

明鄭政權在臺雖僅有 22 年（1661～1683），然而以「延平郡王」爲號召所率領或吸引來臺灣的漢人，卻累積成爲臺灣島上最龐大、強勢、有組織的族群，而明鄭時期所展現的「反抗異族」、「堅持漢族認同」的遺民精神，成

〔註8〕　見王德威《後遺民寫作》：「不論移民、殖民、還是遺民，都意味著一種身心的大剝離，大捨棄。」臺北：麥田出版社，2007 年 11 月。

〔註9〕　見〈雜詠〉，《鹿江集》頁 20。

〔註10〕　參周婉窈《臺灣歷史圖說（史前到一九四五年）》頁 47。臺北：聯經出版社，2001 年 10 月二版 11 刷。

爲明鄭文學的顯著特徵，也成爲日後臺灣漢人的精神基調。李漁叔《三臺詩傳》開篇即指出：

> 臺地多吟人，尤多忠義慷慨之士，蓋其淵源醞蓄，已非一日之功。
> 自鄭延平驅紅夷而奄有此地一時奮戈握槧之士，從其遊於是邦者，
> 多抱孤臣孽子之心，堅興滅繼絕之志。及乎明社已屋，鄭氏旋淪，
> 目擊身丁，尤增悲憤！故其民族意志，深入固結，歷久不渝。〔註11〕

爾後所歷經的日本政權，同樣是異族統治，也越是激發漢族文化的堅持意識。日治時期詩歌上繼明鄭精神，煥發著強烈的遺民意識。雖然每一次的新政權，都讓遺民意涵被賦予了新時代的意義，然大體而言，長期以來的遺民悲情伴隨著每一個世代移民的艱辛，在淚與血的交融中，已然經由凝聚、內化，成爲臺灣漢人特有的、堅忍奮發的硬頸性格。

臺灣特殊的遺民歷史經驗，透過文字，數百年來已經蔚爲豐富的遺民文學。潛移默化中，也薰陶了臺灣文人深層意識中的遺民情懷。自臺灣遺民文學初祖沈光文，以其濃厚的鄉愁之作，反映了國族傾滅，眷懷故園的遺民悲懷，如：〈思歸〉、〈感憶〉等。鄭成功父子作品雖有限，《延平二王遺集》卻清楚地吐露著其遺民心聲。清季雖在政治箝制下，而仍然可見「生降死不降」的漢節堅持。日治時期則以清廷割讓的懦弱與日軍強行登陸的雙重刺激，臺灣人潛藏的遺民潛意識被深層激發，先是武力抵抗，繼而柔性抗日，漢詩文被全臺文人聯合勉力維繫，便是一場大型而持久的遺民情懷的馬拉松式寫作。

數百年來，被迫「割離」的痛楚與無奈，很難完全忘懷；「反抗」，已成爲臺灣精神的重要元素；傳統文化的無法割棄，使得遺民意識成爲時代交替時文人們內心煎熬的重要根源。「文學是苦悶的象徵」，遺民悲情卻促使文學寫作得到了激昂的靈感，堆累成臺灣文學中一份豐厚的資產，反映著歷史的無情，抒發著苦悶的心靈，也啓發著後人的省思。

（二）割臺遺民

1895 年清廷割讓臺灣予日本，一時之間全臺紳民無比悲憤，甚至紛紛組織兵勇，奮起反抗。只是形勢比人強，終究無法扭轉事實。而日治初期傳統文人的出路大概可分爲四種類型：其一乃不願成爲異族統治下的亡國奴者，渡海出走，成爲中國、南洋或其他地區的新移民，如施士洁；其二乃居留臺

〔註11〕見李漁叔《三臺詩傳》頁1，臺北：學海出版社，1976年。

灣，卻閉門不出，甚至披髮佯狂者，如：洪棄生；其三乃與日本政府保持良好關係者，如吳德功；其四乃藉由組織詩社推行漢文延續，在意志上進行文化抗日者，此類最多，全臺各詩社多是。〔註12〕

臺灣人無奈成為「棄民」之下，又被迫接受當局的帝國經濟體制，成為「被殖民者」，有人在堅持氣節下選擇成為「遺民」，既擔負著經濟扭曲的現實，又同時承載著國族認同扭曲的煎熬。這些身份的重層交疊，形成了精神上高度壓迫性的時代氛圍，成為乙未遺民共同的世代之痛。

許多文人恥為亡國之民，雖然選擇歸回大陸，現實生活上卻未必適於久居，許多人後來還是回臺了，如：林朝崧（1875～1815）等。臺灣島內深受割臺之痛，雖然身份上為中國所棄，臺灣人的精神上卻依然廣泛地眷懷著傳統，瀰漫著集體的悲抑。他們普遍在心理上存著決絕的態度，保持抱節守志、不仕二姓的傳統觀念，文人們紛紛將切身情志寄託在文字之間，遂激起了臺灣文學史上再一次的遺民文學高峰。著名者如：鹿港洪棄生（1867～1929）有《瀛海偕亡記》、〈臺灣哀辭〉，臺南連雅堂（1864～1912）有《臺灣通史》、《臺灣詩乘》、臺中謝道隆（1852～1915）〈割臺書感〉、〈歸臺〉、新竹王松（1866～1924）有《滄海遺民賸稿》、《臺陽詩話》……等。

而其實，因割臺而不得不流落天涯的臺灣人民，既受割臺之痛，又飽受離鄉之苦，他們是馬關條約下的遺民，又同時是日本始政後自臺灣離去的移民，身心雙重的衝擊，有許多人也以詩文寄情，如：匆匆到廣東的邱逢甲（1864～1912）有〈離臺詩〉、〈元夕無月〉，寓居廈門的施士洁（1856～1922）有〈別臺作〉、〈乙未除夕山齋題壁〉，曾到過南洋的許南英（1855～1917）有〈如夢令‧別臺灣〉、〈寄臺南諸友〉……等，甚至遊歷中、日、臺的梁啓超也不禁為臺灣發出「春帆樓下晚濤哀」（〈馬關夜泊〉）的慨嘆。

因為割臺，洪月樵改名「棄生」、施士洁慨嘆「荊天棘地一棄民」〔註13〕、王松自號「滄海遺民」、邱逢甲題署「東海遺民」、施梅樵改號「蛻奴」……等，在在都顯示了文人內心的極大失望。從心理學上來說，無異是一次精神死亡的經驗。

〔註12〕參考施懿琳《彰化縣文學發展史》頁 94。彰化：彰化縣文化局，1997 年 5 月。
〔註13〕見施士洁〈東廈防張司馬〉，《後蘇龕合集》頁 76。南投：臺灣省文獻委員會，1993 年。

二、施梅樵的遺民意識淵源

　　施梅樵的遺民意識來源於其文化傳統的內在宿緣，也有著時勢逆變的外在衝擊，此一雙重結構影響了梅樵的一生，形成其文學書寫的主要情調。遺民意識，可說是施梅樵文學生命的中軸線。

（一）文化傳統的內在宿緣

從文化心理上來看：

1、儒家思想的繼承

　　儒家思想影響中國數千年，歷代科舉多以四書五經為取士科本。滿清入主中國之後，繩繼朱明舊制，也以儒家經典爲爲教育天下的範本。施梅樵自幼聰穎，追隨秀才父親家珍公亦矢志於仕途，熟讀經典，習得儒家觀念。

　　歷代先賢先烈所傳導的遺民思想的淵源，也正是傳統固有的儒家思想。主要有兩點：

（1）忠義精神

　　孔子以君子爲尚，指出：「君子喻於義，小人喻於利」（《論語‧里仁》）的分別。孟子強調重義輕利，謂：「仁，人心也；義，人路也。」、「人皆有所不爲，達之於其所爲，義也。」（《孟子‧告子‧上》），說明仁義的表裡關係，也指出爲與不爲的標準是義。該做的就去做；不該做的便不去做，這就是義。

　　文天祥赴義前的絕筆詩曰：「孔曰成仁，孟曰取義，唯其義盡，所以仁至。讀聖賢書，所學何事？而今而後，庶幾無愧。」道盡了遺民者的心中所堅持的理想，便是孔孟儒家標榜的「仁、義」思想。先盡義才能成仁，義者宜也，所宜者，便是盡忠。

　　雖然孔子的忠並非愚忠，而歷來遺民者之所謂忠，基本上正是不仕二朝。從遺民始祖殷末伯夷、叔齊的恥食周粟起〔註14〕，到漢初齊國田橫與五百壯士的拒受招降〔註15〕，再到宋末鄭思肖的堅持「終身只宋民」〔註16〕，以至明末寧靖王朱術桂「祇爲數莖髮」〔註17〕，甘願流亡臺灣，……。自古以來

〔註14〕見《史記‧伯夷列傳》。
〔註15〕見《史記‧田儋列傳》。
〔註16〕見鄭思肖〈六礪〉之三。
〔註17〕朱術桂〈絕命詩〉，見連橫《臺灣詩乘》頁 17。臺中：臺灣省文獻委員會，1975年 6 月。本詩最後一句或作「祖宗應容納」，見《全臺詩》冊一頁 68。臺北：遠流出版社，2004 年。

的斑斑血證，都顯示了遺民之所以爲遺民，即是以忠於前朝，拒絕承認新朝爲標誌。正如周武王讚譽伯夷、叔齊爲「義人」〔註 18〕，遺民所堅持者，是對忠義精神的實踐。

梅樵於光緒 19 年（1893）考上秀才，向仕宦之途邁進了第一步。回憶自己所受教育正是「熟讀孔孟書，成仁與取義」〔註 19〕，傳統讀書人受國家栽培，仕宦後拿朝廷奉祿，盡忠乃是本分義務。但施梅樵盡「忠」的對象主要是著眼於黎民百姓，他與詩友相互期勉道：「方今國家正多難　宜保元氣奮精神　相逢一語莫吾瞋　手撥劫灰救斯民。」〔註 20〕在臺灣易主之後，施梅樵的態度很清楚，他說：「青雲既失路，進退不自由。十年老蓬蒿，恥作馬與牛。」〔註 21〕青雲失路，雖使文人進退維谷，但即使生活清貧，也以在日人之下做牛做馬爲恥。就算是做牛做馬，他說也是要「留答聖明朝」〔註 22〕。他不作讓自己感到羞恥的事，曾斬釘截鐵地宣告「不作兩截人」〔註 23〕，梅樵不仕日人的態度是很明確的。而他一生也的確未曾於日本政權下做過一天的公職。

（2）夷夏大防

子曰：「微管仲，吾其被髮左衽矣。」（《論語‧憲問》）孔子的讚譽管仲，乃慶幸於華夏文明的不致淪喪在蠻夷之邦中被糟蹋。夷與夏，既是地理區位中心與邊緣的區別，也同時是文明水準的階級區別。此一觀念在傳統歷史中根深蒂固，即使如滿清已然主宰全中國政權，而漢人臣民仍會以夷族視之，以強調清朝衣冠並非華夏正宗。而遺民意識中看重夷夏大防，意味著華夏民族的文化自負。

施梅樵思想正是堅定夷夏大防，他說：「千秋不沒文宣教，三字終沈武穆冤。……用夷變夏原天命，顛倒衣裳且莫論。」〔註 24〕華夏衣冠是否顛倒淪喪的甄別，是梅樵進行歷史觀察的重要標誌。

伯夷、叔齊叩馬諫周武王時問曰：「父死不葬，爰及干戈，可謂孝乎？以臣弒君，可謂仁乎？」〔註 25〕清日之間固然沒有父子干戈之事，但古來臣屬

〔註 18〕見《史記‧伯夷列傳》。
〔註 19〕見〈王瑤京以詩見寄次韻和之兼以誌感〉，《捲濤閣詩草》頁 94。
〔註 20〕見〈子敏一鳴見過喜賦〉，《鹿江集》頁 19。
〔註 21〕見〈得啟賢侄書詢近狀賦此示之〉，《捲濤閣詩草》頁 42。
〔註 22〕見〈秋日客中寄懷林笙齋〉，《捲濤閣詩草》頁 114。
〔註 23〕見〈雜詠〉，《鹿江集》頁 20。
〔註 24〕見〈詠史〉，《捲濤閣詩草》頁 144。
〔註 25〕見《史記‧伯夷列傳》。

中國的日本如何能兵戎相向？臺灣割讓給日本，最難以接受的，便是堂堂漢家邦族的臺灣人竟然要屈膝在倭寇外族麾下稱臣！對長期受到儒家思想薰陶的人民而言，這是何等的屈辱！更何況日本對臺實施帝國殖民主義，臺灣只是殖民地，臺灣人並未因此成爲日本人，而只是日本帝國之下的次等國民而已！施梅樵在日治之後更號「蛻奴」，便是體認到了淪爲日帝之「奴」的悲哀，而寓託了早日蛻除日本統治枷鎖，以掙脫屈身殖民奴隸之恥的深切期盼。

2、閩臺歷史的傳統

從整個大中國來看，閩、浙、粵、臺等數省位居大陸南端，似乎遠離華北的政治中心。然而每當中原動盪，便成爲北方移民避亂之處；朝代更替時，又常常成爲遺臣遺民們力圖再起的根據地，勢力大時，甚至可以形成與朝廷對抗的小王國。早期如南朝、南宋的偏安，近代如清末太平天國的統領江南、晚明鄭成功的據守臺灣，都是顯例。

自宋代出生於福建龍溪的朱熹（1130～1200）以來，閩地以儒學相承而著稱。福建地區在宋元之交時，就出現了令人動容的遺民文學，黃公紹《在軒集》、陳普《石堂遺稿》、熊禾《勿軒集》等，特別是謝翱《晞髮集》、鄭思肖《心史》，這些閩籍遺民作家堅決反抗新朝與忠於前朝的事蹟與作品，綜合構成了高尚情操的示範。而南明時期有盧若騰不僅馳軍於金廈之間，其《島噫詩》、《留庵文集》等更大書時代之痛，張揚忠義情操，追慕閩地遺民先賢精神，[註26] 先後呼應，一脈相承。而以鄭成功爲首的臺灣明鄭君臣的詩文創作中，滔滔而出的遺民情懷，也是鮮明的例子。康熙 39 年（1700）皇帝遣官護送延平王父子兩柩歸葬南安，置守塚建祠祀之時，曾經詔告天下：「朱成功係明室遺臣，非朕之亂臣賊子」，應是體認到了這一點。從清末沈葆楨奏請在臺官建延平郡王祠，至乙未割臺之後，臺灣詩文壇歌頌鄭成功的高潮久久不下，正顯示了遺民精神在臺灣的承先啓後。

閩、臺兩地在歷史重複輪迴的長期累積中，已醞蓄出繼承傳統又勇於對抗現行主流的歷史文化，包含著忠義、剛健等精神，而構成閩臺兩地人民的

〔註26〕 如：盧若騰〈林子濩詩序〉：「……夫宋末二士鄭所南、謝皐羽，世所目爲奇男子也……子濩童稚之年，草菜貧賤；所處之地，與二公不侔。而嚴《春秋》夷夏之辨，守屯交不字之貞，富貴功名，不以動其心；困窮十稔，不以易其節。……凡所爲詩，皆根心爲言，不待外借；行幅之間，生氣勃然；蓋與鐵函《心史》、《晞髮集》並爲宇內眞文字。」見《島噫詩　附留庵文選》，臺灣文獻叢刊第 245 種，臺北：臺灣銀行經濟研究室，1968 年。

族群文化涵養，形成普遍的集體價值觀。

臺灣與福建僅隔一衣帶水，地理上的接近，使兩地的關係更密切。臺灣移民中有多數人的祖先來自於福建。施梅樵祖籍福建泉州晉江，祖父閣銓公方渡臺卜居鹿港，至梅樵時才第三代，而鹿港一地的泉州人甚多，閩地遺風仍盛，家族子弟多受教誨。

而清末因父親家珍公遭到誣陷而離臺時，青年梅樵即曾避居晉江數年。現於《捲濤閣詩草》中尚可見到〈過施靖海將軍故園〉與〈春日偕同族諸子致祭有明定國將軍施公墓〉二首詩作，是他在祖居地生活時與族人活動的吉光片羽。施梅樵血液中流布著來自於閩臺文化傳統薰陶的因子，在面臨到改朝換代的巨變時，激起了內在「反抗異族」、「忠於前朝」的潛意識，讓他在現實上不僅不妥協於日本政權，更要在傳統文化的薪火相傳上竭力以赴。他也因此必然地成為一位堅定忠於漢文化的遺民詩人。

（二）時勢逆變的外在衝擊

施梅樵及其同時代的臺灣人之所以成為遺民，正是因為不幸遭逢了改變臺灣命運的割讓臺灣。

光緒 21 年（1895）清日馬關條約簽訂，一紙文件切斷了中國與臺灣的政治關係，使得臺灣在一夕之間被迫脫離中國，淪為「棄民」，消息傳來使全島墮入極大的憤怒、焦慮與恐懼之中，尤其是漢人，甚至不惜流血武裝抗日。

臺灣漢人在政治上的身份可以因改朝換代而變更，但文化、血緣上的身份，又如何能輕易切割？在時事逆變的衝擊下，臺灣漢人的身心承載著被扭曲的剝離。順勢迎接日本政權而安身立命的識時務者固然也有，但有更多人是對新朝無法認同，對舊朝無法割捨卻又怨憤。選擇離開臺灣回歸大陸者固然有之，而大多數是居家臺灣，卻仍然難以接受日本的入主同化。可謂為身在扶桑腳下，心繫神州天涯。而當時清廷的腐敗，使中國國勢江河日下，很難期待清廷再將臺灣收回。〔註 27〕臺灣人民所處的歷史情境和心理衝擊，與單純一朝換一代的政權易姓來說，其實是更加複雜。而中國情結的無法釋除，日本政權的不願接受，使許多臺灣人都成為了典型的「遺民」。

施梅樵即是一個顯例。他沒有從戎廝殺抗日，沒有買舟離臺不歸，但也不願意對日人逢迎示好。割臺之後與梅樵同鄉洪月樵、許劍漁共組鹿苑吟

〔註27〕如施梅樵〈秋興八首〉之四云：「莫怨黃金盡，應憐白髮生。江山空有恨，風月自無情。……不堪思故國，十載未休兵。」見《捲濤閣詩草》頁28。

社，以郵筒寄詩互相砥礪。摯友洪月樵改名棄生，宣示對日本的抗議，從此閉門著述。梅樵與劍漁日以詩酒相伴，有隱逸市井之志，絕意仕進。今存二人合照上特題署「一漁一樵」，寓含著隱遁閒居，不問世情之意。如梅樵所謂「我生不願博封侯，但願日日飲醇酒」、「辟世佯狂十載餘，苦心讀破老莊書」〔註28〕，三位年輕詩人的內心早已將自己視為遺民，其行事作為自始便是採行典型的傳統遺民的處世態度。正如梅樵所自言：「江山餘閒氣，風雅自遺民。居賤羞軒冕，違時樂隱淪。」〔註29〕

　　自稱是「風雨名山老棄才」〔註30〕的施梅樵，和同樣自比為「棄才」、「朽木」的霧峰林痴仙惺惺相惜。梅樵曾云：「我材非樑棟，我操同松栢。惟願葆堅貞，棄置甘樗櫟。」〔註31〕更勉勵自己：「時勢艱難覘晚節，虀鹽淡泊度長年。此身自許同金石，骨幹曾經百鍊堅。」〔註32〕呼應了林痴仙創立櫟社時所說：「吾學非世用，是為棄才；心若死灰，是為朽木。今夫櫟，不材之木也，吾以為幟焉。」〔註33〕可以看到：割臺對這一代許多文人已經造成了集體自我放棄/放逐的傷害，「遺民」成為他們生命中既自怨又自負的烙印。

三、施梅樵遺民文學的主題分析

　　許天奎《鐵峰詩話》評論梅樵詩歌，謂其：「驚才絕豔，蜚聲藝苑。……牢騷抑鬱之氣，時於詩中見之，蓋亦所南、伯虎之流亞也。」〔註34〕洪棄生更直言梅樵作品：「傳諸他日，將在鄭所南之間。」〔註35〕都指出了遺民文學是施梅樵書寫的代表性主題，其精神足以遠紹南宋遺民鄭所南。

　　宋代受到理學發達的影響，強調士人品德操守的生活實踐。南宋的滅亡，激發著將讀書人的愛國情操推向了一個高峰。南宋遺民們可歌可泣的眾多故事中，鄭所南是其中最動人的一個典型。

〔註28〕依序為〈蔡頑石席上口號送陳材權之香港〉、〈養齋以山居雜詠疊韻索和再賦寄答〉句，分見《捲濤閣詩草》頁17、41。

〔註29〕見〈秋日客中寄懷林笙齋〉，《捲濤閣詩草》頁114。

〔註30〕見〈林笙齋惠和四章賦此道謝〉，《捲濤閣詩草》頁116。

〔註31〕見〈秋夜三首〉，《捲濤閣詩草》頁124。

〔註32〕〈子敏以感懷詩索和次韻慰之〉，見《鹿江集》頁76。

〔註33〕見林幼春〈櫟社二十年題名碑記〉。收在傅錫祺編《櫟社沿革志略》，臺中：博文社印刷商會，昭和6年（1931）11月出版。臺灣文獻叢刊第170種。

〔註34〕見許天奎《鐵峰詩話》頁14，臺中州：博文社印刷商會，昭和9年（1934）6月。

〔註35〕見洪棄生〈捲濤閣詩草序〉，《捲濤閣詩草》頁4。

　　鄭所南於宋亡之後改名思肖,即思趙之意。遁隱閒居,拒不仕元,寄身佛寺之中。他以大量的詩文抒發對故國的忠貞與眷戀,寄託滿腔的悲憤。他一再地表示:「一心中國夢」、「終身只宋民」、「須知鐵鑄忠臣骨,縱作微塵亦不休」(〈六礪〉之三)、「天煉精金鑄我身,上籀忠孝兩字文」(〈德祐六年歲旦歌〉)、「寧可枝頭抱香死,何曾吹落北風中」(〈畫菊〉)。更將《大義集》、《中興集》、《鹹淳集》、《久久書》等多部詩文總編爲《心史》〔註36〕,用臘封錫匣鐵函數重密封後,署名「大宋孤臣鄭思肖百拜封」,外題「大宋鐵函經」,悄悄沉于蘇州承天寺的一口古井中。待365年後的明崇禎11年(1638),才在偶然間被人發現掘出。他的文字激昂壯烈,他的事蹟更富於傳奇性。是著名的遺民代表。

　　作爲一個詩人,又身逢夷夏之變成爲遺民,施梅樵一生中鮮明的生命情調,也正是那錯綜紛緒的遺民悲音,他藉由不曾停歇的詩文寫作,在低吟中遣懷,在慨歌中寄興。他繼承著傳統遺民文學的元素,寫出新時代所遭遇的困境苦楚,走入了遺民傳統的行列。表現其遺民意識的主題內涵,試析如下。

(一)強調持節耐冷的風骨

　　日本入主臺灣之後,社會逐漸瀰漫卑顏媚日的風向,而梅樵曾謂「白眼雙懸容忤俗,青氈一席置遺民」〔註37〕,他依然拒絕認同合作,在青氈絳帳之間自持其遺民志節,問心無愧。詩人的不識時務,是對殖民政府的厭惡輕蔑,更是對儒者風骨的堅持。

　　劉勰《文心雕龍‧神思》云:「意授於思,言授於意。」施梅樵受傳統儒家思想薰陶,其意志也多以傳統儒家所標榜者爲取向,訴諸筆端,氣節風骨的強調遂成首要書寫。其遊走三臺,亦多以民族氣節相鼓舞。

　　施梅樵〈雜詠〉〔註38〕二首,以長篇古詩爲其遺民風骨的堅持,作出了鮮明的宣告。其詩有云:

> 憶昔少年時,睥睨視富貴。自顧非卑賤,詎忍附韓魏。
> 熟讀孔孟書,書中重道義。結契取屠沽,生性具俠氣。
> 非時守故吾,得時伸壯志。茫茫天地間,有誰同臭味。……(一)
> 鳳鳥不食粟,竹實可療飢。野鶩與家雞,相衡亦差池。

〔註36〕宋鄭思肖《鐵函心史》。臺北:老古文化公司,1981年。
〔註37〕〈甲溪見過有詩次韻答之〉,見《捲濤閣詩草》頁83。
〔註38〕見《鹿江集》頁20。

> 志士耐困苦，乞憐非所宜。每懷夷與齊，首陽采薇蕨。
>
> 遯世有卓見，千秋載口碑。不作兩截人，徒惹眾口譏。……
>
> 松柏葉長青，爲能堅晚節。不比尋常卉，無力禦風雪。
>
> 桃花笑春風，媚顏令人悅。自謂善趨時，何曾計絕滅。
>
> 舉世多悠悠，我心憂百結。一身係治亂，懷古念往哲。……（二）

詩人視富貴如浮雲，深入孔孟經典，重視道義，任俠行氣，以「窮則獨善其身，達則兼善天下」〔註39〕應世。自比爲鳳鳥，行止自有取捨；又如野鶩，自由不受拘限。崇拜伯夷叔齊首陽採薇以全節的行誼，誓言「不作兩截人」，冀慕流芳千秋。期許自己能一如松柏之長青，莫如桃花媚人於一時。這一段直率淺白的自述，梅樵從性格、教育兩方面，嚴肅地剖析了自己之所以會成爲遺民的因素，也不隱晦地訴說了內心行道重義、堅守故我、持節耐冷的志向。〈雜詠〉二首，因此可以視爲施梅樵自述其遺民心聲的代表作。

梅樵藉著詠物，也常暗喻品德情操的重視。如其〈紅梅〉〔註40〕一首，詩云：

> 也知本色擅風流，粧點春光淡轉羞。
>
> 庾嶺昨宵飛絳雪，一時燦爛滿枝頭。
>
> 艷冶何須羨牡丹，生成瘦骨耐霜寒。
>
> 如何已嫁林和靖，也愛濃粧許世看。

詩人以紅梅的豔而不俗，展現了對自我素質的自信，更取牡丹相比，突出了經霜耐寒的堅毅精神，爲求富貴者所難以企及，流露出睥睨的豪情，寓託了詩人內在傲然不凡的情操，紅梅的瘦骨便是詩人風骨的象徵。

施梅樵桃李遍三臺，他與弟子有朋往來中，也常以氣節相砥礪，並鼓勵延續詩風。如：「中原多事誠可哀，勸君旗鼓心莫灰」〔註41〕、「英雄未遇耐艱辛，得失分明視一塵。飽閱白雲蒼狗變，恥爲俯首折腰人」〔註42〕、「方今國家正多難，宜保元氣奮精神。相逢一語莫吾瞞，手撥劫灰救斯民」〔註43〕、「秦越到頭成異族，滄桑詎意有遺民。惜無百歲長生藥，勉作千秋不朽人」〔註44〕……，梅樵感慨生逢多事之世，竟成遺民一族，但極力鼓舞聲氣，勉勵詩友們振作保

〔註39〕 見《孟子・盡心・上》。

〔註40〕 見《捲濤閣詩草》頁 52。

〔註41〕 〈冬日訪洪月樵留飲歸後寄贈〉，見《捲濤閣詩草》頁 100。

〔註42〕 〈近樗四十初度有詩次韻祝之〉，見《捲濤閣詩草》頁 52。

〔註43〕 〈子敏一鳴見過喜賦〉，見《鹿江集》頁 19。

〔註44〕 〈席上次韻答陳沙崙〉，見《鹿江集》頁 83。

存元氣，疾呼莫作「俯首折腰人」，豎立風骨。所謂「元氣」，指傳統漢學漢文化，施梅樵期能奮此遺民可悲之身，以張我族固有文化之大旗，帶動鼓舞保持道義志節，抗衡於日本同化洪流，也以此成就讀書人在道德上的圓滿，撥灰救民，在最壞的時代裡，以最光華的民族氣節、最硬頸的臺灣精神，向橫霸的日本新朝示威。

（二）寄託隱逸安貧的嚮往

遺民多有隱逸傾向。明鄭時期李茂春築夢蝶處隱於府治之東〔註45〕，已開啓臺灣遺民隱逸的典型。施梅樵「辟世佯狂十載餘」〔註46〕，其詩作中時常流露隱逸漁樵的情調，亦常藉名號「梅」、「樵」爲端緒，發抒守志安貧的理想。這是梅樵在易代亂世中的應世之道。

梅樵向賴紹堯陳述了自己甘於隱逸生活的心志，其〈紹堯寄詩放歌答之〉〔註47〕詩云：

> 大筆無力移造化，只合斂才臥泉石。
>
> 雞犬相從林下居，白雲丹霞連第宅。
>
> 甘貧十載處蓬廬，萬里碧天嗔落魄。
>
> 近來已絕勢利交，生涯不厭長寂歷。

「大筆無力移造化」感慨於文人改變世局的無力感，暗喻了當年身在前朝時滿腔仕宦濟世的熱情與理想，及今已渾然無用武之地，在日本強權統治下，最好低調地隱於泉石雲天之外，遠離爭名逐利，安於清寂貧蔽。因爲是「棄才」，故而只好「斂才」；因爲自已「絕勢利」，故而甘願「長寂歷」，雖然貧窮一直帶給詩人生活上的困擾。選擇隱逸安貧，是梅樵對應於亂世現實的結果，而不是其天性所使然。其中實際上帶著維護民族理想的堅持，和對抗當局世俗的勇氣。

隱逸安貧的遺民生活反映在林園山野的描述中，一如陶淵明的歸去田園以避世明志，梅樵有謂：「江山餘閒氣，風雅自遺民」〔註48〕、「狂歌當哭此遺民，慣作旁觀袖手人」〔註49〕。梅樵在給同樣堅持民族氣節的摯友洪棄生

〔註45〕見陳永華〈夢蝶處記〉，收在黃典權《臺灣南部碑文集成》，臺灣文獻叢刊218
　　　種。
〔註46〕見〈養齋以山居雜詠疊韻索和再賦寄答〉，《捲濤閣詩草》頁41。
〔註47〕見《捲濤閣詩草》頁37。
〔註48〕〈秋日客中寄懷林笙齋〉之二，見《捲濤閣詩草》頁114。
〔註49〕〈次丘荷公六十自壽韻並述鄙懷〉之四，見《鹿江集》頁69。

的詩歌中，敘述了自己的生活和想法，其〈彰化客次逢月樵歸後卻寄〉〔註50〕
詩云：

> 青山遠入雲，春鳥鳴高樹。客來坐彈碁，靜中香一炷。
>
> 十載臥蓬蒿，領略幽閒趣。人世等蜉蝣，百年幾朝暮。
>
> 王侯煇中蝨，富貴草頭露。……

十載隱臥於蓬蒿山雲之間，甘於領略香靜鳥鳴的幽居閒趣，更看淡了苦短人
生中的競富逐貴。梅樵的安於平凡平淡，是對新朝亂世的疏離與切割。其精
神上繼承了商末伯夷叔齊的采薇之志，亦宛如明末張岱在世變時避入溪山之
中，誓不為滿清臣子。再如〈漁家樂〉〔註51〕、〈閒雲〉〔註52〕、〈見螢火〉
〔註53〕等作，描寫出悠遊適性的漁樵閒讀生活，都是梅樵自詡為遺民而疏
離於現世新政之外的寫照。

　　施梅樵的遺民隱逸理想，既效慕陶淵明，亦景仰杜甫。他在〈感遇〉〔註54〕
詩中自述道：

> 春至多風雨，無衣強耐寒。況愁居老屋，奚怪發長歎。
>
> 蟫隙誰能補，完全大是難。枉他心力瘁，旦夕只偷安。（一）
>
> 避世憂無策，趨時愧未能。一身頑似鐵，萬念冷於冰。
>
> 氣節陶元亮，勤勞杜少陵。我生何不幸，離亂遇頻仍。（二）

在亂世中已不識於時務，冷眼觀世的外表下，卻是一身頑強似鐵地堅持氣節
而不屈。施梅樵心目中，陶淵明的傲然氣節，和杜甫的勤於史筆，才是他意
欲追繼的對象。亂世中的儒生，分外令人感慨。杜甫曾說：「儒冠多誤身」
（〈奉贈韋左丞丈二十二韻〉），藉儒冠反映憂時傷己，及對儒思與現實衝突
的錯謬感。植根於現實生活的感觸的「儒冠」典故，是「後世文人在面對人
生理想與現實殘酷衝突時，最具感同身受的典故」。〔註55〕梅樵也感受到自
我與杜甫命運的相似性，曾連嘆曰「誰識儒冠誤」、「都被儒冠誤」、「詩書畢
竟誤儒冠」〔註56〕，一再傳達的是對前途失落的悲慨。其詩歌中常言及陶、

〔註50〕見《捲濤閣詩草》頁13。
〔註51〕見《捲濤閣詩草》頁122。
〔註52〕見《捲濤閣詩草》頁102。
〔註53〕見《鹿江集》頁38。
〔註54〕見《鹿江集》頁57。
〔註55〕參余美玲《日治時期臺灣遺民詩的多重視野》頁29。臺北：文津出版社，2008
　　　年1月。
〔註56〕依序見《捲濤閣詩草》頁42〈得啓賢侄書詢近狀賦此示之〉，《鹿江集》頁60

杜，慕陶之語如：「嗜癖詎讓陶靖節，種菊辛苦終不憚」〔註 57〕、「柴桑種菊師陶令，陽羨求田學老坡」〔註 58〕，師杜之言如：「鎮日垂簾愁不語，遣懷愛讀杜陵詩」〔註 59〕、「語不驚人死未已，杜陵野老是吾師」〔註 60〕……。梅樵直言以種菊陶令和杜陵野老為師，既愛其清高節操，也愛其動人詩筆。陶、杜二賢以節操之孤高與詩歌之清鬱，而得青史流芳長頌。亂世棄才如施梅樵者，雖無法立功以濟萬民，然儒者以德全節，以筆誅史，豈不宜乎！梅樵疾呼「勉作千秋不朽人」〔註 61〕，正宜以淵明、子美為理想，企望立德、立言以成其不朽〔註 62〕。

（三）抒發清廷割臺的滄桑

　　對清廷的割臺，木已成舟，無可挽回，梅樵詩中的無奈悲愁多於憤怒激亢。且看其行旅之詩云：

> 淡日濃雲四野低，江天極目總淒迷。
>
> 攀藤自顧無猿臂，去草休教礙馬蹄。
>
> 遍地樵漁吹鐵笛，滿山狐兔怯征鼙。
>
> 吟詩恐助秋風發，昨夜衡陽雁忽啼。（〈道上遣懷〉）〔註 63〕
>
> 暮雲一片俯荒城，誰挽銀河洗甲兵。
>
> 古驛斜陽鴉背疾，亂山秋色馬頭生。
>
> 榴花過雨含紅淚，江水爭流帶怒聲。
>
> 莫怪王郎歌斫地，天涯慣作不平鳴。（〈彰化道上〉）〔註 64〕

旅程中風光固然秀麗，但以棄地遺民之眼來看，目光所及，卻盡是江山變色的淒迷。所謂「屬采附聲，亦與心而徘徊」〔註 65〕，滄桑悲愁的詩語流露出詩人心思的低迴惆悵。

　　　　〈旁貸〉、頁 63〈遣懷〉。

〔註 57〕〈楊嘯霞寄古稀吟索和賦此祝之〉，見《鹿江集》頁 28。

〔註 58〕〈贈鄭養齋〉，見《捲濤閣詩草》頁 122。

〔註 59〕〈將南遊有作〉，見《捲濤閣詩草》頁 25。

〔註 60〕〈題六四居士迂軒南瀛詩草〉，見《捲濤閣詩草》頁 122。

〔註 61〕〈席上次韻答陳沙崙〉，見《鹿江集》頁 83。

〔註 62〕《左傳・襄公 24 年》：「太上有立德，其次有立功，其次有立言，雖久不廢，此之謂不朽。」

〔註 63〕〈道上遣懷〉，見《捲濤閣詩草》頁 56。

〔註 64〕〈彰化道上〉，見《捲濤閣詩草》頁 12。

〔註 65〕見劉勰《文心雕龍・物色》。

　　與遺老群友間的詩吟交遊，成爲相互取暖的最佳慰藉，且看其〈偕沈笛亭許存奏過林癡仙無悶草堂〉〔註66〕云：

　　　　十里遙瞻白板門，數家煙火自成村。

　　　　等身著作存詩卷，亂世功名付酒樽。

　　　　談笑卻嫌春夜短，山林始信布衣尊，

　　　　相逢禁說滄桑事，舊雨凋零已斷魂。

前朝菁英在山林之間自勵以保尊嚴，相互期勉以著作傳諸千秋，詩酒間笑談功名。割臺是不願再提起的傷痛，沈默不是冷淡，而是逃避、壓抑。

　　清廷割棄臺灣，對臺灣百姓打擊甚大。而血緣、文化、情感上的聯繫難以同時一夕割棄，使文人格外感到滄桑的淒苦。梅樵〈秋日由高雄歸里諸友宴於平和樓〉〔註67〕作於歡宴之中，但全詩以「殷勤諮父老，誰尙憶神州」爲結語，卻直抒了對大陸神州愛恨交織的慨嘆。

　　以當時局勢發展看來，梅樵不諱言「大陸元氣半銷沉」〔註68〕，甚至「不堪思故國，十載未休兵」〔註69〕，大陸兵禍不息，對中國的再起，很難寄予大的信心，對未來顯得無奈。〈感作〉〔註70〕一詩說得明白，詩云：

　　　　半壁東南局已殘，欲求豪傑濟艱難。

　　　　螟蛉蜾蠃盈寰宇，只合雙懸白眼看。

臺灣一割讓，神州東南傾陷，半壁門戶洞開。〔註71〕清廷腐敗，禦外無力，前途擾攘危急，自顧無暇，豈有餘力救臺？亂世只待眞英雄，可惜滿眼盡是蜾蠃輩。小丑跳梁囂張，諂媚騎牆當道，江山已殘，豪傑未見，有識者既無力挽回狂瀾，也只能袖手睥睨。抑或者寄情詩酒以遣愁，梅樵有謂：「升沉顯晦關時局，且把牢騷付酒杯」〔註72〕、「說到滄桑易斷魂，半因排悶強攜樽」〔註73〕，類此都壓抑著遺民對前朝衰蔽的失落感與無力感。

〔註66〕見《捲濤閣詩草》頁12。

〔註67〕〈日月潭櫂歌〉之二，見《鹿江集》頁23。

〔註68〕見《鹿江集》頁54。

〔註69〕〈秋興八首〉之四，見《捲濤閣詩草》頁28。

〔註70〕見《捲濤閣詩草》頁22。

〔註71〕臺灣一島關乎大陸海疆安危至要，此說早見於施琅〈恭陳臺灣棄留疏〉、藍鼎元〈覆制軍臺疆經理書〉之析論。分別收在施琅《靖海紀事》、藍鼎元《東征集》，臺灣文獻叢刊第13、12種。

〔註72〕〈小春旅舍遣懷〉之二，見《捲濤閣詩草》頁129。

〔註73〕〈秋日過北斗與黃殷榮話舊〉之二，見《捲濤閣詩草》頁146。

　　施梅樵詩歌中常借庾信〈哀江南賦〉為喻，寄託對前清中國或對故里的
想望。南朝庾信出使西魏遭到扣留，江南遭隋軍征戰以致殘破，傷心遙望之
餘，賦〈哀江南〉以遣懷。梅樵遙寄感懷的心思，有藉此自比以寓傷情。如：

> 此會休輕負，重逢詎可期。
> 江關知庾信，世局定希夷。……〔註74〕
> ……河山萬里悲烽火，著作千秋寄死生。
> 我似江南哀庾信，半因謗妒暮知名。〔註75〕
> 落魄懶彈馮子鋏，遣懷思上庾公樓。……
> 袖手枰棋看結局，蓬壺水淺約同遊。〔註76〕

以上述為例，有作於諸友惜別之際，有書於寓齋客旅之中，有出於傷秋應和
之時，要之為遺民思念故國鄉里之悲愁苦情，身雖漂泊，而情牽則一。恰如
〈哀江南賦〉所記：

> 畏南山之雨，忽踐秦庭〔註77〕；
> 讓東海之濱，遂餐周粟〔註78〕。
> 下亭漂泊，高橋羈旅；楚歌非取樂之方，魯酒無忘憂之用。

身拘異域，心懷故舊，雖酒宴而無味，縱歌舞而少樂。割臺滄桑讓施梅樵對
庾信的遭遇感同身受，二人之作可謂均是深寓易代離居悲哀的「危苦之辭」
〔註79〕。

（四）批判日本治臺的暴虐

　　施梅樵生在時代夾縫之中，他的思想教養與行事作風，與非我族類的日
本政權，多有不能融洽。日本帝國以武力取臺、以暴力治臺的作為，都令深
富儒家思想的施梅樵輕視，始終無法認同。雖然高壓政權之下不能暢言高論，
但帶著遺民悲憤的眼光，詩人對日本的批判仍常訴諸筆端。更顯出已為清廷

〔註74〕〈將南行留別並示諸賢〉，見《捲濤閣詩草》頁65。同作見於許幼漁著、許常
　　　　安編輯《續鳴劍齋遺草》頁77，題作〈洛江留別〉。
〔註75〕〈寓齋雜感〉，見《捲濤閣詩草》頁98。
〔註76〕〈秋懷八首次邱仙根韻〉，見《捲濤閣詩草》頁102。
〔註77〕典故出於《左傳・定公4年》：「申包胥如秦乞師，……立依於庭牆而哭，日
　　　　夜不絕聲，勺飲不入口，七日。秦哀公為之賦《無衣》，九頓首而坐。秦師乃
　　　　出。」庾信藉以申辯自己出使的不得已。
〔註78〕典故出於《史記・伯夷列傳》。庾信藉以自責不能守節殉義。
〔註79〕庾信〈哀江南賦・序〉。

棄兒，復爲日本殖民經濟工具的臺灣人，正經歷著時代劫難中爹不疼娘不愛的可悲命運。

商末伯夷、叔齊臨終前作歌曰：

> 登彼西山兮，采其薇矣。以暴易暴兮，不知其非矣。神農、虞、夏
> 忽焉沒兮，我安适歸矣？于嗟徂兮，命之衰矣。〔註80〕

二人所反對的正是「以暴易暴」。日本透過清日甲午之戰的獲勝而取得臺灣，再挾帶優勢武力鎮壓抗日臺民，又以警察武力高壓統治臺灣五十年。凡此種種都讓臺灣人感受到暴力優勝，而非以德服人。施梅樵追慕伯夷、叔齊好義守節的同時，對日本暴力政府的作爲自是十分痛恨。

梅樵與同鄉摯友洪棄生同樣以反日而聞名，洪棄生曾作《瀛海偕亡記》〔註81〕，記述臺灣淪陷悲史，而施梅樵則有〈與陳基六述近祝〉〔註82〕古詩一首，以惡虎肆虐比喻日人橫暴，可謂爲日本惡狀現形記之作。其詩曰：

> 著述在名山，風雨居老屋。偶然入市鎮，路逢虎肆毒。
> 此畜性本兇，見人身便伏。眈眈欲噬人，填滿此樗腹。
> 有時弄狡獪，示威設詐局。我早防未然，胸中有成竹。
> 思欲寢其皮，豈但食其肉。爲我命健兒，荷戈且追逐。

本性兇殘狡獪的惡虎，隨時作準備吃人狀，又好於示威設詐，玩弄良民，豈不叫人憤慨。梅樵不掩其怨怒，以「寢其皮」、「食其肉」彰顯其入骨之恨，又欲遣人荷戈追趕驅逐之，方能暢其心意。日本人在詩人心中直如周處之三害，必欲除之而後快。

扭曲的社會裡衍生出許多光怪陸離的事情，梅樵作詩載曰：「末俗心傷狐假虎，大淵眼見獺毆魚」〔註83〕、「聽來時事惟緘口，說到人情便改顏」〔註84〕，狐假虎威、暴寡凌弱、言論管制……，在殖民時期處處可見。

而酷吏與惡制最是令人痛恨。梅樵〈早行即景〉已明言言：「野人耕稼寒能耐，辛苦思供納稅錢」〔註85〕，又寫〈過鹽水港〉〔註86〕控訴云：「白鹽堆

〔註80〕見《史記·伯夷列傳》。
〔註81〕臺灣文獻叢刊第 59 種。
〔註82〕見《鹿江集》頁 10。
〔註83〕〈近樗四十初度有詩次韻祝之〉之四，見《捲濤閣詩草》頁 52。
〔註84〕〈次韻子青見贈〉，見《捲濤閣詩草》頁 23。
〔註85〕〈早行即景〉，原見致詹作舟明信片上，因知詩作於昭和 19 年 12 月 8 日。見《詹作舟全集·四》頁 317。又收錄在《鹿江集》頁 71。
〔註86〕見《捲濤閣詩草》頁 110。

積已如山。……明日還須報稅關」、「縉紳門第嗟零落，蓬島仙人說海桑。忍作尋常行客過，兒時曾上使君堂」……在易代凌替，兼以新政苛稅之下，前朝縉紳零落，令人不忍！滄桑之變，可不嘆乎！

　　梅樵以寫實之筆作〈種茶歌〉〔註87〕，直言道：「君不見租稅一年兩度徵，無力可納吏肆虐。安得甘茗種滿山，我橐我囊時綽綽？」披露臺灣最富經濟利潤的茶農，在殖民政府的壓榨剝削之下，竟至窮乏的窘境。

　　身處日人高壓之下，人們的言論與出版都受到極大監視。梅樵對日人的滿腔悲憤，也嘗試以反筆寓託，如〈秋夜〉〔註88〕一作詩云：

　　……

　　呼童煮茗拂臥床。一枕頹然遂鼾睡，分明身世同羲皇。
　　偶爾身遊華胥國，得失榮辱念胥忘。此中直視為樂土，
　　不聞滄海曾栽桑。人民樂業泯猜忌，夏不炎日冬不霜。
　　關市澤梁不征稅，往來行旅意悠揚。桃源傳說神仙島，
　　與此誰能判低昂。刁斗無聞衣食足，我欲終老於是鄉。
　　頃刻夢覺成泡影，正好邯鄲續黃粱。

梅樵採用唐傳奇沈既濟〈枕中記〉黃粱一夢的夢境手法，描述蓬萊仙島的美好，而其實正是現實臺灣的苦況反影，二者成了強烈的對比。臺灣幾經朝代更替的戰火滄桑，人民不僅無法安居樂業，更飽受物資缺乏、賦稅繁重的壓力，無論炎夏霜冬，行旅言論都受到拘限。傳說中的神仙島正是腳下臺灣，但生活其間卻要忍受暴虐的殖民政治，詩人秋夜夢語，也說出了許多同胞的心聲啊！

四、小　結

　　戰後日本學者向山寬夫《日本統治下的臺灣民族運動史》〔註89〕肯定地指出：

　　臺灣人的抗日民族運動，雖然未達到靠自己的力量從日本的統治中
　　解放出來的目的，但作為殖民地民族運動，卻是臺灣人能永遠引以
　　為榮去回憶的。

〔註87〕見《鹿江集》頁 14。
〔註88〕見《鹿江集》頁 32。
〔註89〕向山寬夫原著；楊鴻儒、陳蒼杰、沈永嘉翻譯《日本統治下的臺灣民族運動
　　　　史》，臺北：福祿壽出版社，1999 年。

能夠去除以成敗論英雄、跨越國族藩籬,從道德精神層面認同臺灣先民的志節情操,無疑是令人感動的。日治時期前清遺民的行誼作為、文學書寫,民族運動志士們前仆後繼的奮鬥,以及許多臺灣老百姓的柔韌抗衡,都示範著作為一個臺灣人的尊嚴與驕傲,是臺灣歷史上最珍貴的資產,提供了後世更多的省思。

　　傳統漢詩人施梅樵的一生,見證了臺灣自清治、日治,到國民政府來臺的三次政權轉移,然而梅樵直到戰後彌留之際,仍無法忘懷地惦念著:

> 余生不逢辰,洊經禍亂,歷劫滄桑,為珠崖之棄民,作東晉之愴父。
> 半籌莫展,一事無成,生平心血,僅留數卷詩歌。……爾等不可不為余傳,使祖宗知余遭時不遇,非余之不肖也。〔註90〕

遺民的痛跟了施梅樵一輩子,而他一輩子堅持的氣節、見聞的局勢、感受的苦楚等,透過文字淬練心血,盡付諸詩歌之中。他期待詩集務必傳世,是為變逆的時代作見證,更欲以詩明志,作千秋口碑,冀望可以不負祖宗。

　　施讓甫〈鹿江集題詞〉〔註91〕曾詩贊梅樵曰:

> 自甘冷落作頑民,抵死羞為兩截人。
> 莫論文章論氣節,鐵函心史可同珍。

施讓甫作為梅樵的同鄉後輩、及門弟子、遺著主編,二人關係至為密切。而三重交疊的身份讓施讓甫有機緣得以深刻地瞭解施梅樵的內在意識,其題詩也一語中的的道出梅樵為人與為學的中心思想,〈鹿江集題詞〉一詩為施梅樵的一生作出了最佳註腳。梅樵在日治後自甘冷落,勉力著作,情操已足與鄭思肖《鐵函心史》媲美,同以遺民忠義之氣,秉筆昭彰歷史,亦將雙雙流芳千秋,永誌不朽。

第二節　賡和酬唱書寫

　　賡者,續也。〔註92〕「賡和」或稱「唱和」,謂因有啟之,遂承續之。人際本有往來,「賡酬」乃人之常情;藉之曲調,一頌一和,即稱「賡歌」;作為詩律,相互和答,即謂「賡韻」。古典文人以吟哦作對為常習,友朋呼應問

〔註90〕施讓甫〈鹿江集編後語〉,見《鹿江集》頁137。
〔註91〕見《鹿江集》頁4。
〔註92〕賡,「續」之古字。

答因以詩文相酬，累積既久，遂成文藝傳統。

　　中國文人的唱和傳統由來已久。早自魏晉南北朝時，文人雅集談詩助興，亦競詩遊戲，如金谷園詩會、蘭亭修褉雅集，眾人同時之間共賦一題，各展捷才，各抒心緒，或當下賞玩標榜爲樂，或結集成冊以爲紀念。至南朝梁吳均、陳陳叔寶諸位詩家，尤其南齊謝朓、沈約等人爲首所形成的「竟陵八友」，文人群同題共賦，或先或後地往還酬唱，都有助於促進唱和風氣。到了唐代，承襲六朝風氣，加以近體詩的成熟與蓬勃，文人唱和不衰，白居易與元稹等人的唱和詩更立下了新的典型。宋代詩風愈熾，唱和詩集先後紛出，知名者如：楊億編《西崑酬唱集》、鄧忠臣編《同文館唱和詩》、朱熹編《南獄倡酬集》等。此後歷代不衰，衍爲中國文學界的悠久傳統。〔註93〕

一、日治時期賡和風氣的興起背景與時代意義

　　臺灣詩壇繼承的唱和傳統，可推溯自清代康熙 24 年的東吟社。據〈東吟社序〉云：「鴻溪季蓉洲任諸羅令，公餘亦取社題，相率唱和，扶掖後進。……」〔註94〕這是臺灣記錄文人唱和最早的文獻。當時的唱和主要著眼於託目寄興、聯誼遣懷的意義。清代時期宦遊者紛紛來臺，客居唱和漸興。至日治時期蔚爲最盛。

　　日治時期是臺灣文學史上，詩社數量最多、分佈地區最普及的時代，反映著詩人之間結社活動與往來的高度熱情。而此一時代詩歌寫作活潑的另一個表徵，就是唱和風氣盛行的現象。只要翻開日治時期任何一份有刊載古典詩歌的刊物，無論是官方的《臺灣日日新報》，或是詩界專刊《詩報》等，就能夠看到大量的賡和之作。而朝野詩人也陸續出版唱和詩集，知名者如：總督府刊行的《南菜園唱和集》、基隆富紳顏雲年的《環鏡樓唱和集》、霧峰豪門林獻堂的《海上唱和集》、臺中名家許天奎的《鐵峰山房唱和集》等，不僅見證了，也帶動了漢詩唱和的風氣。茲從漢詩唱和風氣的形成背景中，試觀傳統賡和詩在日治時期的時代意義。

〔註93〕參考趙以武《唱和詩研究》第十章〈南北朝「同」詩〉頁 330～364。蘭州：甘肅文化出版社，1997 年 8 月。

〔註94〕龔顯宗編《沈光文全集及其研究資料彙編》頁 138。臺南：臺南縣立文化中心，1998 年 12 月。

（一）詩言志——春秋亡而後詩作

在中國文學的傳統思想中，「言志」思想是最重要的觀念之一。早在〈詩大序〉就指出：「詩者，志之所之也。在心爲志，發言爲詩。情動於中而形於言……」謂：詩，是人類心志情感的自然表現，是人類內在情志的外現形式。換句話可說，詩是人類的本來能力之一。這種素樸的原始主義的概念〔註95〕，在高壓複雜的時代裡，反而得到了高度蓬勃的發展。文人們以十分熟悉運用的形式，表達內在翻騰的心緒，大有在變異中一吐爲快的暢然。

試從歷史以來觀察：西周王朝以採詩知民間心聲，王者因此可爲惕勵借鑑。至東周禮制敗壞，詩歌固然傳唱而高位者不採不聽，孔子遂作《春秋》寄寓褒貶以諷諫之，此孟子所謂「詩亡而後春秋作」〔註96〕。而明季滅亡之後，清政府雖大開文字獄之恐怖統治，但各地詩會、詩社卻如雨後春筍般林立。清政府力修《明史》卻欲以導入新統治者的意志，遺民文人因期能以詩爲史，傳承春秋之筆。

清廷割讓之後的臺灣，也有近似的趨向。日本政府的高壓的統治使百姓不敢公然議論時事，但詩歌寫作則在統治者有所目的的寬容下，得以蓬勃書寫。許多文人有感於外族入主之後，春秋之筆難以存在，因憑藉著往來唱和張揚氣節意志，發揚「詩言志」的原始意義，在大時代背景的驅動下，匯聚爲將詩作史，寓託褒貶的精神，詩壇形成了「春秋亡而後詩作」的趨勢，促成了古典詩社紛紛在各地成立，蔚爲史上最盛時期。

回顧歷史，我們看到：傳統漢詩在此亂世中脫穎而出。日治時期臺灣的舊文人以古詩互相唱和，以文學藝術而言，自然存在著切磋競技的意味；惟以內在思想而言，實更有聯絡聲氣，藉此懷想祖國，抒發悲憤，張揚民族意識的意涵。對許多不願意附和日本人的士人而言，漢詩人之間唱和風氣的盛行，可以視爲是對日本專制高壓政治的一種反動。

「詩言志」的志，可以是廣義的「心志」，在日治特殊的時空背景下，也敏感地反映著「政治意志」、「文化意志」。唱和不只是文學交誼，其舉動和言語也反映了唱和者的政治/文化傾向，對其選擇做出程度不一的表示。

在日本政府統治期間，一般人民的言論、行動都受到嚴密的監管，總督

〔註95〕 參劉若愚著，杜國清譯《中國文學理論》頁136。臺北：聯經出版公司，1985年8月初版二刷。

〔註96〕 《孟子·離婁·下》：「王者之跡熄而詩亡，詩亡然後春秋作。」

府透過深入基層的龐大警察系統，在臺灣建構了一個「警察治國」的實體。在生活與精神都承受高度壓迫的臺灣人民，不得不尋找各式宣洩或平衡的出口。有力者與日方建立良好互動關係，積極者組織反日活動進行抗爭，而更大部分的文人，則藉由詩文唱和宣達意志，相互砥礪，在軟性抗衡中反制日本殖民者的高壓同化統治，也寄託壓抑的心緒。

漢詩是漢文化最精粹的縮影，透過這樣一個富含漢民族元素（如：方塊字、漢音、典故、意象……等）的形式，可以用來強調、傳達當時悲憤酸苦的民族情懷。在一片高張日文、日語的島嶼上，文人內在無法與民族文化割裂的苦悶，透過詩歌言語抒發心願、心意，格外能產生自我療癒的效果。而文人間以相同的語文互相唱和，其實等於開啓一道意志溝通的門徑，走出自我言語的孤寂，尋求情志類同者，溝通撫慰，相互取暖，而形成了集體言志的文學寫作。日治時期詩歌唱和風氣的盛行，反映著此一言論管制時代中，集體言志的特殊性。

（二）詩可以群──文人群的階層化、社團化

孔子推崇詩歌功能時曾說過：「詩可以興、觀、群、怨。」其中「詩可以群」，意味著詩歌寫作的集體性與社會性功能。亦即詩歌的寫作既可以表現自我對藝術追求的獨立性與封閉性，也具有群體交流與凝聚的人際互動的意義。

日治時期的族群分別性極為鮮明，日本人／臺灣（本島）人／原住民（番）／中國人、殖民者/被殖民者、有力者/無力者等。如何凝聚同族中人，強化共識？又或如何跨越族群分際，達到期望的目的？讓許多人亟思其門道。

文人間的唱和作品因而可以反映彼此思想的異與同，也反映其群聚性質的差異。儘管目的或期待各有不同，但共同的交集是，中日朝野文人多對漢詩唱和所能促進的群聚效應，抱以熱切的寄望，並且鼓勵從事。這在當時既獲得普遍共識，也衍為一股社會風氣。

參與雅集的各份子之間，存在著尋求認同的企望。「漢詩雅集」的群聚現象，銜接漢文化的悠久傳統，也讓詩人們可以成為漢文化傳統的一部份。施梅樵參加南社大會之後，賦詩慨嘆道：「淪落誰同病，琴樽亦自雄。談天笑鄒子，縮地羨壺公。感舊鬢眉白，哀時眼淚紅。腰間三尺劍，龍氣欲騰空。」

〔註 97〕反映出詩會時集體的心理趨向，相互地撫慰了遺民悲情，也強化了抗拒同化的集體意志。

有形的雅集，是各地方的詩社與一次次的詩會；無形的雅集則是透過郵筒往來的相互詩歌唱和。小者爲詩歌律絕的唱和往來，大者則爲同志結社的群策群力了。霧峰林痴仙說：「今夫櫟，不材之木也，吾以爲幟焉。其有樂從吾遊者，志吾幟！」〔註98〕此言意在呼朋引伴，號召同志；彰化既有「應社」，復有「聲社」，詩人們的內心無非都企望著「同聲相應」。臺灣在日治時期的擊缽詩與唱和詩，在遊戲、應酬的意義之外，部分詩人還有一層抗議日治的意識。臺灣傳統文人們明顯地強化了唱和詩存在的一種社會必要性。文人之間的詩歌唱和，看似遊戲應酬，實際上內蘊著延續漢文香火的悲壯情懷，以及民族意識開枝散葉的高遠理想。

日治初期殖民政府雖然多見以武力進行壓迫統治，因爲臺灣割讓所引起的憤慨之氣，卻相對地催化了大量仕途夢斷的文人，借著熟悉的漢詩文寄託心緒，志同道合者則悄悄的唱和聯吟，在對世局無奈之餘，欲以漢文延續，無言地抗衡異文化的侵入。以日治最初的十年爲例（參：「日治初期（1895～1905）臺灣詩社一覽表」），從南臺灣的嘉義、中臺灣的彰化、北臺灣的首府，乃至島外的福建廈門地區，均可見臺灣文人們紛紛不約而同地開始在各地區結社。

表6-1　日治初期（1895～1905）臺灣詩社一覽表

序	社　名	設　立　年　代	今　日　所　在　地	設　立　者
1.	彬彬社	1895	南投	張士衡、陳文繡等
2.	茗香吟社	明治 29 年（1896）	嘉義市	賴雨若等
3.	鹿苑吟社	明治 30 年（1897）	彰化鹿港、苗栗苑裡	許劍漁、蔡啓運等
4.	菽莊吟社	明治 30 年（1897）	福建鼓浪嶼	板橋林爾嘉等
5.	玉山吟社	明治 31 年（1898）	臺北	臺、日人等
6.	櫟社	明治 35 年（1902）	臺中霧峰	林痴仙等
7.	蘭社	明治 36 年（1903）	彰化田中	陳紹年等
8.	拔社	明治 37 年（1906）	彰化鹿港	莊太岳等
9.	詠霓詩社	明治 38 年（1905）	臺北	黃純青等

〔註97〕〈南社大會遣懷〉，《捲濤閣詩草》頁 60。
〔註98〕見林幼春〈櫟社二十年題名碑記〉，收在傅錫祺編《櫟社沿革志略》頁 43。臺灣文獻叢刊第 170 種。臺北：臺灣銀行經濟研究室，1963 年 2 月。

　　其中，鹿苑吟社正是施梅樵所參與創立的詩社。梅樵青年時期與洪月樵、許劍漁等人，於割臺後不久的 1897 年，開始以郵筒相唱和的方式，共創鹿苑吟社。可謂為走在時代前端，啟發文學抗日的風潮。

　　以詩文結社柔性抗日，使文人在心理上得以相互依靠，而此之所以能產生「抗日」的效果，另一個原因，是使漢語文的延續不中斷，而得以抗衡於大和民族的殖民同化。霧峰林痴仙倡立櫟社時曾言：「吾故知雕蟲小技，去詩尚遠，特藉是為讀書識字之楔子耳。」正是結合同道，具體而微地以漢文字的書寫流傳，作為滴水穿石的化身。

　　詩人的結社聯吟唱和行動，是將個人與個人間的唱和，擴大為集體唱和，而集體唱和正意味著群體意志溝通或凝聚的可能。當時囿於現實時勢的緊張壓縮，或僅以郵筒相唱和，或只是少數人的定點活動，但這樣表面靜態的唱和行動，卻已經可以一定程度地達到溝通意志、互通聲氣的預期目的。當唱和往來的幅員愈形廣闊，點狀的分佈愈形密集，凝聚共同意志思想的可能當然也就越高，潛藏的民氣將愈形壯大。鹿苑吟社三子——洪棄生、許劍漁、施梅樵，懷抱著以持續往來的漢詩寫作與唱和，聯繫蘊積其我族意識，並都以堅持民族氣節終其一生，詩友門生人與之唱和往來間，點滴受其薰染，啟迪民族情操，而漢文香火得以因之擴散延續不絕，則可見唱和之功實不能泯沒矣！

（三）遊藝社交——溝通聲氣的橋樑

　　賡和乃有始有續，正如人際之有來有往，因此，當賡和雙方均在同一時代，則賡和詩的寫作便具有鮮明的社交意義。透過文學形式往來，既是溝通彼此思想，也同時是相互問慰，建立情誼的管道。清治臺灣時期，官紳之間早已形成唱和傳統，日治時期官紳之間、詩友之間的唱和風氣愈加熾盛〔註99〕，更衍為索和、徵詩之普遍流行。翻開當時的報刊，比比皆是。既是社交，便有交誼應酬性質，賡和詩中不免易有應酬之語。因使其功能性有時會大於其藝術性。

　　唱和在古典文人生活中是常見的。或遊訪應酬，或關懷慰問，或促膝把酒……等等人際往來之間，詩歌的唱和寫作，是詩人具有特色卻又自然的溝通方式。尤其在雅集聯誼中，唱和可添趣助興，可述懷寄情，亦可直書紀念，

〔註99〕參楊永彬〈日本領臺初期日臺官紳詩文唱和〉，收在《臺灣重層近代化論文集》。臺北：播種者，2000 年。

寫詩成為一種頗具趣味的遊戲。古來文人雅集,多見有以詩歌寫作為高潮之趣,如:刻燭擊缽、曲水流觴、登臨拈字等,都是歷史上熟悉的典型。從傳統上可見賡和詩具有一定的遊戲性質。日治時期在高壓統治下,促使著靜態的詩歌賡和,成為文人清興相娛,消遣舒閒的一條路徑了。

賡和有一定的規格限制必須遵守,但也要能突出新意,方為高明。從角色上看,和詩者既是讀者,也是作者,如何解讀原詩,又如何回應,便是對和詩者的考驗。這番考驗包括了形式與內容雙方面。文人之間的唱和因此也有觀摩或競藝的意味。在日本統治時期的同化浪潮下,透過漢詩的唱和,促進激勵對漢文學/文化的關注、鑽研、提倡、推廣。而日本朝野與臺灣文人仕紳的互動,也廣泛地運用了唱和的方式,藉由切磋詩藝而親近,也藉由唱和而拉近彼此距離,遊藝的、社交的漢詩唱和,成為臺日雙方間的一道橋樑,甚至是一個工具。

日本人透過漢詩唱和試圖拉攏臺籍人士,臺日朝野因而能以「漢詩的同文書寫」特性作為雙方的交集點,促使漢詩在寫作、唱和,乃至詩社成立等方面,得以蓬勃發展。日本總督府帶頭唱和的舉措不只一端,日籍能詩之士與臺籍人士詩文唱和往還,期能藉此拉近彼此,走入臺灣士人階層,或友善示好、或懷柔籠絡以消除臺人敵意,達到思想同化的懷柔目的;同時也藉此連線觀察各人的政治意向,達到知己知彼的戰略目的。對傾向親日的人而言,加入與日籍漢詩人的唱和,是表態輸誠的途徑,也是便捷的晉身之道。日治時期賡和盛行,是兼具著文學性與社會性背景的一次文學風潮。

(四)報紙文宣——新興傳媒的催化

在過去,文人之間的交流唱和,或是書信往返,或是以富紳名儒的宅院庭閣為園地,聚會唱酬。其間產生的作品,有載於私人書札,惟摯友門人賞閱而已;稍有資財者,結集彙編付梓,方得公開評閱,流傳後世。

但自從受到西方文明導入的影響,日治時期臺灣出現了報紙雜誌與廣播。這二種媒體在頻率與效率上的快捷,都令傳統社會為之震撼,也使文學界的生態產生質量雙向的變化。特別是報紙文藝專欄,塑造了一個全新的舞臺,提供作品得以快速發表,廣泛流通,更能擴大閱讀群眾,讓各地原本聲息難通、甚至互不相識的官紳文士們,有了一個共同的平臺,隔空相互呼應,或甚至打起筆仗。報紙雜誌形成了新時代詩/文壇的利器。當時經常刊載傳統

文學的刊物，報紙類如：《臺灣日日新報》、《臺南新報》等；雜誌類如：《詩報》、《臺灣詩薈》等，在現今吾人回頭尋索日治時期文學作品，諸如此類的報紙雜誌，早已成爲不可或缺的基本資料庫。

　　詩人的唱和風氣既盛，作品自然不少，相當程度上具有發表園地的需求。而唱和間的互動也有一定的背景或趣味存在。更重要的，是藉由媒體的公開特性，發表在報紙雜誌上的作品，無可避免地形成了更廣泛的分享，也接受更爲廣泛的公共評論，並可以散發無遠弗屆的影響力。即使在專制控制的時代，媒體也具有反映輿論、引導輿論，甚至創造輿論的作用。雖然日本當局採行嚴屬的新聞審查制度，但也同時善加利用報紙此一文宣利器，加速政令的推動，拓廣日化的影響，也吸收臺民的認同。包括對於作品的刊登、詩人的動向的報導，以及詩社活動的披露，漢詩相關事務的見諸於媒體，對日治時期臺灣精神的體現，都具有正面的作用。

二、賡韻形式分析

　　賡和詩有別於一般閒詠詩或擊缽詩的特色之一，在於這是需要雙方或多方面共同來完成，而其詩歌形式上的同一，便是唱和者彼此間的一種外在連結，是確認彼此賡和關係的顯性標誌。

　　施梅樵活躍詩壇數十載，往來南北各大小詩會無數，廣於交遊，亦樂於發表。梅樵出現於報紙雜誌上的頻率不低，瀏覽其公開刊登的作品，唱和詩所佔比例甚大。唱和的本質之一是應酬，梅樵唱和詩作也難以完全避免。惟唱和詩既具有一定的時代意義，在梅樵詩作中也佔有一定的數量，因試予分類觀察。

　　傳統中國文學中的賡和詩寫作歷史悠久，賡和詩的形式限制主要在限體與限韻二種。限體謂五、七言或律、絕等之限制，限韻則是韻腳的限制。前者可屬外框之限，後者則直接攸關用韻選字。一般和詩多兼二者。

　　古代所見的彼唱此和，其實不一定要用對方原來的韻部或韻腳，而是就首唱者之詩意而附和應答之，即所謂「和意不和韻」。例如：唐代唱和漸盛，許多唱和是不必用同韻的。例如：唐代張弘靖曾作〈山亭懷古〉五律一首，詩云：

　　　叢石依古城，懸泉灑清池。高低裛丈內，衡霍相蔽虧。
　　　歸田竟何因，爲郡豈所宜。誰能辨人野，寄適聊在斯。

有韓察、崔恭、陸灃、胡證，四人分別和詩〔註100〕：

> 公府政多暇，思與仁智全。爲山想巖穴，引水聽潺湲。
> 軒冕跡自逸，塵俗無由牽。蒼生方矚望，詎得賦歸田。
> （韓察〈和張相公太原山亭懷古詩〉）

> 高情樂閒放，寄跡山水中。朝霞鋪座右，虛白貯清風。
> 潛竇激飛泉，石路躋且崇。步武有勝概，不與俗情同。
> （崔恭〈和張相公太原山亭懷古詩〉）

> 激水瀉飛瀑，寄懷良在茲。如何謝安石，要結東山期。
> 入座蘭蕙馥，當軒松桂滋。於焉悟幽道，境寂心自怡。
> （陸灃〈和張相公太原山亭懷古詩〉）

> 飛泉天臺狀，峭石蓬萊姿。潺湲與青翠，咫尺當幽奇。
> 居然盡精道，得以書妍詞。豈無他山勝，懿此清軒墀。
> （胡證〈和張相公太原亭懷古詩〉）

張弘靖原詩採用的是「上平・四支韻」，韓察和詩用的卻是「下平・一先韻」，崔恭用的則是「上平・一東韻」。陸灃、胡證雖隨同張詩採用「支韻」，韻腳卻無一字相同。可見並不強求押相同的韻或韻腳。

然而隨著對詩歌押韻的講究與普及，也可能可以藉以表達賡和者對原詩作者的誠意，以及自我騁才之意，而成為「和韻而不一定和意」，宋代以後的和詩便幾乎都要「依其原韻」。詩人和詩可謂從此均被韻腳所限了。〔註101〕

凡和他人詩詞，僅作詩應酬，不用其韻，可稱「和詩」；若依其原韻者，則皆可稱「和韻」。而即使是「依其原韻」，還可細分寬窄，歷史以來發展出來的形式主要有三種〔註102〕：依韻、用韻、次韻。

其一「依韻」，是指依其同韻，而不必用其同字也。

其二「用韻」，是指用其原韻原字，而先後不必相次，韻字次序可變動，亦稱「同韻」。

其三「次韻」，仍用原韻原字，而先後次第皆因襲不變者，亦稱「步韻」。

另，有「疊韻」一名，乃依照前詩韻字及次序，再作一或數首詩，可再

〔註100〕張弘靖〈山亭懷古〉與韓察、崔恭、陸灃、胡證諸家和詩見《全唐詩》卷366。
〔註101〕參王力《中國詩律研究》。
〔註102〕參游子六輯《詩法入門》頁41。臺北：廣文書局，1979年6月再版。

疊、三疊、四疊地一再延續〔註103〕，其韻字次序既皆相同，可以概括屬於「次韻」一類。

梅樵賡和詩頗多，就其用韻詩體可見如下四類，請詳如下：

1、依韻之作，有〈黃則修先生惠詩敬依瑤韻〉〔註104〕、〈午睡依拱五韻〉〔註105〕、〈飲湘同學將之大陸以詩留別賦此勉之並依原韻〉、〈臺北旅次鄭蘊石詞兄過訪卽依聽琴韻〉〔註106〕、〈敬依蘇櫻川詞長韻呈劉篁邨詞宗〉〔註107〕、〈敬依瑤韻（瘦菊〈偕梅樵詞長飲於杏花樓上聞妓訴恨有感而作〉）〉〔註108〕、〈石華遊岱江與諸吟侶唱和依韻感作〉〔註109〕、〈來儀吟社雅集依前韻賦贈在座諸彥並似秋濤詞長〉〔註110〕數則而已。

2、用韻之作，有〈示櫻航用伯廉韻〉、〈寄懷陳笛潭用其送別原韻〉〔註111〕、〈即景仍用前韻〉〔註112〕、〈歲暮書感用蘇東坡先生秋興三首韻〉〔註113〕、〈無題二首用義山錦瑟韻〉〔註114〕數則。

3、次韻之作，以「次韻」、「疊韻」為題者，數量合計逾數百首，不贅細數；以「步韻」為題者，僅見〈上山督憲席上以詩見示謹步瑤韻併乞斧正〉〔註115〕。三式名稱合佔全體賡和詩作的比例估計高達98%。

4、和韻之作，此類數量亦夥，其目前雙方作品皆可見者，如：〈和廖煥章君韻〉〔註116〕、〈和韻（林鍾英〈送別施梅樵先生〉）〉〔註117〕、〈伯廉過

〔註103〕例如：施士洁有至〈十二疊前韻寄答恕齋〉。見施懿琳主編《全臺詩》第12冊頁264～271。臺南：國立臺灣文學館，2008年4月。

〔註104〕《風月報》59期頁28，昭和13年（1938）3月1日。

〔註105〕見《捲濤閣詩草》頁78。

〔註106〕《臺灣日日新報》第10255號4版，昭和3年（1928）11月7日。

〔註107〕《臺灣日日新報》第6490號6版，大正7年（1918）7月17日。刊於詩壇。

〔註108〕《臺南新報》昭和1年（1926）8月27日，8819期頁6。瘦菊唱和作見該報同日同版。

〔註109〕《詩報》昭和9年（1934）3月1日，76號頁3。刊於詩壇。

〔註110〕《詩報》昭和10年（1935）2月15日，99號頁12。

〔註111〕分見《捲濤閣詩草》頁22、38。

〔註112〕《臺灣日日新報》第10255號4版，昭和3年（1928）11月7日。

〔註113〕見《捲濤閣詩草》頁68。

〔註114〕見《鹿江集》頁84。

〔註115〕見豬口安喜編《東閣倡和集》頁9。昭和2年（1927）11月發行。

〔註116〕《臺灣日日新報》第4979號6版，大正3年（1914）4月23日。

〔註117〕《臺灣日日新報》第5439號3版，大正4年（1915）8月12日。又收在林鍾英《梅鶴齋吟草》頁64，新竹：新竹市立文化中心。1998年6月。

訪客次有詩因和其韻〉〔註118〕等，經比較後，可知：雖然使用的名稱有所不同，而其實皆為次韻詩。也有極少部分的詩歌目前尚未得比對雙方詩作，一時無從判斷該詩是同韻還是步韻，如〈和鄭養齋山居原韻〉〔註119〕，但以比例上的懸殊推測，這類未經比對的和韻詩，其為次韻形式的可能性是極高的。

　　誠如上述分類可見：施梅樵所作幾乎都是次韻詩。而此一現象則令人不免反觀：數量極少的依韻詩與用韻詩，施梅樵果真不計其韻字的選用與次序嗎？因就其依韻詩與用韻詩的唱和雙方諸詩作，逐一比對各題用韻實況，製為「施梅樵依韻詩與用韻詩韻字檢覈表」。其中唯〈午睡依拱五韻〉等三作因尚未覓得首唱詩，以致無從比較而暫缺。

表 6-2　施梅樵依韻詩與用韻詩韻字檢覈表

首　唱	廣　和	用　韻　實　況
依　韻　詩		
黃萬生〈贈梅樵先生〉	施梅樵〈黃則修先生惠詩敬依瑤韻〉	首句入韻之七律。 都依序用同韻字：名、荊、傾、清、生。
（拱五詩未獲）	〈午睡依拱五韻〉	
（飲湘詩未獲）	〈飲湘同學將之大陸以詩留別賦此勉之並依原韻〉	
鄭蘊石〈聽駱香林詞客彈琴〉	施梅樵〈臺北旅次鄭蘊石詞兄過訪卽依聽琴韻〉	首句入韻之七絕。 都依序用同韻字：橫、聲、生。
	施梅樵〈即景仍用前韻（二首）〉	
	鄭蘊石〈疊韻〉	
蘇櫻川〈謹呈劉篁邨詞宗〉	劉篁邨〈敬和瑤韻呈蘇櫻川先生〉	首句入韻之七絕。 都依序用同韻字：同、通、風。
	施梅樵〈敬依蘇櫻川詞長韻呈劉篁邨詞宗〉	
瘦菊〈偕梅樵詞長飲於杏花樓上聞妓訴恨有感而作〉	施梅樵〈敬依瑤韻〉	首句不入韻之七律。 都依序用同韻字：樓、秋、愁、流。

〔註118〕分見《捲濤閣詩草》頁22。
〔註119〕分見《捲濤閣詩草》頁22、39。

楊石華〈席上賦呈岱江諸詞友〉	施梅樵〈石華遊岱江與諸吟侶唱和依韻感作〉	首句不入韻七律。都依序用同韻字：身、親、神、辛。
施梅樵〈香圃招飲席上有作並示東農月桃〉	鄭香圃〈次梅樵先生瑤韻〉	首句不入韻五古。都依序用同韻字：酒、斗、友、醜、口、有。
	施梅樵〈來儀吟社雅集依前韻賦贈在座諸彥並似秋濤詞長〉	
	曾秋濤〈次梅樵先生原玉〉	
用　韻　詩		
（伯廉詩未獲）	施梅樵〈示櫻航用伯廉韻〉	首句入韻之七絕。都依序用同韻字：名、生、成。
	施梅樵〈伯廉過訪客次有詩因和其韻〉	
（陳笛潭詩未獲）	寄懷陳笛潭用其送別原韻	
蘇東坡〈秋興三首〉	歲暮書感用蘇東坡先生秋興三首韻	首句入韻之七律。都依序用同韻字：還、間、山、顏、斑（一）、前、船、年、田、然（二）、光、囊、央、霜、長（三）。
李義山〈錦瑟〉	無題二首用義山錦瑟韻	首句入韻之七絕。用同韻字，均未依序：絃、年、鵑、煙、然。

註：各組唱和詩出處已見前列標註，請參照。

　　經過上表的比對，清楚地顯示出：施梅樵的依韻詩與用韻詩，不僅都用同韻同字，而且幾乎其韻字次序，亦一依前詩，唯一的例外是〈無題二首用義山錦瑟韻〉。這首詩用李商隱〈無題〉的一先韻，取用相同的韻字，抒發一己的風月情懷，亦有與義山跨時空呼應的意味。

　　除上示一例之外，其餘詩作其實都是次韻詩。梅樵當然深知「依韻」、「用韻」、「和韻」諸名稱的傳統定義有別，然而其詩題中所書各名目雖有異，在實質創作上時其實並未就其實際狀況題稱之，以致名雖異而實皆同。這或許是其不拘性格的一種表現。綜合可知：施梅樵的賡和詩，都是緊依前作韻字次序的次韻詩。

　　詩家酬唱賡和固然得以互訴情懷，聯絡聲氣，但由於型式上的規格條件不同，回應者必須在限制中完成詩作，限制越多，挑戰越大。因此也不無「以

韻相挑，示才過人」的心理，兼含著學習、追慕，甚至是騁才、競爭等心思。論寫作難度，三者中以次韻的限制較多，難度相對也最高。而依韻、用韻之作因其寫作條件較爲寬鬆，易於爲詩，可以便捷於即時、率性寄情，卻可能比較無助於彰顯才情。對詩界名家老手而言，次韻詩的挑戰性高，自然也比較能凸顯其詩才造詣，因此凡唱酬多樂於採用次韻以唱和之。

除了韻腳之外，賡和詩之趣，另在於「避免重複用詞」。凡前作已採用的詞彙，特別是韻腳詞彙，以不重複而能出新意、新詞者爲高明。所謂「賡和之詩，當觀原詩之意，如何出其意和之，則更新奇。要造一兩句雄健壯麗之語，方能壓倒元白。若但隨原詩腳下走，則無光彩，不足觀。」〔註120〕藉此以顯才學博洽，不無出新競才的心理。

三、賡和群組分析

從羅博・埃斯卡皮（Robert Escarpit）《文學社會學》的角度來看，〔註121〕作家是文學的生產者，文學作品的產出要留意作家身上的變化。而賡和詩的產生，更是一個作家群共同完成的事實，作家群則是會變遷的。

從賡和詩的寫作傳統中顯示，依賡和雙方的群組關係分，一般有三類：其一，和己作，其二，和古人詩，其三，和今人詩。茲以此觀察分述施梅樵之賡和詩作。

（一）和己作

和自己的詩，常是展示才學的自我挑戰。在自己詩歌的同一題旨下，以有限的用韻連番迭作，非有才學，不足以致之。亦有因前作之餘意猶然未盡，因再賡續之者。「疊韻」、「再疊韻」即爲常見的形式。日本詩人鷹取田一郎曾作〈百疊詩〉，即是顯例。以施梅樵爲例，如〈寓齋雜感〉、〈兀坐無聊撫今思昔因疊前韻〉〔註122〕與〈偶成並示同學諸子〉、〈疊韻自遣二首〉〔註123〕即是。

〈寓齋雜感〉四首分押不同韻，因疊韻，而每韻連作二首；〈偶成並示

〔註120〕見清代顧龍振編《詩學指南》頁16。臺北：廣文書局，1987年3月再版。
〔註121〕參羅伯・埃斯卡皮（Robert Escarpit）著，顏美婷編譯《文藝社會學》頁23。臺北：南方出版社，1988年。
〔註122〕見《捲濤閣詩草》頁98、99。
〔註123〕見《捲濤閣詩草》頁132。

同學諸子〉則一韻連作三首。若論以韻相挑，挑戰性不算高。若以同題詩作數量論，施梅樵諸所作中以〈於報紙上讀嘯霞笑儂二君唱和什不覺技癢因憶舊遊夫韻成十二首〉〔註124〕的 12 首爲目前所知之最多者，此 12 首亦押韻各異。故此前者合共八首，後者合共三首，也不算多。則梅樵之和自己的詩，主要應在暢抒心懷，而非示人以才。

以〈寓齋雜感〉爲例，是抒發己懷的閒詠詩，其〈疊前韻〉並未寄示與任何人，可說是單純對自己前作的和詩。其首作四首詩一一條陳異地客居的惆悵，其詩有云：「我似江南哀庾信，半因謗妒暮知名」、「聞雞易觸征途感，斷梗飄蓬各一方」、「萬種離懷強自寬，家書日日報平安」、「難澆別恨黃河水，最繫吟情赤壁舟」，離懷別恨一嘆再嘆，似猶不能盡其意。兀坐無聊之時，撫今思昔，百感交集，因率筆疊韻再成四首。

其〈疊前韻〉正是延續著原詩漂泊的心緒，回首山河烽火，身世如夢，任俠性格浪得狂名，卻又感時不遇，詩言：「憤懑文章都是膽，疏慵天性易忘愁。浮家泛宅他年事，我意差同海上鷗」，可謂吐露心聲，感慨無限。可見〈寓齋雜感〉八首之作恰如其題所示，是梅樵客居時紛雜感觸的暢快抒發。

（二）和古人詩

和古人之詩者，是詩人超越時空的神交。蘇軾〈和陶詩〉即爲名作。或借用情韻，延伸寄託己懷，施梅樵〈歲暮書感用蘇東坡先生秋興三首韻〉〔註125〕即類此；或是對古人之作心有戚戚焉，因和詩呼應，如梅樵〈無題二首用義山錦瑟韻〉〔註126〕正是。

秋興三首〔註127〕　**蘇東坡**

野鳥游魚信往還，此身同寄水雲間。

誰家晚吹殘紅葉，一夜歸心滿舊山。

可慰摧頹仍健食，比來通脫屢酡顏。

年華豈是催人老，雙鬢無端只自斑。（一）

〔註124〕《臺灣日日新報》第 10935 號 4 版，昭和 5 年（1930）9 月 23 日。刊於詩壇。後附潤菴漫評：「老尚多情亦壽徵。讀此知作者興復不淺。艷體詩以此種恰到好處。」

〔註125〕見《捲濤閣詩草》頁 68。

〔註126〕見《鹿江集》頁 84。

〔註127〕見蘇軾著，王文誥輯註《蘇軾詩集》卷 47，頁 2548。臺北市：莊嚴出版社，1990 年。

故里依然一夢前，相攜重上釣魚船。

嘗陪大幙全陳跡，謬忝承明愧昔年。

報國無成空白首，退耕何處有名田。

黃雞白酒雲山約，此計當時已浩然。（二）

浴鳳池邊星斗光，宴餘香滿上書囊。

樓前夜月低韋曲，雲裏車聲出未央。

去國何年雙鬢雪，黃花重見一枝霜。

傷心無限厭厭夢，長似秋宵一倍長。（三）

歲暮書感用蘇東坡先生秋興三首韻　施梅樵

逝水韶華去不還，百年只在霎時間。

寒來獨酌杯中酒，老至如看霧裏山。

餞歲有人勞屈指，離家作客強開顏。

平生豪氣虹千尺，坐聽消磨鬢髮斑。

海門恰對小樓前，日日貪看入港船。

久客寒衾憐度夜，故鄉爆竹話除年。

呼奴待種千頭橘，納妾還餘二頃田。

欲聘海棠添眷屬，渡江桃葉漫悽然。

寒月穿窗一線光，不眠燃燭檢詩囊。

瓶梅香裡春初至，市柝聲中夜未央。

瑣事米鹽偏計日，殘更襆被忽侵霜。

無端驚破還家夢，纔與山妻說短長。

無題　李商隱

錦瑟無端五十絃，一絃一柱思華年。

莊生曉夢迷蝴蝶，望帝春心託杜鵑。

滄海月明珠有淚，藍田日暖玉生煙。

此情可待成追憶，只是當時已惘然。

無題二首用李義山錦瑟韻　施梅樵

湘紋半幅捲晴煙，欲理晨粧忽悄然。

心事有時憑塞雁，夢魂無力禁山鵑。

傷春久負杯中酒，訴怨頻勞指下絃。

飛絮落花誰護惜，隨風飄泊感年年。

　　　　離懷耿耿火初然，夢斷遼西又一年。

　　　　自絢新詞翻蝶板，紅綃舊怨寫鵾絃。

　　　　蘼蕪山下逢歸燕，荳蔻梢頭戴曉鵑。

　　　　消息浮沉增懊惱，梨花如雪柳如煙。

　　與古人唱和，常是作者自發性的賡和，這一份自發的動力有兩方面的啓動點：

1、寫作背景有類近之處

　　因為時間、空間、際遇等背景有相同或相近之處，特別能引起感同身受的心境，而激發寫作動念，與古人作文字交。以古人詩作為唱，今之詩人振筆賡和，成就古唱今和的雅韻。

　　蘇軾〈秋興〉三首是客途中因秋起興而作，而施梅樵也正是身在異地，開春在即仍不得歸鄉之時，乃有〈歲暮書感用蘇東坡先生秋興三首韻〉之作。李義山的〈錦瑟〉裡壓抑著一段無法明說的愛戀，施梅樵〈無題二首用義山錦瑟韻〉裡也同樣是一段難以預期結局的豔遇。

　　在相近的背景和詩中，詩人與古人為友，和詩神往，為自己在心靈上尋得一份慰藉，也啓發寫詩的靈感，化作文字，抒發情懷。有時正能因此產生轉化心境、自我療癒的效果。

2、古人作品對作者產生一定的啟發性

　　透過詩歌的意境、思想、詞采等，觸動詩人心靈，而啓發寫作靈感，使今人和古人之作。

　　施梅樵長年客居外地，思鄉情長，隨著歲月的流逝，遊子漂泊的感慨亦深。東坡〈秋興〉謂「年華豈是催人老，雙鬢無端只自斑」、「樓前夜月低韋曲，雲裏車聲出未央」等客途中對時光的喟嘆，相信必然引起梅樵的共鳴，挑起他內心的悸動，而同用其韻連和三首。

　　梅樵賦性瀟灑，但有些風流韻事或許不便也毋需明說，只是那充溢的浪漫情懷，催化著寫詩的衝動。李義山的〈錦瑟〉正是寄託迷離戀情的經典，「錦瑟無端五十絃，一絃一柱思華年」，千百年來帶領著無數讀者迴旋於絃音繚繞的愛戀糾纏裡，應該也啓發了梅樵走入呢喃詩語的幽徑。

　　賡和古人常源於自我與古人古詩有所交集，因此在創作上取用其韻，在寫作鋪陳上也易有追繼。但畢竟「詩有別裁」〔註128〕，和詩亦然，如何與古

〔註128〕嚴羽《滄浪詩話》：「詩有別裁，非關書也；詩有別趣，非關理也。」

人區隔而能出於其上，也考驗著詩人的創意。茲以施梅樵〈無題二首用義山錦瑟韻〉為例，與李義山〈錦瑟〉比較，以觀其間之心裁。

1、追　繼

李義山〈錦瑟〉中明顯地有著欲言又止的難言之隱，然以其華美的文采，薰染了讀者煥發出無限的遐想，使之在詩歌之外，溢揚著無盡的淒美。施梅樵〈無題二首用義山錦瑟韻〉正是借用義山之詩韻，以抒繾綣之幽情。時雖古今有別，情則人無二致。他呼應著千年前的前輩心聲，詩中的主角同樣是令人牽掛的可人兒，他也仿效義山，鋪陳華麗的詞藻，建構美妙的場景。

梅樵詩中明顯地帶著〈錦瑟〉的影子，如：他以「鶤絃」代「錦瑟」、以「傷春久」類比「思華年」、寫「晨粧」實同「曉夢」、「柳如煙」正是「惘然」的意象、「夢魂無力禁山鵑」反向寫出「望帝春心託杜鵑」的淒清、「離懷耿耿火初然，夢斷遼西又一年等」無非是「此情可待成追憶」的側寫等。凡此多處，都感受到〈錦瑟〉的意韻深入地滲透於梅樵詩中。更可謂：施梅樵其實是採用了「換骨」的手法。換骨法者，宋代黃庭堅曰：「不易其意而造其語」也〔註129〕，正是指不改他人詩意，而另造他語。梅樵詩處處痕跡，追繼之意顯明。

2、別　裁

〈錦瑟〉帶有濃厚的朦朧美，詩中字詞文意即使強行拆解，組合起來也仍然難以明白內容到底所指為何，讓詩歌文學到達神秘美感的極致，這是李義山高明之所在。千百年來多少讀者即使有所不解，而依然不禁為之傾倒。

梅樵的〈無題二首用義山錦瑟韻〉雖用義山同韻，亦有意追仿，但顯然詩意明朗許多。至少，梅樵在詩中毫不掩飾指出：他的對象是一位荳蔻年華的煙花女子。「飛絮落花誰護惜」、「荳蔻梢頭戴曉鵑」二語，已將女子的背景完全說明，不費讀者猜疑。而這是〈錦瑟〉絕無的。梅樵的坦然與義山的遮掩，優劣難斷，然而可說是二詩最大的差異處。

再者，〈錦瑟〉以意象的跳接，成功塑造詩意的神秘感，但難以解其堂奧，卻也是事實。梅樵此詩似無意賣弄神秘，既如前述直書女子背景，也在意象的構設上，有具體化的傾向。如：義山以「一絃一柱」四字，輕輕地為詩歌開啟悠然的背景音樂，似有若無地穿流於時空之間。梅樵詩中則是先有「訴怨頻勞指下絃」的幽淒，再有「自鑄新詞翻蝶板，紅綃舊怨寫鶤絃」的喋喋

〔註129〕見宋釋惠洪《冷齋夜話》引黃庭堅語。臺北：新文豐出版公司，1980 年。

訴怨，在絲竹並作、詞曲兼發的嘈嘈切切中，寫出女子的哀怨。搭配以「湘紋半幅捲晴煙，欲理晨粧忽悄然」的場景、「消息浮沉增懊惱，梨花如雪柳如煙」的形象等，梅樵詩雖是朦朧美感不足，但意象比較具體清楚，無非是其別裁之處。

（三）和今人詩

和今人之詩者，爲人際往來社交的一環，故而此類詩例最夥。以施梅樵詩集來看，有因友好，溝通聲氣，如〈林德卿以詩寄懷次韻答之〉〔註130〕者；有因乞和，人情應酬，如〈尊五寄詩索和因次其韻〉〔註131〕者；也有因遊宴雅集，相和添趣，如〈大東吟社歡迎席上朱曉菴贈詩次韻〉〔註132〕等。

梅樵與友朋往來唱詩應和之作，以「**施梅樵往來詩友題名錄**」（附錄二）中的唱和詩爲取樣所見，數量上相當可觀。梅樵的一生是一個寫詩的人生，隨著他的廣闊交游與頻涖雅集吟會，有詩友向梅樵索和、題贈者，也有梅樵向詩友之囑和〔註133〕、乞和〔註134〕者，他與友生之間的一唱一和，可謂是其生活中人情往來必要的一環，反映出梅樵在與詩壇吟友之間相互交遊的深度和積極度。

這與日治時期詩壇唱和風氣盛行有關，也與梅樵好於交遊、容易親近的個性有關。在相互交遊中，深化了彼此之間的情誼。再者，梅樵以漢學塾師爲業，設帳遊走三臺，詩壇人脈網絡的深耕經營，就務實上言，也是有助益的。試從唱與和的雙向角色上，分述梅樵與詩友間的唱和概況。

1、眾唱梅和

眾人唱之，而梅樵和之，可謂爲以一對多的集體唱和。

此類雖是眾人各有所作，往往因爲是同一群體，因而採取的是類同的主題，類近於同題共作。而梅樵的應和方式有二：

其一，以一首詩概括所有贈和者。如：桃園簡若川、林雲帆、吳周元、

〔註130〕見《捲濤閣詩草》頁 46。
〔註131〕見《鹿江集》頁 77。
〔註132〕見《鹿江集》頁 82。
〔註133〕例如：張麗俊記「梅樵囑步其韻和之」。見張麗俊《水竹居主人日記三》頁 101。昭和 1 年（1926）新曆 10 月 17 日。
〔註134〕例如：施梅樵致書詹作舟有言：「拙作二首乞和」。見張瑞和編《詹作舟全集‧三‧書信雜文篇》頁 216「施梅樵書信十二」。永靖鄉：詹作舟全集出版委員會，2001 年 11 月初版。

黃金發、吳亦宗、黃師樵六人，同以〈武陵小集歡迎施梅樵先生〉爲題，分取六麻、八庚、十灰、七陽、十一尤韻，各賦七絕以贈之，梅樵則以〈夏日北遊於桃園下車蒙諸先生邀飲席上賦呈〉七絕二首，分取十四寒、十一眞韻應和諸吟友〔註135〕。從各人取韻來看，頗似分韻之戲。若果如題目所示爲「邀飲席上賦呈」，則可謂兼得助興與示才的樂趣。

又，尤瑞、陳如璋、黃傳心、詹明漪四人，同以〈賦呈施梅樵先生〉爲題，又同依「堂、香、長、牆」爲韻腳，各賦七律以贈之，梅樵則以相同韻腳次序，賦〈次韻答諸君子〉一首應和諸吟友。〔註136〕

其二，逐一回應發唱者。若眾人所作皆同韻，梅樵等於是多次疊韻。再有體裁、韻腳等方面不盡然統一，然梅樵仍逐一相和。不僅藉此表現出對倡詩者極大的尊重情意，當然也向眾人展示了他以一當多的過人才華。例如：埔里楊少波、邱榮習、陳韻青、趙曉東、陳景寅、陳南要等 6 人共同以〈歡迎施梅樵詞伯席上賦呈〉爲題作七言絕句贈梅樵，而各人所用韻腳皆相異，梅樵仍依個別用韻，逐一次韻和之。〔註137〕《詩報》刊布諸作時雖未標示，但其實楊少波諸家皆是櫻社社員。櫻社爲梅樵手創，社員們也幾乎都是梅樵的學生，如此的逐一次韻贈詩，除了是感情上、禮貌上的回應之外，應該還帶有展現詩才、示範詩法的用意。

再例如：奎山吟社爲歡迎梅樵來訪，社友吳梅洲、黃昆榮、陳庭瑞、陳望遠、陳廿濬、呂杏洲、榕軒生、何菘甫等 8 人共同以〈施梅樵過訪賦此以贈〉爲題，賦詩相贈。此八人所作詩有絕句有律詩，韻腳各不相同，梅樵則賦〈謹次列諸先生見贈瑤韻八首〉，率依各人體裁，逐一步韻回贈之。〔註138〕

類似的情形，在昭和 18 年（1943）梅樵訪諸中壢吟友時，亦重複見之。這次亦是律絕俱見、韻腳歧異，題目則是大同小異，梅樵亦一一次韻之。茲呈列如下表「異體異韻異題唱和例」。觀其題目可知：這是吟宴時的即席賦贈。眾人於席間賦詩，考驗著即席寫作的功力，能成一詩即屬不易。而梅樵爲座上嘉賓，固然受大家褒崇，但以一人應和眾人，既逐一次韻，又須個別回應各詩題旨，其難度尤高，更是不易。雖然不能完全確認梅樵是否也是即

〔註135〕見《詩報》90 號頁 6、09，昭和 9 年 10 月 1 日。
〔註136〕見《詩報》288 號頁 7，昭和 18 年 1 月 18 日。
〔註137〕見《詩報》121 號頁 5/12，昭和 11 年 1 月 17 日。
〔註138〕見《詩報》92 號頁 16，昭和 9 年 11 月 1 日。

席次韻賦贈？但觀梅樵詩集中多見即席之作，則此次亦為即席應和，也不無可能。若是，則杯觥之間援筆，采詩篇篇立就，如此的逸興風采，豈不令人傾慕神往！

表 6-3 異體異韻異題唱和例

作　者	詩　　題	體　裁	韻　腳
朱曉菴	喜梅樵詞長見過即於歡迎席上賦呈	七律	十四寒
施梅樵	次韻	七律	
劉翠岩	席上賦呈施梅樵詞丈並乞指正	七絕	四支
施梅樵	次韻	七絕	
黃坤松	歡迎施梅樵詞長即席呈斯	七絕	七陽
施梅樵	次韻	七絕.	
曉菴	依韻呈梅樵詞丈	七絕	七陽
施梅樵	次韻	七絕	
古少泉	席上敬呈施梅樵夫子	七絕	十二侵
施梅樵	次韻	七絕	
黃坤松	再呈施梅樵詞長	七絕	八庚
施梅樵	次韻	七絕	
朱傳明	喜施梅樵夫子枉顧二首	七絕	十灰／八庚
施梅樵	次韻	七絕	

出處：《詩報》307 號頁 3，昭和 18 年 12 月 08 日

2、梅唱眾和

梅樵首唱而他人應和的形式十分常見。茲僅就應和人數名列前茅之諸例，製成「和梅樵詩作要例簡表」，俾便觀覽。

表 6-4 和梅樵詩作韻要例簡表

序	施梅樵作品	日　期	出　處	次韻人次
1	秋日書感	昭和 17 年 10 月 26 日	詩報 282 號頁 3	44
2	七十述懷四首乞諸吟侶賜和	昭和 15 年 1 月 1 日	詩報 215 號頁 11	20
3	南游歸來多至日訪大冶吟社諸彥／疊韻／再疊韻／三疊韻	大正 11 年 11 月	大冶吟社詩卷第 3 號	16

4	歸里喜晤子敏啓南漢津并寄大冶吟社諸賢	大正 11 年 11 月	大冶吟社詩卷第 2 號	13
5	過汾津吟社賦示諸賢	昭和 15 年 10 月 18 日	詩報 234 號頁 4	8
6	過嘉義	大正 4 年 3 月 29 日	臺灣日日新報 5309 號 4 版	8 〔註 139〕
7	賦菱香吟社諸彥	昭和 10 年 7 月 15 日	詩報 109 號頁 13	7
8	赴田申庄於車中偶得一首	昭和 4 年 10 月 29 日	臺灣日日新報 10608 號 8 版	7 〔註 140〕
9	過佳里蒙乃占先生留飲諸席席上賦呈諸吟侶	昭和 11 年 9 月 17 日	詩報 137 號頁 2	6
10	歲暮書感	昭和 11 年 2 月 1 日	臺灣日日新報 12875 號 8 版	6 〔註 141〕
11	田中樓席上戲作	大正 15 年 1 月 7 日	臺南新報 8587 期頁 6	5
12	立春日南下車訪菱香吟社諸賢留宿	昭和 11 年 3 月 1 日	詩報 124 號頁 13	5
13	過屏東賦贈吟壇諸彥	昭和 4 年 3 月 25 日	臺灣日日新報 10391 號 8 版	5 〔註 142〕
14	重遊南投賦贈諸君子	昭和 15 年 5 月 8 日	詩報 223 號頁 5	4
15	對酒二首	昭和 9 年 1 月 15 日	詩報 74 號頁 4	4 〔註 143〕

註：次韻 4 人次者數量尚多，僅作例舉。次韻 3 人次以下者尤眾，恕不贅列。

參考上表，可見唱和背景主要有二種：

（1）宴訪雅聚唱和。

宴訪唱和實爲文人雅集，最常見的是詩社宴訪的場合，僅由上表即可見有：鹿港大冶吟社、朴子汾津吟社、溪湖菱香吟社五次等。

另，亦常見詩友之間訪聚，實際上參與之諸詩友，多爲當地詩社社員，

〔註139〕應和者八人詩作分見《臺灣日日新報》5309 號 4 版、5310 號 6 版。
〔註140〕應和者七人詩作分見《臺灣日日新報》10608、10609 號 8 版。
〔註141〕應和者六人詩作分見《臺灣日日新報》12875、12902、12904 號 8 版。
〔註142〕應和者五人詩作分見《臺灣日日新報》10390 號 4 版、10391 號 8 版。
〔註143〕應和者四人詩作分見《詩報》74 號頁 4、76 號頁 3。

如：〈過佳里蒙乃占先生留飲諸席席上賦呈諸吟侶〉〔註144〕應和諸君多爲將軍吟社社員、〈田中樓席上戲作〉應和諸君多爲田中蘭社社員〔註145〕、〈重遊南投賦贈諸君子〉諸君乃南投南陔吟社社員〔註146〕，餘亦多是。

另有〈南遊歸來多至日訪大冶吟社諸彥〉，固然是訪於大冶吟社，與四位詩友唱和，卻往來反復達三疊韻，實具特色。

以上二類合計，可知：與詩社有關的宴訪佔絕大多數。這直接呈現了施梅樵經常往來於各地詩社吟會的生活經驗，因此有頻繁龐大的寫作；更可見得詩社詩友間的活動，在梅樵文學生活上的比重甚大。而施梅樵的個人經驗，其實也可視爲：日治時期詩人漢詩唱和蔚然成風的具體典型。

（2）應時書懷唱和

梅樵以個人應時書懷詩作而得詩友應和者，以上表爲例，有〈歲暮書感〉、〈對酒〉等作。但由於是自由應和，不受特定聚會的人數之限，因此和者往往多元。如：〈對酒〉二首和者雖僅有楊笑儂、周文俊、蕉元亨、王養源四人，但除了蕉元亨未詳居處〔註147〕外，其餘三人分居於彰化、嘉義布袋、臺東三地，彼此距離頗大。然最顯明的，還是首推應和人數高達數十人的〈秋日書感〉。

施梅樵〈秋日書感〉於昭和17年（1943）10月26日公開發表於《詩報》282期，緊接著自283期起至305期，足足長達一年的時間，除了隔年9月未見之外，其餘每月兩期的《詩報》都有詩友的和詩發表，間於《興南新聞》、《南方》上亦可見和詩，足見迴響之盛，實蔚爲大觀。（詳表4-5「施梅樵〈秋日書懷〉唱和記錄表」）

透過列表所示，試從二方面觀察其和詩者的群組特性：

〔註144〕據《詩報》137號頁2：和韻者率以〈次韻〉爲題應和之，有將軍鄉王炳南、吳萱草、吳松茂、施獻忠、吳國卿、吳丙丁六人，同爲將軍吟社社員。

〔註145〕據《臺南新報》8587期頁6：和韻者率以〈敬和梅樵叔瑤韻〉爲題應和之，有吳半樵、謝若龍、開運、陳坤輝、黃其文五人，除王開運爲臺南人士，餘皆爲田中蘭社社員。參林翠鳳〈田中蘭社百年史——一個區域文學史的史料建構實例〉，《東海中文學報》16期。

〔註146〕《詩報》223號頁5：和韻者率以〈次施梅樵先生原韻〉爲題應和之，有楊石定、吳醉蓮、蘇鴻飛、張雪崖四人，皆爲南投南陔吟社社員。

〔註147〕蕉元亨，「蕉」字疑爲「蔡」之訛誤。若蔡元亨者，嘉義布袋人，曾居屏東東港。

（1）區域分佈

就其參與唱和的 44 位詩友所在區域分佈來看，南到屏東，北抵基隆，都有詩友唱和。其中以彰化地區 15 人的數量居冠，佔全體的三分之一，遠超過其他地區數倍之多。〔註148〕可見這一次和詩有比較明顯的地域性傾向。

彰化地區又明顯的分為三大族群：其一為鹿港同鄉，有陳子敏、周定山、施讓甫、施一鳴、郭越菴五位；其二為興賢吟社同社，有詹作舟、徐見賢、黃溥造、高泰山、張和鳴五人；其三為梅樵居處在地的彰化詩友，有雲鵬、陳渭雄、王清實、吳士茂四人。另有施學文，為溪湖菱香吟社社員，平日亦素有往來。

除彰化之外，和詩之詩友尚有來自臺南、臺中、嘉義、屏東、臺北、草屯、高雄等地。與梅樵生平的詩教活動重心大多是相重疊的〔註149〕。

藉由詩歌唱和，得以互通各地詩人聲氣，更以報刊媒體的方式，可以跨越空間，與廣大詩壇分享。由此可見一斑。

（2）詩友關係

諸詩友中有許多是平日即多有往來者〔註150〕，例如：臺南的王開運、王則修；臺中的王竹修、林灌園、廖柏峰；嘉義的朱芾亭、林臥雲、津山榮一、賴惠川；東港的陳家駒、薛玉田、陳寄生等。顯然施梅樵〈秋日書感〉之作在其既有的社交圈中引起了迴響。

其中有相交多年的老友，如：周定山、朱芾亭、黃溥造等，而摯友黃拱五，更有前後兩次的和詩，二人交情，更勝他人一籌。

再有不少與梅樵是亦師亦友的關係，如：陳子敏、施一鳴、施讓甫、廖柏峰、詹作舟、津山榮一等。

而區域內的詩壇領袖名家也紛紛回應，如：臺北魏潤庵、霧峰林灌園、高雄鮑樑臣、東港陳家駒等。

再可看到部分詩友為詩壇中較陌生者，如：蔡漢英、韻秋、林武烈諸位。也見有女性詩人參與，不讓男子專美，陳玉燕即是。參與和詩的層面拓廣，賡和詩也比較可以脫離純粹應酬的意味，而提升其意志溝通交流的層次。

〔註148〕據「施梅樵〈秋日書懷〉唱和記錄表」統計各縣和詩人數：臺南 6 人，臺中 5 人，嘉義 5 人，屏東 5 人，臺北 4 人，南投 2 人，高雄 1 人，不詳 1 人。
〔註149〕參考第二章第四節「生涯遷徙與從業」。
〔註150〕參考拙編附錄：「施梅樵往來詩友題名錄」。

四、〈秋日書感〉唱和析論

　　唱和對象越多，意味著引起的迴響越大。以此檢視梅樵所作詩歌中，引起賡和人數最多者，首推〈秋日書感〉，次韻者至少高達 45 人〔註151〕（詳表6-6：「施梅樵〈秋日書懷〉唱和記錄表」），即使放眼日治五十年，也難有能望其項背者。足以爲梅樵賡和詩代表。試析論之。

（一）施梅樵〈秋日書感〉析論

　　引起眾家和詩的施梅樵〈秋日書感〉，是一組由四首七言律詩組合而成的連章詩。分爲四作，合爲一體。

　　　秋日書感　施梅樵

　　　　天高風急尚炎埃。斷雁飢鴻去復來。
　　　　兩岸丹楓疑血染。半園紫菊帶愁開。
　　　　忽驚驟雨侵書架。未見斜陽映嘯臺。
　　　　歲序一年將告盡。依然故我肯心灰。（一）

　　　　小立江干看打魚。漁人多半近江居。
　　　　蘆花叢裏秋無限。竹葉杯中趣有餘。
　　　　雨笠煙蓑堪傲世。蓴羹鱸膾最愁余。
　　　　西風催盡閒刀尺。只寄征衣莫寄書。（二）

　　　　新添白髮鏡中看。未解勤勞只飽餐。
　　　　人事盛衰供一笑。世情變換任千般。
　　　　生無媚骨何妨傲。老負奇才豈久寒。
　　　　依附不如能獨立。侯門彈鋏總爲難。（三）

　　　　金風薄暮拂簾衣。靠定闌干送落暉。
　　　　滿地塵沙蟲不語。四山煙霧鳥爭飛。
　　　　庭梧老比行僧瘦。野草生供牧馬肥。
　　　　板蕩乾坤何日定。征夫念切凱旋歸。（四）

　　第一首以「風急天高」開篇直接導入秋天的季候氛圍中，而後陸續推出「雁鴻、楓、菊」等意象，都扣緊了題目「秋日」的背景。然而梅樵意欲表現的不是秋日的清美，而是淒愁。試看詩中的「斷雁、飢鴻、血染、驟雨」，

_____

〔註151〕據統記表中所見，以《詩報》登載者爲最多。惟陳其寅之作的出現，顯示：尚有未公開刊登的和詩，仍於詩人間私下往來。

非殘即慘，而「帶愁、忽驚、未見、告盡」，更點明了內心的促窘與不安。到末句的「依然故我肯心灰」，揭示蘊藏在詩人內心深處的桀傲不馴，那不輕易絕望的堅持，成為整首詩中最重要的光明希望。

〈秋日書感〉第一首明顯地模仿了杜甫〈登高〉〔註152〕一詩。同用十灰韻，在五個韻字中，與杜甫同樣都使用了「哀、來、臺」三韻字。而首句「天高風急」正是杜詩「風急天高」的倒用。使之由吟誦之初，就浮現著濃厚的杜詩韻味。此詩發表當時，梅樵已高齡72歲。在此詩中和杜甫一樣，都採用大量具體的景觀事物，鋪排出富於氣氛的畫面，為老病孤愁發出傷感的慨嘆。

第二首以寧謐閒靜的漁樵生活，表現詩人內在對平靜無爭、安居故里的嚮往。「雨笠煙蓑堪傲世」表明了他安貧樂道的處世態度。而「蓴羹鱸膾最愁余」一句，嵌入《晉書·張翰傳》「思吳中菰菜蓴羹鱸魚膾」的典故，表達思鄉之情，其實是推己及人，為所有天涯遊子說出了共同的心聲。詩歌中的遊子在遠方的戰場上，時序越來越冷，只能寄出禦寒的征衣，卻不敢隨同寄上書信，只怕紙短情長，言未盡而淚已乾。

第三首詩人與自己對話。反觀自己白髮又添，卻終日勞勞只求一飽。世事變化無常，詩人思考著如何安身立命。這世界儘管現實，但詩人天生一副傲骨，寧可清高獨立，也不願附庸諂媚。詩中「侯門彈鋏總為難」，引用馮諼彈鋏〔註153〕之嘆，比喻自己懷才難遇的不平與無奈。

第四首再以窗邊望外的角度，瀏覽天地遠近情景，「滿地塵沙蟲不語，四山煙霧鳥爭飛」，時局依然如此的不安，烘托出對現世的悲觀。詩人的心思仍然惦念著「板蕩乾坤何日定」，只是這是沒有人能回答的問題，最終以「歸」字為眼作結，道出內心最大的期盼。全詩在傷感、無奈與期盼中收筆，也在餘韻迴盪中，引人不禁隨同慨息。

這組連章詩由秋景而及人事，而反觀諸己，而終歸於景。以「天」起首，以「地」結尾；以景起，以景結，前後回還，周折四曲，而連結為一個整體。

〈秋日書感〉四首反映的是詩人對世局的憂憤。秋日的淒冷、蕭殺、蕭颯，與詩人內心對世局的感受是類近的。而他也已表明：將仍然以其心靈深

〔註152〕杜甫〈登高〉：「風急天高猿嘯哀，渚清沙白鳥飛回。無邊落木蕭蕭下，不盡長江滾滾來。萬里悲秋常作客，百年多病獨登臺。艱難苦恨繁霜鬢，潦倒新停濁酒杯。」
〔註153〕見《史記·孟嘗君列傳》。

處一貫不妥協的傲然氣節，繼續面對苦寒的未來。

　　觀察〈秋日書感〉寫作的時代背景，此一組詩正是有所爲而爲的寫作。其詩中所謂的「征衣」、「征夫」，所指正是出征到島外的「臺灣兵」。昭和12年（1937）秋天起，日本統治當局開始在臺灣實施軍事動員，支援日本帝國在亞洲的戰事。但隨著日方戰勢的由盛而衰，昭和17年（1942）起更進一步實施臺灣人「特別志願兵」制度，徵集臺灣青年以正規軍身份到前線作戰。〔註154〕大量的臺灣人子弟，或志願，或勸進，紛紛離鄉投入戰場。當天候轉涼，該是一家歲末團圓之時，對未知生死的、戰場上的子弟，如何能不牽掛？他的寫出〈秋日書感〉四首，有著憤世憂時的不吐不快。

　　施梅樵對日本政府素來不恥，而今征戰不休已令人不安生厭，如何又讓臺灣人一個一個地送上戰場？詩云「兩岸丹楓疑血染」，不只是眼中之景，更是心中對血腥戰場的想像投射。固然當時的臺灣社會的確興起一股自願的從軍熱潮，但施梅樵顯然非常的不以爲然。他所謂「生無媚骨何妨傲」，是再一次表達對當局者的不苟同，也是對媚日者展現他傲然的自信。

（二）次韻和詩析論

　　唱和者，先有唱者，再有和者。唱者首先發題，用韻自由，儘可揮灑心意，詩多可佳。和者回應於其後，必觀原詩意旨之所趨向以呼應之，此爲一限制也。又須隨其韻律，此再限制之；甚或用其字，則三限制之。重重拘束中要造出新語巧思，實有一定難度。

　　〈秋日書感〉以大時代爲背景，作者實非感於秋日，而是藉秋意起興，抒發對臺人服役參戰的看法。與梅樵同時代的詩人們，經歷著同樣的世局，自然也是點滴在心頭。梅樵詩歌中未以字面道明，但其對戰爭的不安不滿是不加掩飾的，他不苟同的態度也是清楚的。但眾詩友們的看法如何？如何回應？又或是爲何回應？反映的不只是賡和技巧的詩學造詣，也是各人對時事的一種表態。

　　和詩以和同首唱者爲常見。然和詩可以有同意，也其實可有異議。白居易〈和答詩十首‧序〉（《全唐詩》卷425）曾認爲：「同者謂之和，異者謂之答。」其謂：立意相同相近之詩稱爲「和詩」，其有相異相悖者稱爲「答詩」。要之，和詩是交換意見，各書己見，以溝通聲氣。和詩者既承原唱者之詩以

〔註154〕參周婉窈《臺灣歷史圖說（史前至一九四五年）》頁164。臺北：聯經出版社，2001年10月。

作,則原詩所用之素材,因此多成爲和詩中的元素,也同時是條件。

觀施梅樵〈秋日書感〉整體,顯示的最基本要件包括有:1、「秋」的時序背景;2、「灰、書、難、歸」四韻的韻腳鎖定;3、戰局與征夫的關切。以此三大要件觀察 44 位和詩者之作與梅樵原作之間的唱和情形。

1、「秋」的時序背景。梅樵原詩中所運用的秋景意象有:天高、風急、雁、鴻、丹楓、蘆花、菊、西風(金風)、庭梧。這些意象在眾家和詩中同時被廣泛地運用著,而詩友們各出巧思,不同的意象紛紛推出,有霜、葉落、月、蟹肥、蟬咽、寒蛩、稻穫、寒鴉、玉露銀蟾、落木、鱸肥、搖落、螢、天未雪、氣爽、白葦、秋光、黃葉、商颸、閒庭葉積等等,明顯地繼承了傳統文學中諸般秋景的意象。

最特別的是陳子敏的和詩〈次梅翁秋日書感原韻〉,全詩除了一個「秋」字帶過,別無其他秋景的鋪設,使得其作幾無秋味,是偏重於說理的和詩。

2、「灰、書、難、歸」四字的韻腳鎖定,此二項條件直接影響了和詩者的意象經營與典故選用的侷限,而這正是次韻詩的一大挑戰性。秋的典型意象與相關典故,自不在話下。

而四首詩分別押四個韻。例如第一首末句押「灰」字韻,詩人們所用幾乎不外是灰心、灰燼二意。其有典故者,絕大多數採用的以比喻秦火之劫的秦灰和劫難災後的劫灰,唯一的例外是魏潤庵,謂「薄暮大屯山上望。嶺雲欲落豆稭灰」,他運用了的比喻白色的「豆稭灰」來形容嶺上之雲。可謂獨出心裁,略勝一籌。再如第二首首句韻腳「魚」字爲例,所引導出來的典故思索方向,眾家即集中在馮諼彈鋏、莊子游魚之樂、張翰蓴羹鱸膾、魚雁書信往來等四種比喻。〔註155〕其他韻字設限造成的影響亦然。此二項在文學才學上的考驗較大。

3、戰局與征夫的關切。則是攸關了態度見解,也是梅樵詩中所拋出的主要議題。大凡作詩,需先立意。意在言先,方能得句。換言之,面對戰爭世局的態度,是詩友決定回應方向的關鍵。從報刊上出現的次序來看,最先對梅樵呼應的是陳子敏與周定山兩位同鄉。二位之詩作意旨一勸一和,見解已別。其隨後紛出的諸家和詩,恰也多是以此二種態度互有所見。但引人注目的,是與梅樵反戰意見相左,提出主戰態度的和詩,如王則修等人。茲分就

〔註155〕「魚」字例見余美玲〈日治時期臺灣秋懷組詩探析〉頁 237,《東海大學文學院學報》45,頁 223～248。2004 年 7 月。

此三類觀之。（陳子敏、周定山、王則修三家詩原作詳後，見表 4-6：「次韻施梅樵〈秋日書感〉代表作三首」）

（1）隨世淡漠：陳子敏一系

陳子敏與梅樵為多年至交，對〈秋日書感〉所描述的許多心情，也能感同身受，其云：「英雄失路曾屠狗，傀儡趨時更上臺。莫道斯文長不振，讀書吾輩未心灰」、「砧杵江干今又動，蕭條莫寄遠人書」、「亂離時事愁多故，貧富生涯淡一般」都與梅樵憂時、淡泊、自勵的詩意接近。然而子敏在詩中以殷殷之語勸慰道：「萬事總宜隨分過，此生未必食言肥。且期同享昇平福，日望天南奏捷歸」，子敏的應世之道傾向於隨緣淡然，守己達觀，在其最後一首詩中有了明顯的表示。這也與梅樵的憂憤嫉俗做出了區別。

和陳子敏抱持類似看法者，例如：林灌園云：「世間事物原如此，何用咨嗟際會難」、謝尊五：「笑盡塵凡牛馬走，不如閒步看山歸」、杏菴：「無心問世聊徇俗，恣意逃禪孰起余」、呂漢生：「應有陶情詩酒在，相逢車笠羨安歸」、楊士華：「乾坤俯仰空長嘆，四顧茫茫何所歸」等，在在都透露著：蚍蜉難撼大木的無奈中，只好隨世旁觀，徒嘆何益的淡漠態度。

其中陳家駒之言「莫怪江關悲庾信，此情我亦感為難」，則吐露了與日人交好的臺人仕紳內心的矛盾與公開發言上的為難。魏潤庵的「傳語登場諸俊乂，名揚雖好莫忘歸」，也有類似的意味。

而雲鵬慨嘆道：「百年榮達終黃土，莫怪名心冷似灰」、連德賢亦謂：「託足人間如逆旅，百年先後亦同歸」，則以人生如寄，百年一夢的了然出世哲思，冷眼看待蠻觸之爭。

以上諸家所述雖各有小異，大抵是淡漠隨世的消極態度。對高聲直書「生無媚骨何妨傲，老負奇才豈久寒」的傲然梅樵而言，此類諸家的和詩，無異是帶著殷殷勸慰的心意而來。

（2）憤慨悲憐：周定山一系

周定山之作，對時事的不滿則是鮮明的，與梅樵原來詩意多有相近，如：其云：「乖張事任時千變，戒懼心都日萬般。」似梅樵「人事盛衰供一笑。世情變換任千般」；周云：「隱樹群蟬聲久禁，避風孤雁影低飛。昂藏身豈耽詩瘦，飽滿顏惟食肉肥」，與梅樵之「滿地塵沙蟲不語，四山煙霧鳥爭飛。庭梧老比行僧瘦，野草生供牧馬肥」，幾無二致。而梅樵詩末以問語作結，周定山

則激切地指控：「砧杵萬家催正急，未聞催得一人歸」。借著征夫未曾歸的沈痛，既是控訴戰爭使多少家庭承受失去親人的悲痛，也暗諷著日本軍國主義者的戰勢日見敗落吃緊。周定山於字裡行間都在譏刺著混亂時代的惡相，甚至以「壓江重霧看將盡，待撥昆明舊劫灰〔註156〕」，期望著日人的終將敗落。足見周定山對梅樵詩中的意旨不僅是認同，而且是更爲激動憤慨。

類似周定山以征人未歸隱喻反戰態度者，這一類的詩作頗多，例如：王竹修：「日暮砧聲敲太急，遼陽人去未回書」、陳渭雄：「莫笑窮途阮公哭，茫茫濁世欲安歸」、林臥雲：「節近重陽倍惆悵，也應羞挿菊花歸」、黃拱五：「最是可憐閨少婦，遠征夫婿未曾歸」、賴惠川：「隣家有客關山別，爲問秋來歸未歸」、詹作舟：「平居繫念諸親舊，知否征人歸未歸」、徐見賢：「無端遠憶征人事，關塞經年尙未歸」、游見龍：「砧杵數聲征婦淚，有書難促遠人歸」、王清實：「檢點前塵成底事，茫茫天地遠無歸」等，率以悲憫之情著眼於征人未歸／不歸，來凸顯對戰爭的憂懼。在望親不歸，待書無回的失望無奈中，間接地表達了反戰的態度，也自然是對日本當局徵調臺民爲軍的種種作法提出了不信任。呼應了梅樵「西風催盡閒刀尺，只寄征衣莫寄書」、「板蕩乾坤何日定，征夫念切凱旋歸」等在意象上的引導與對戰爭的憂憤心情。

再有雖未特別著眼征夫悲憐，卻以自身的堅定節操，表示不願附和時俗的想法，如：陳文石：「履霜願自存清節，克服時艱未覺難」、蔡葦航「病腰未許趨時折，倦眼何當淚血餘」，也以一身清節與梅樵「生無媚骨何妨傲」遙相砥礪，相互呼應，言下隱含著反日反戰之意。

（3）主戰報國：王則修一系

王則修對梅樵在漢詩延續上的堅定使命感，表示了一致的贊同，謂「已無筆硯安吟榻，剩有琴書冷講臺。我亦與君同一慨，心如鐵石未全灰」，對世局的紛擾也感到無奈悲觀，謂「已觀世事今如此，來日應知又大難」。這些贊同的詩語其實是具有禮貌性、社交性的意義。

不同的是，他勸梅樵隨遇而樂，謂「遭時漫感秋能殺，隨遇何妨樂且般」；不同的是，他對日本軍國的未來是樂觀的，寄望著「何日摧平英米虜，凱歌

〔註156〕典出南朝梁釋慧皎《高僧傳・譯經上・竺法蘭》：「昔漢武穿昆明池底，得黑灰，問東方朔。朔云：『不知，可問西域胡人。』後法蘭既至，眾人追以問之，蘭云：『世界終盡，劫火洞燒，此灰是也。』」世後遂以之稱戰亂或大火毀壞後的殘跡或灰燼。

齊奏向東歸」。對於許多人都呼應「悲憐征夫」的話題，王則修另從國家光榮的角度上切入，寄予從戎報國的榮譽感，期盼征夫早日獲勝凱旋。對原詩而言，可謂別出一徑，出其意而答之。

與王則修同樣對戰局表示激昂樂觀者，也不乏其人，如：蔡漢英：「北伐身同戎馬健，南圖志逐海雲飛」、吳梅洲：「秋高馬壯軍聲振，努力無辭解決難」等，都滿懷著信心鼓舞。

更有奮思投筆從戎者，躍躍欲試，如廖柏峰：「何當躍馬橫刀去，痛飲黃雞盡醉歸」、施學文：「決心報國應同眾，有志從戎莫笑余」、韻秋：「倥傯戎馬應投筆，叱吒烟雲事豈難」、津山榮一：「男兒慷慨思投筆，豈怕崎嶇蜀道難」。不僅沒有對戰爭的恐懼，更是壯志慷慨。

而無法從軍者，羨慕之情溢於言表者亦有之，如：吳士茂：「最羨從軍諸志士，今秋衣錦盡榮歸」、陳氏玉燕：「共羨島民都熱血，執戈爭願寫朱書」。從軍凱旋者的英雄氣概、慷慨寫下「血書志願」的偉壯，讓即使是女子，也都感染了奮進報國的熱情，發為詩歌，大表稱羨。

這些對戰況樂觀支持期待的詩作，從發表的時間來看，以王則修最早，大約在梅樵詩歌刊登一個半月之後即已發表。但此後這類言論未再出現，直到隔年蔡漢英方有類似意見。而昭和 18 年（1943）5 月份之後，卻連續有約 10 位詩人發表近似的主戰或不反戰之詩，一時之間蜂出。這個現象是耐人尋味的。

整體而言，44 位和梅樵詩者言，可謂和詩在先，答詩繼後。這或者是和詩者多為應和原詩之意，故與梅樵意近者多而且早，其有異議者，則較為晚出。但，衡諸社會背景，始於昭和 11 年（1936）的皇民化運動，實施至此也已經有 7 年之久，持續在日本邁向大東亞共榮的美夢歷程中。臺灣自昭和 17 年（1942）實施陸軍特別志願兵制度之後，海軍特別志願軍也在昭和 18 年（1943）實施，這兩年間可謂籠罩在一片志願軍的熱潮之中。〔註157〕儘管許多詩人素來以漢文化的堅持反抗日本治臺，然而在此時勢當下，也受到了社會氣氛薰染，呼應了當政者的召喚。

〔註157〕在「陸軍特別志願兵制度」開始實施後，臺灣人對志願兵制度的反應可謂熱烈。1942 年共有 425,921 個臺灣人應徵 1,000 個左右的志願兵位置，佔當時臺灣成年男性總數的 14%。第二回的志願人數更多。見周婉窈〈從比較的觀點看臺灣與韓國的皇民化運動（1937～1945 年）〉，收在張炎憲、李筱峰、戴寶村編《臺灣史論文精選·下》頁 186。臺北：玉山社，1996 年。

　　再者，長期以來由於戰爭所帶來的困頓與恐懼，使人們衷心地期盼戰爭能早日結束。當臺灣人沒有權力選擇脫離日本時，則支持政府早日擊潰敵人，無非是夢想實現的捷徑之一。漢詩人於民族文化意識上的反日，在面對共同的生存威脅時，意外地促成了另一種形式的支持。

　　但日本戰事在當時實際上是吃緊的，因此臺灣地區的管控實際上也更嚴厲，包括物資、言論、出版等，都已是戰時規格。眾詩人的和詩中，頻頻可見生活上的高壓，如：林灌園：「餘生有限如蟬咽」、朱芾亭：「人間肅殺氣重來」、賴惠川：「每憐緘口求無過，都為同情望一般」，呼應著梅樵「未解勤勞只飽餐」的困頓。即使是主戰者也一樣，吳士茂即有言：「萬物騰高貴及魚……待客曾留配給餘」。而施讓甫的和詩直到戰後出版《鹿江集》時才敢加上註語，謂：「戰爭中限制食米」，則當時氣氛的風聲鶴唳，可見一斑。雖然對志願軍可以表達看法，但在高壓時代中，還是有一定的敏感性。因此，梅樵和詩中之主戰者，是否會有懍於時局而言不由衷的情況？雖目前無法確認，但亦不無可能。

　　面對一時蜂出的主戰和詩，梅樵本人並未在當時有所回應。但梅樵摯友黃拱五卻在此時有別於眾人地二度和詩，作〈秋日書懷疊梅翁韻〉。前後兩次和詩最大的不同，是由憂世憐民轉而強調了勵己持節。且看其結句：前謂「最是可憐閨少婦，遠征夫婿未曾歸」，疊韻則作「失遇英雄懶彈鋏，無魚人亦醉忘歸」。後語以君子貧賤不移的志節自勉勉人，直接呼應著梅樵一年多前原詩中所云：「生無媚骨何妨傲……侯門彈鋏總為難」，黃拱五的疊韻之作不僅是在眾多主戰聲中給予好友再一次的支持，也可視為代表梅樵的一次回應。

　　施梅樵〈秋日書感〉的引起廣大迴響，在於有感於時局，而能勇於道出真心情，提出社會共同關心的主題。在詩友們的熱烈和詩中，成就了傳統詩壇對「志願從軍」議題的一次意見發表會。

表6-5　施梅樵〈秋日書感〉及次韻代表三家詩

秋日書感　施梅樵
天高風急尚炎埃。斷雁飢鴻去復來。兩岸丹楓疑血染。 半園紫菊帶愁開。忽驚驟雨侵書架。未見斜陽映嘯臺。 歲序一年將告盡。依然故我肯心灰。（一）

小立江干看打魚。漁人多半近江居。蘆花叢裏秋無限。
竹葉杯中趣有餘。雨笠煙蓑堪傲世。蓴羹鱸膾最愁余。
西風催盡閨刀尺。只寄征衣莫寄書。（二）

新添白髮鏡中看。未解勤勞只飽餐。人事盛衰供一笑。
世情變換任千般。生無媚骨何妨傲。老負奇才豈久寒。
依附不如能獨立。侯門彈鋏總爲難。（三）

金風薄暮拂簾衣。靠定闌干送落暉。滿地塵沙蟲不語。
四山煙霧鳥爭飛。庭梧老比行僧瘦。野草生供牧馬肥。
板蕩乾坤何日定。征夫念切凱旋歸。（四）

次梅翁秋日書感原韻　陳子敏

無端歌哭尚塵埃。禍水驚看滾滾來。身手幾人欣健在。風雲何日
撥愁開。英雄失路曾屠狗。傀儡趨時更上臺。莫道斯文長不振。
讀書吾輩未心灰。（一）

日扶藤杖看遊魚。夜把清樽慰索居。但覺吟秋詩有趣。可堪留客
酒無餘。文章大業難酬世。風雨名山獨愧余。砧杵江干今又動。
蕭條莫寄遠人書。（二）

軒冕泥塗冷眼看。晚菘早韭自加餐。亂離時事愁多故。貧富生涯
淡一般。健翮摩天孤鶴倦。迅雷驅雨五更寒。但期無恙漁樵老。
不管人間有萬難。（三）

太息無成一布衣。幾回搔首立斜暉。愁聞遺老傷時語。駭見饑鷹
掠地飛。萬事總宜隨分過。此生未必食言肥。且期同享昇平福。
日望天南奏捷歸。（四）

次梅翁秋日書感原韻　周定山

季節風狂捲俗埃。無端撼屋迫人來。井梧頭苦經霜禿。籬菊花羞
倚露開。半缶難謀元亮酒。一竿聊對子陵臺。壓江重霧看將盡。
待撥昆明舊劫灰。（一）

爲淵無獺不敺魚。遮莫叢鸚覬爵居。天苟有青胡乃爾。土猶可赤
況其餘。柳凋色欲侵饑眾。裘敝情難獨暖余。霜意漸催詩鬢改。
百年心付一床書。（二）

世相何須冷眼看。蘆花堪絮菊堪餐。乘張事任時千變。戒懼心都日萬般。去燕巢傾緣諂熱。歸鴻陣亂慣啼寒。風高木落山容瘦。一笑天眞左右難。(三)

秋深容易賦無衣。暖背寒鴉戀夕暉。隱樹群蟬聲久禁。避風孤雁影低飛。昂藏身豈耽詩瘦。飽滿顏惟食肉肥。砧杵萬家催正急。未聞催得一人歸。(四)

敬次梅樵先生秋日書感瑤韻　王則修

戰雲漠漠起塵埃。秋盡江南燕復來。秔稻滿山知正穫。幽蘭空谷爲誰開。已無筆硯安吟榻。剩有琴書冷講臺。我亦與君同一慨。心如鐵石未全灰。(一)

閒來濠上樂觀魚。不向君平問卜居。人事盛衰原有定。物情消長總無餘。丹楓血染堪憐彼。白髮愁添最惱余。幸得鷺江雙鯉剖。迢迢遙寄數行書。(二)

冷暖人情一例看。誰將努力勸加餐。遭時漫感秋能殺。隨遇何妨樂且般。天地悠悠多造劫。煙塵荇荇半生寒。已觀世事今如此。來日應知又大難。(三)

西風蕭瑟冷侵衣。愛惜陽光迓曙暉。共識禁聲蟬翼薄。誰憐避繳雁行飛。空山木落人同瘦。塞草秋高馬正肥。何日摧平英米虜。凱歌齊奏向東歸。(四)

表6-6　施梅樵〈秋日書懷〉唱和記錄表〔1〕

序	唱/和者	詩　　題	出　　處	日　　期	居地
◎	施梅樵	秋日書感	詩報282號頁3	昭和17年10月26日	彰化
1	陳其寅	秋日書懷次施梅樵先生韻〔2〕	氏著懷德樓詩草續編頁64	民國96年9月30日	基隆
2	陳子敏	次梅翁秋日書感原韻	詩報283號頁3	昭和17年11月10日	鹿港
3	周定山	次梅翁秋日書感原韻	詩報283號頁3	昭和17年11月10日	鹿港

4	王杏菴	梅樵翁以秋日書懷詩索和即次瑤韻四首	興南新聞 4244 期	昭和 17 年 11 月 12 日	臺南
		奉和梅樵先生秋日書感瑤韻	詩報 285 號頁 3	昭和 17 年 12 月 07 日	
5	謝尊五	次梅樵老詞友秋日書感雅韻	南方 164 期頁 37	昭和 17 年 11 月 15 日	臺北
		次梅樵老詞兄秋日書感雅韻	詩報 293 號頁 6	昭和 18 年 04 月 06 日	
6	王竹修	奉和梅樵詞長秋日書感瑤韻並以自遣	詩報 284 號頁 2	昭和 17 年 11 月 25 日	臺中
7	林灌園	次梅樵詞兄秋日書感元韻	詩報 284 號頁 2	昭和 17 年 11 月 25 日	霧峰
8	楊雲鵬	客次謹次梅樵先生秋日書感瑤韻	詩報 284 號頁 2	昭和 17 年 11 月 25 日	彰化
9	魏潤庵	謹次梅樵先生秋日書感原玉	詩報 284 號頁 3	昭和 17 年 11 月 25 日	臺北
10	王則修	敬次梅樵先生秋日書感瑤韻	詩報 285 號頁 2	昭和 17 年 12 月 07 日	臺南
11	黃拱五	敬次梅樵先生秋日書感瑤韻	詩報 285 號頁 2	昭和 17 年 12 月 07 日	臺南
12	陳家駒	梅樵詞長秋日書感次韻奉呈	詩報 286 號頁 4	昭和 17 年 12 月 21 日	東港
13	陳文石	謹和施梅樵先生秋日書感瑤韻	詩報 287 號頁 15	昭和 18 年 01 月 01 日	嘉義
14	薛玉田	敬和梅樵先生秋日書感瑤韻	詩報 287 號頁 16	昭和 18 年 01 月 01 日	屏東
15	蔡葦航	敬和梅樵先生秋日書感瑤韻	詩報 287 號頁 16	昭和 18 年 01 月 01 日	屏東
16	施讓甫	敬次叔父梅公秋日書懷原韻	詩報 288 號頁 5	昭和 18 年 01 月 18 日	鹿港
17	朱芾亭	敬和施梅樵先生秋日書感	詩報 289 號頁 4	昭和 18 年 02 月 01 日	嘉義
18	鮑樑臣	謹步梅樵詞長秋日書感瑤韻	詩報 290 號頁 3	昭和 18 年 02 月 21 日	高雄
19	陳渭雄	次韻梅樵先生秋日書感	詩報 291 號頁 3	昭和 18 年 03 月 10 日	彰化

20	＊蔡漢英	奉和梅樵先生秋日書感瑤韻	南方 170 號頁 39	昭和 18 年 03 月 15 日	不詳
21	林臥雲	敬和施梅樵先生秋日書感瑤韻	詩報 292 號頁 2	昭和 18 年 03 月 23 日	嘉義
22	賴惠川	敬和施梅樵先生秋日書感瑤韻	詩報 292 號頁 2	昭和 18 年 03 月 23 日	嘉義
		步秋日書懷韻	悶紅小草頁 30	民國 40 年	
23	珠園	敬次施梅樵先生秋日書懷瑤韻	詩報 293 號頁 6	昭和 18 年 04 月 06 日	麻豆
24	詹作舟	和施梅樵先生秋日書感	詩報 294 號頁 5	昭和 18 年 04 月 23 日	永靖
25	徐見賢	和施梅樵先生秋日書感	詩報 294 號頁 5	昭和 18 年 04 月 23 日	永靖
26	王清實	和施梅樵先生秋日書感	詩報 294 號頁 5	昭和 18 年 04 月 23 日	彰化
27	廖柏峰	謹次施梅樵先生秋日書感原玉	南方 174 期頁 37	昭和 18 年 05 月 01 日	豐原
		謹次梅翁秋日書感原玉	詩報 295 號頁 6	昭和 18 年 05 月 09 日	
28	連德賢	謹次施梅樵先生秋日書感瑤韻	詩報 295 號頁 5	昭和 18 年 05 月 09 日	草屯
29	呂漢生	謹和施梅樵先生秋日書感	詩報 295 號頁 5	昭和 18 年 05 月 09 日	基隆
30	施學文	次梅樵老兄秋日書感瑤韻	詩報 295 號頁 6	昭和 18 年 05 月 09 日	彰化
31	黃溥造	和施梅樵先生秋日書感瑤韻	詩報 296 號頁 4	昭和 18 年 05 月 25 日	員林
32	游見龍	和施梅樵先生秋日書感瑤韻	詩報 296 號頁 4	昭和 18 年 05 月 25 日	草屯
33	高泰山	敬和施梅樵先生秋日書感原玉	詩報 297 號頁 5	昭和 18 年 06 月 07 日	彰化
34	吳士茂	敬和施梅樵先生秋日書感原玉	詩報 297 號頁 5	昭和 18 年 06 月 07 日	彰化
35	張和鳴	依韻和施梅樵先生秋日書感	詩報 298 號頁 5	昭和 18 年 06 月 25 日	員林
36	施一鳴	謹次族叔祖梅公秋日書感原玉	詩報 299 號頁 5	昭和 18 年 07 月 12 日	鹿港

37	津山榮一	敬步梅樵先生秋日書感瑤韻	詩報 299 號頁 5	昭和 18 年 07 月 12 日	嘉義
38	陳寄生	謹次梅樵先生秋日書感瑤韻	詩報 300 號頁 14	昭和 18 年 07 月 27 日	屏東
39	韻秋	敬步梅樵先生秋日書感瑤韻	詩報 300 號頁 15	昭和 18 年 07 月 27 日	屏東
40	✳吳梅洲	和施梅樵先生秋日書感韻	南方 180 號頁 47	昭和 18 年 08 月 15 日	基隆
41	郭越菴	奉和梅樵先生秋日書感瑤韻	詩報 301 號頁 5	昭和 18 年 08 月 18 日	鹿港
42	林武烈	敬和施梅樵先生秋日書感元韻	詩報 304 號頁 7	昭和 18 年 10 月 11 日	大里
43	楊士華	敬和施梅樵先生秋日書感元韻	詩報 304 號頁 7	昭和 18 年 10 月 11 日	臺中
44	✳黃拱五	秋日書懷疊梅翁韻〔3〕	詩報 305 號頁 7	昭和 18 年 11 月 01 日	臺南
45	✳陳玉燕	秋日書懷和梅翁韻	詩報 305 號頁 7	昭和 18 年 11 月 01 日	臺南

【註解】

〔1〕學者余美玲〈日治時期臺灣秋懷組詩探析〉頁 242 附表一「《詩報》所載「秋日書感」詩」已就《詩報》部分彙整,得和詩者 41 人。本表在其基礎上補缺,再增 4 人,於姓名旁以「✳」註明之。再,爲便利查索,增加標示頁次與居地;出處有二者,一併登錄之。另,余表中原列有嘯秋〈秋日書感〉(《詩報》285號頁 5,昭和 17 年 12 月 07 日)一則。查對原詩,知嘯秋此詩並非次韻梅樵之作,故別除於本表之外。

〔2〕陳其寅《懷德樓詩草續編》頁 64,基隆:基隆市立文化中心,1993 年。同見氏著《懷德樓文稿》下冊,頁 9,基隆:基隆市文化基金會,1992 年 9 月。又,據陳青松〈梅樵與陳其寅忘年之交〉,《臺灣文獻·別冊》22 頁 60(2007 年 9月)記載:「(此)組詩句,乃逾 1941 年、40 歲撰寫。」然,施梅樵〈秋日書感〉發表於《詩報》282 號昭和 17 年(1942)10 月 26 日。則陳氏之作尚早梅樵。何則?或者陳氏有所誤記,抑或者梅樵之唱作與陳氏之和詩實際上俱早在昭和16 年(1941)時即已往來。目前均不得而知。

〔3〕黃拱五於《詩報》285 號與 305 號之和詩爲內容相異的二組詩作。

第三節 風月經驗書寫

　　何謂「風月」？清風明月，良辰美景是也。迎風賞月，閒情逸致是也〔註158〕。吟風弄月，新詩篇篇是也〔註159〕。風前月下，則兩情繾綣，男歡女愛是也〔註160〕。笑風賣月，則騷情放浪，春心搖蕩是也〔註161〕。藏風行月，則藝苑獻雅，煙花媚俗是也〔註162〕。

　　風月乃人性內在溫婉的本質，行之於外，可雅可俗，是多感柔情的煥發。自古才子佳人多風流，文人與紅粉佳人之間的交遊與吟詠，在傳統文學史上流傳著無數動人心弦的故事與詩篇。日治時期臺灣隨著專制高壓，壓抑的時代更需要抒發的窗口，文人與風月場的往來風氣頗盛，兼以當時娛樂業的發達，文人的風流韻事在臺灣文壇真實地上演，文學界也因此平添許多纏綿的詩文。《風月》的創刊，凸顯了這個時代的特殊性〔註163〕。《風月‧發刊辭》〔註164〕說得好：

> 惟夫風之為物也，其氣清；月之為物也，其色明。聞聲四座，當可襟披。對影三人，邀宜杯舉。大塊閒噫，則吾必變。中天想墜，于意云何。兩袖皆清，休思障面。一輪自滿，幾見當頭。笑談只可，世事疏慵。……為今日之創刊。文宜共賞，德必有鄰。雅俗同流，是非不管。任老子以婆娑，思美人之態度。樂其樂而利其利，賢其賢而親其親。

風月披襟，忒煞多情。何不疏離於紛擾世局之外，騁才於婆娑美人之間，既樂利，又親賢。文刊一經流佈，妙趣齊邀共賞，豈不是再添一筆風月清談！

　　鹿港詩人施梅樵，以前清秀才遭遇割臺一夕變天，曾與同鄉許劍漁、苑

〔註158〕如《梁書‧徐勉傳》：「常及閒人夜集，客有虞暠求詹事五官，（徐）勉正色答云：『今夕只可談風月，不宜及公事。』」

〔註159〕如宋代歐陽修〈贈王介甫〉：「翰林風月三千首，吏部文章二百年。」

〔註160〕如《醒世恒言‧賣油郎獨佔花魁》：「俞太尉是七十歲的老人家，風月之事，已是沒分。」

〔註161〕如《金瓶梅詞話》第一回回目：「景陽岡武松打虎，潘金蓮嫌夫賣風月。」

〔註162〕如清代孔尚任《桃花扇‧傳歌》：「妾身姓李，表字貞麗，煙花妙部，風月名班。」

〔註163〕邱旭伶《臺灣藝妲風華》頁150、156：「在吳子瑜（按：《風月》出資創刊人）的理想裡，《風月報》將要專門刊載文人吟詠給藝妲們的詩作。……（改版復刊後）《風月報》刊載名妓逸文趣事的文章，是每一期都會有的篇幅，與當初創立的宗旨相差不遠。」臺北：玉山社，2002年4月，初版二刷。

〔註164〕見《風月》1號頁2，昭和10年5月9日。未註明作者。時主筆謝雪漁，副主筆林述三。或為二人之一。

裡蔡啓運〔註165〕共同倡立「鹿苑吟社」，積極推展詩教，視延續漢文香火爲使命，應邀設帳各地，桃李天下，生前卒後在詩壇都受到極高的尊崇。他也曾主編《孔教報》，提倡儒學，「希望提倡傳統的道德倫常，藉以維持社會的穩定。」〔註166〕有著任重而道遠、捨我其誰的儒者氣概。凡此而贏得「垂老尙餘豪氣在，嘯吟長抱漢精神」〔註167〕的敬佩。

　　而詩人之所以爲詩人，往往有一份天生敏感多情的心思，詩人在奔赴道德志業的理想之外，也同時並存著血肉之軀的風月情懷。翻開施梅樵現存的詩集《捲濤閣詩草》與《鹿江集》，可以很容易地看到詩歌中多有涉及風月抒情者。或旅夜書懷，或四時遣愁，或臨風嘯歌，或把酒喟息。其中不乏憐香惜玉、偎紅倚翠之作。作者大方存錄傳世，展現不同的詩歌面貌，也呈現一個更爲立體的眞實人性。

　　本文即嘗試就其中具有兩性互動背景，以女性爲內容主題的詩歌，作爲討論的取樣對象，藉以一窺詩人風月情懷的一個面向。以《捲濤閣詩草》、《鹿江集》兩本詩集合計共 880 題的詩歌爲例，此類相關內容的作品數量比例即超過 5%。在梅樵大多數以詩友爲對象的酬贈寫作中，女性對象的書寫，實值得關注。這些作品的研究，應對反映詩人性格、生活與文學，有一定的正面意義。期望也能因此對認識更全面的施梅樵，提供有效的助益。

一、寫作背景分析

（一）日治時期的風月時尚

　　自古以來，才子佳人衍生許多美談，創作經常因此得到激發與促進，而靈感泉湧，佳作頻出。如柳永「忍把浮名，換了淺斟低唱」（〈鶴沖天〉）的淒悵，再如姜夔「小紅低唱我吹簫」（〈過吳江垂虹橋〉）的盡興，都留下了許多話題。

〔註165〕施梅樵有〈偕劍漁遊公園〉、〈輓蔡啓運〉。見《捲濤閣詩草》頁 14、頁 101。

〔註166〕見翁聖峰〈日據末期的臺灣儒學——以「孔教報」爲論述中心〉頁 46。收錄於《第一屆臺灣儒學國際學術研討會論文集》第 27～50 頁。臺南市：成功大學中文系，1997 年 6 月。另可參，江啓綸《日治中晚期臺灣儒學的變異與發展——以《孔教報》爲分析對象（1936～1938）》，成功大學臺灣文學系，2007 年碩士論文。

〔註167〕見林玉書《臥雲吟草》〈懷故人詩——懷施梅樵茂才〉題目下臥雲自註：「放懷詩酒，老更風流」。民國 61 年 9 月初版，高雄發行。

　　日治時期臺灣受到殖民高壓統治，嚴格管控言論，往往動輒得咎。雖說傳統詩的寫作與活動受到官方特定意識下的鼓舞而蓬勃，然而詩壇同樣沒有獲得言論思想的豁免權，心生異議不吐不快者，有能義勇抗議，而更多人是隱晦諷寄，詠物詩、香奩體等無關乎政治的主題，成為寄情騁才的人氣題材。〔註168〕

　　臺灣在日治時期承襲了中國與日本雙軌的淵源，發展出屬於臺灣的風月文化。以漢民族為軸線的藝旦系統，注重藝術才華與氣質〔註169〕，深受文人雅士與地主富商階級的欣賞，傳統藝文界的許多活動，包括詩社的擊缽、吟宴、出遊等，不僅經常可以看到紅裙翠袖的陪伴〔註170〕，幾乎也已經成為一種不可或缺的時尚。古典詩壇數量龐大的贈妓、詠妓之作，正是傳統文人將割臺後的漢族情感，寄託在充滿中國傳統風情的藝旦身上的文學表徵。〔註171〕而《風月報》的出現，更反映了時代的一個縮影。

　　從施梅樵的作品中來看，也確實可以看到許多文會吟宴的場合中，經常都是群花相伴。試看詩人云：「高樓吟宴許勾留，坐看佳人奪酒籌」（〈過二林陳建上留飲賦贈〉）、「苦吟轉惹群花笑，暢飲能消逆旅愁」（〈桃源閣吟宴賦質諸賢〉）、「小憩爭先寫豔詞，婉轉鶯聲啼不斷」（〈醉紅樓題壁〉）、「慣向花前頻索笑，拼教醉後共拈題。……一刻千金春夜讌，問誰座客不沈迷？」（〈西園小集拈韻〉）、「眾香國裡駐些時，角勝歡場有健兒。傾盡白壺拼醉死，只思心血付蛾眉。」（〈高賓閣席上書所見〉）等等，詩中場面總是釵光鬢影，舞袖香粉，好不炫目熱鬧。風氣之流行，藉可窺一斑。

　　相對的，風月場中諸女子，也以習得詩文唱和或南北管戲曲的才藝，做為職業需求下的必備技能。〔註172〕在漢學風行的當時，臺北劍樓書塾的趙一

〔註168〕例如：鄭坤五〈也是詩話〉曾說：「或曰：何必單指詠物？曰：餘固有大欲存焉，如詠史、時令、香奩、應酬、摘句為題之詩，已是我口所欲言，已出古人口矣，無過為古人應聲蟲已耳。若詠時事，又恐有觸忌諱。倘要發揮個性，含詠物之外無他也。」見《三六九小報》昭和9年9月29日第381號4版「話柄」專欄。

〔註169〕參嚴明《中國名妓藝術史》，臺北市：文津出版社，1992年8月。初版一刷。

〔註170〕李世偉《日據時代臺灣儒教結社與活動》頁42。臺北市：文津出版社，1999年。

〔註171〕另參吳品賢《日治時期臺灣女性古典詩作研究》頁118～119，臺灣師範大學國文所碩士論文，2001年6月。

〔註172〕參邱旭伶《臺灣藝旦風華・藝旦的養成》頁47～68，臺北市：玉山社，2002年四月初版二刷。

山〔註173〕、稻江礪心齋書房的林述三〔註174〕、鹿港捲濤樓的施梅樵,都是許多旗亭女校書〔註175〕登門邀請教詩的知名師家。以梅樵爲例,披露於報端者如:

> 臺南市新町酒杯亭妓女荷香,及玩春園支店阿桂,性好讀,自二年前,從施梅樵氏學習詩文,每日殷勤誦讀,無少休息。〔註176〕
>
> 邇來文風稍振,漢學振興。無論學界生徒,年年增加,學級加額。甚至於本島娼寮妓女,就捲濤閣施梅樵氏之私學者,計有數人。〔註177〕

梅樵春風桃李,才子名媛出其門下者不計其數〔註178〕,而北里歡場聞其盛名求教者亦如是。詩人時而出入風月場中,而風月才女亦出入詩人門下,兩相交遊,淵源既深,牽緣亦長矣。

(二)詩人的現實生活經驗

　　施梅樵家世,自祖父閣銓公始由福建省晉江縣錢江鄉渡海,來臺卜居鹿港。父施家珍爲同治年間歲貢生,曾任福建省福寧縣教諭,後返回鹿港,經營當鋪。〔註179〕施家珍亦善於交通府、縣,爲地方上名重一時的仕紳。同鄉洪月樵(1867~1929)謂施家「爲鹿鉅族」〔註180〕,應當即此時。一直到光緒14年(1888)施九緞事件發生之後,施家家道才一夕中落。〔註181〕時梅樵未及弱冠。

〔註173〕趙一山,字文徵,爲前清秀才。日治時設劍樓書塾於大稻埕永樂市場旁邊,教授漢詩文。臺北知名藝旦王香禪即出於其門下。參聞樂〈連雅堂與王香禪〉,《中外文學》4卷2期,1975年。

〔註174〕林述三先生(1887~1957),名纘,以字行。礪心齋書房女弟子以曾經紅極一時的奎府治、眞珠、小雲英等名妓爲最知名。

〔註175〕校書,妓女別稱。據《風月》昭和10年9月3日26號頁2〈妓女異名考〉:「校書,《鑑識錄》云:蜀人呼營妓爲女校書。按,唐妓薛濤,工詩,寓於蜀,胡曾贈詩云:『萬里橋邊薛校書,枇杷花下閉門居。』妓稱校書,由此始也。」

〔註176〕見《臺灣日日新報》大正15年2月7日9252號4版〈赤崁特訊·文雅可嘉〉。

〔註177〕見《臺南新報》大正13年11月7日8161號5版〈店員好學〉。

〔註178〕詩人才子如楊爾材,名媛如黃金川,皆出梅樵門下。參《捲濤閣詩草》刊頭、《金川詩草、梅樵序》。

〔註179〕施家珍事見吳文星《鹿港鎭志·人物篇》頁41,2000年6月。

〔註180〕據洪棄生《寄鶴齋選集、詩、五言古體》〈題施梅樵祖母像〉頁268,臺灣文獻叢刊第304種。

〔註181〕施家珍與施九緞事件,參見吳德功《戴施兩案紀略·施案紀略》頁105~108,臺灣文獻叢刊第47種。

洪棄生與梅樵為同鄉好友，其詩文集中可見兩家頗有往來〔註182〕。在洪
棄生《寄鶴齋詩話》曾記載：

> 是時梅樵家貲尚鉅萬，以喜狹邪遊傾其貲；而梅樵始終興不衰。余
> 序其詩，有「旗亭劃壁，則伶人共詫王郎；樂府彈箏，雖妓女亦知
> 柳七」句。梅樵讀之，乃大喜。顧梅樵早歲惟工艷詩；中年以後肆
> 力古風。〔註183〕

由上可知：施家原本豐厚的產業，或許造就了梅樵的公子習氣，他喜於冶遊，
至揮霍傾家，而仍然興致不減。又兼以天賦才氣，而至旗亭妓女，無不知之。
也因此，二十歲之前的梅樵，生活優渥，英才早發，家世背景提早培養了他
的名士性格。他的「早歲惟工艷詩」，必然地反映了他少年時期的風流生活經
驗。洪棄生序《捲濤閣詩集》時，揮筆描述了梅樵青春時期的風月英姿，云：

> 于時清平風月，錦繡江山，裙屐翩翩，衣香嫋嫋。旗亭劃壁，則伶
> 人共詫王郎；樂府彈箏，雖妓女亦知柳七。蓋君素性風流，為人倜
> 儻。謝鯤任達，未損一邱一壑之儀；徐邈陶情，何妨半醉半醒之度。
> 又況江左鶯聲，堪砭戴顒之耳；吳中鷟翠，能牽夏統之腸。時既笙
> 歌之盛世，君亦金粉之才華。是可樂已，亦足尚也。〔註184〕

洪月樵大約以施九緞事件發生前的清平時代為背景，寫年少多金的梅樵，歡
愉無憂地享受於歌舞昇平、醇酒美人之間。他在風月場中受歡迎的程度，一
似美男子王郎〔註185〕，也恰如才子柳永；性格好比謝鯤〔註186〕的好色不拘小
節，也恰似徐邈〔註187〕的沈醉酒鄉，縱情曠達，真乃名士之流亞。而鶯聲燕

〔註182〕從洪棄生《寄鶴齋選集》中可見如〈題施梅樵祖母像〉、〈寄別疊梅樵韻〉、〈喜
　　　　施梅樵見過三首〉、〈柬梅樵三首〉，分見《寄鶴齋選集‧詩選》頁268、頁297、
　　　　頁304、頁353。臺灣文獻叢刊第304種。

〔註183〕見洪棄生《寄鶴齋選集‧詩話》，頁212。臺灣文獻叢刊第304種。

〔註184〕見《捲濤閣詩草》洪棄生〈序〉頁5。

〔註185〕王郎指清初名伶王紫稼。尤侗《艮齋雜說》：「余幼所見王紫稼妖艷絕世，舉
　　　　國若狂。年已三十，遊於長安，諸貴人猶惑之。吳梅村作《王郎曲》；而龔芝
　　　　麓復題贈云云，其傾靡可知矣。」

〔註186〕據《晉書‧謝鯤傳》載：謝鯤「通簡有高識，不修威儀，深慕竹林七賢。」
　　　　與胡毋輔之等人，俗譽為「八達」。鄰人有女甚美，鯤往挑逗，女正織布，順
　　　　手以織梭擲之，鯤因折門牙兩顆。時人因識言：「任達不已，幼輿折齒」，鯤
　　　　不以為意，仍嘯曰：「猶不廢我嘯歌。」

〔註187〕據《三國志‧魏書‧徐邈傳》載：徐邈，字景山。魏國初建，時禁酒，而邈
　　　　私飲至於沈醉。校事趙達問以曹事，邈曰：「中聖人。」達白之太祖，太祖甚

語也的確蕩人心腸，名家如戴顒〔註188〕、木人如夏統〔註189〕者，都難以抗拒，何況是「平生都為情牽掛」〔註190〕的多情種子施天鶴呢？洪月樵好生嘲謔了好友梅樵，說他是色既迷人人自迷。這段話卻讓施梅樵讀之大喜，顯然施氏對其風流形象不僅不以為意，尚且還有幾分得意。

　　類似的觀察，好友林培張〈寄捲濤閣主人〉〔註191〕也曾提及，謂梅樵：「廿載風塵忙驥足，一生衣缽付花魁。」則似乎梅樵是予人風流的形象。旗亭歡場的迷人，人們常暱稱作「溫柔鄉」〔註192〕、「神仙窩」等。而梅樵其實也不諱言其嗜好，觀其詩中曾云：「美人醇酒堪娛老，泥醉渾忘日影斜」、「詼諧曼倩無拘束，行樂還應讓老夫」、「歡場我亦鍾情客，散盡黃金莫怨嗟」〔註193〕，梅樵真是個千金散盡樂狎遊的風流才子。而這些風月興味，也一定程度地反映在詩歌的寫作上。

二、題材分類與寫作手法

　　詩人的風月情懷，聯繫在與眾家女子的往來情緣裡。今以現存作品來看，筆者將檢閱所得，據其題材分別，可得見三大類型：（一）懷人酬贈、（二）兒女情懷、（三）幻遊仙鄉。其中之遊仙詩別立一節討論，先就前二項分述之。

（一）懷人酬贈

　　梅樵詩集中的酬贈詩甚多，以女性對象而言，可區分為二類：1、妻子；2、風月女子。

怒。度遼將軍鮮於輔進曰：「平日醉客謂酒清者為聖人，濁者為賢人，邈性脩慎，偶醉言耳。」竟坐得免刑。

〔註188〕據《宋書・隱逸傳》載：戴顒，南朝著名琴家。與父戴逵、兄戴勃均著聲於時。戴顒善造新聲，有〈三調遊弦〉、〈廣陵止息〉等名曲，為嵇康〈琴賦〉舉列稱道。

〔註189〕據《晉書・夏統傳》載：夏統，晉朝江南名士。博學多才，擅於雄辯。時人多勸其出仕，均為所拒。太尉賈充曾以軍伍、車乘、珠玉、美女誘惑之，統始終危坐如故，若無所聞。充等不得已各散，慨曰：「此吳兒是木人石心也。」

〔註190〕〈北遊將歸若川永南強留桃園三宿〉，見《鹿江集》七言絕句部，頁3。

〔註191〕見《寄廬遺稿》頁75。臺北：龍文出版社，2001年初版。

〔註192〕舊題漢代伶玄〈飛燕外傳〉：「是夜進合德（按：趙飛燕妹），（漢成）帝大悅，以輔屬體，無所不靡，謂為『溫柔鄉』。謂曰：『吾老是鄉矣！不能效武皇帝求白雲鄉（按：仙鄉）也。』」後世因以稱美色迷人的境地為「溫柔鄉」。

〔註193〕錄自〈席上玉霞校書索詩率成絕句〉、〈寄示近樵〉、〈新新旗亭春宴賦示花卿〉，分見《捲濤閣詩草》卷上，頁13、40；《鹿江集》七言律詩部，頁39。

1、妻　子

施梅樵長年設帳奔波在外，〈寄內〉傳達了他清夜思念結髮妻子的心情：「一燈愁倚枕，多病慣思鄉。……他年修野史，天壤笑王郎」〔註 194〕，或許是傳統不慣於直言表白，梅樵婉轉地以思鄉代言其相思，還自嘲妻子是嫁給天壤王郎〔註 195〕的自己。言辭雖不夠彩麗，內在卻難掩疼惜之意。

清風明月的良辰美景，若能儷影成雙，才是眞美好。梅樵有〈中秋夜偕內子觀月〉〔註 196〕，代表性地反映了兩人的牽手之情，詩云：

> 一顆明珠燦九天，人間雙影尚團圓。

> 自從嫁作梁鴻婦，荏苒光陰五十年。

月圓人圓已是圓滿，而詩人自喻爲清貧而幸得賢妻的梁鴻，婉轉地讚譽了妻子的賢慧，甜蜜與感謝盡在含蓄詩語中。〔註 197〕

2、風月女子

與女性的懷贈詩中，爲數最多的是和風月女子間的往來。在日治臺灣傳統詩壇有大量贈妓、詠妓的詩作，於此時代洪流中的施梅樵也不例外。梅樵詩集中，樓閣亭臺的宴樂時見，而鷗鷺吟聚，往往鶯燕伴隨。統計詩題中可見的女校書名號者，就有十一位，芳號分別爲：川貝、雙鯉、琴仙、白玉杏、玉霞、劍英、寶桂、瓊瓊、豔春、儷秋、彩雲。觀梅樵賦贈妓女諸作，蓋可大別爲二類：

（1）席中賦韻

有索詩贈韻，如：〈雙鯉校書索詩率成贈之〉、〈琴仙校書索書偶賦三絕〉、〈吟贈川貝校書〉〔註 198〕等。

而即席賦贈之作更爲多見，如：〈席上聽白玉杏校書唱古涼州曲校書向余索詩賦此贈之〉、〈席上玉霞校書索詩率成絕句〉、〈席中即事贈彩雲〉、〈回春院席上即事〉、〈即事戲作〉、〈席上即事〉、〈臺南即事〉、〈新新旗亭春宴賦示花卿〉、〈高賓閣席上書所見〉、〈西園小集拈韻〉等等。

〔註 194〕〈寄內〉，見《捲濤閣詩草》頁 24。
〔註 195〕天壤王郎，南朝宋劉義慶《世說新語‧賢媛》：謝道韞初適王凝之，甚不樂。謂謝安曰：「一門叔父，則有阿大中郎；群從兄弟，則有封、胡、遏、末，不意天壤之中，乃有王郎。」後用以指婦女對所嫁丈夫不滿意。
〔註 196〕〈中秋夜偕內子觀月〉，見《鹿江集》頁 113。
〔註 197〕梅樵於夫人李氏 75 歲壽誕寫眞時曾作〈題內子李孺人寫眞〉（《鹿江集》頁 30），讚其懿德，可參考。
〔註 198〕〈吟贈川貝校書〉，見《捲濤閣詩草》頁 15。

　　風月女子在社交、宴樂或職場結識仕紳文人，與之吟唱賦贈，恰是投客
人之所好，也象徵著比較高尚的格調，是身份層次的提升。不能詩者，歌詠
或索詩為念；能詩者，次韻唱和往來，都能賓主皆歡。風月女子若能得到文
人的品題，身價往往容易增漲。以施梅樵當年在詩壇所享有的崇高地位，校
書們的頻頻索詩，也是可以想見的。

　　施梅樵出入旗亭酒樓頻繁，此類作品甚眾，頗能道出席上和曲索詩的場
面和心情，例如有詩云：

周郎顧曲原情種，趙女彈箏亦性靈。

世事彩雲容易散，為卿把筆寫娉婷。（〈雙鯉校書索詩率成贈之〉）
〔註199〕

塵世何從覓酒泉，飛瓊小玉奏鈞天。

逢場作戲君休笑，買盡風光不費錢。（〈即事〉）〔註200〕

詩興三分酒二分，吟聲朗朗動人聞。

化蟬有恨憐齊女，覆被多情憶鄂君。

（〈還浦席上以有感詩見示次韻奉和〉）〔註201〕

花枝映水綠漪漪，小憩爭先寫豔詞。

婉轉鶯聲啼不斷，風光遠勝習家池。（〈醉紅樓題壁〉）〔註202〕

釵光帽影映玻璃，賭酒猜拳盞競攜。

慣向花前頻索笑，拼教醉後共拈題。

風流事合垂青史，月旦詩非博紫泥。

一刻千金春夜讌，問誰座客不沈迷？（〈西園小集拈韻〉）〔註203〕

眾香國裡駐些時，角勝歡場有健兒。

傾盡白壺拼醉死，只思心血付蛾眉。（〈高賓閣席上書所見〉）〔註204〕

高樓吟宴許勾留，坐看佳人奪酒籌。

羨煞孟公洵好客，新詞禁唱到涼州。（〈過二林陳建上留飲賦贈〉）

〔註199〕〈雙鯉校書索詩率成贈之〉，見《捲濤閣詩草》頁18。
〔註200〕〈即事〉，《捲濤閣詩草》頁20。
〔註201〕〈還浦席上以有感詩見示次韻奉和〉，見《捲濤閣詩草》頁123。
〔註202〕〈醉紅樓題壁〉，見《捲濤閣詩草》卷下，頁53。
〔註203〕〈西園小集拈韻〉，見《鹿江集》頁100。
〔註204〕〈高賓閣席上書所見〉，見《鹿江集》頁123。

〔註205〕

　　這類作品，詩人大多採用第一人稱的「直言」立場，賦陳現場見聞感想。詩歌讓當年詩酒同歡、絲竹齊發、士女逐笑、花樓拼醉的場景，宛然喧喧鬧鬧地浮現眼前。風月春宵，自當即時行樂。詩人身在香國粉境，醺眼迷離，詩情泉出，縱橫的才氣贏得滿堂的掌聲，除了大大滿足了男兒內在虛無的豪情，尤有進者，是在群體的觥籌交錯、詩才的援筆立就之間，鼓舞了「自我」的尊嚴價值，也彰顯了「主體心性的充分自由伸展」〔註206〕。主客盡歡中，彷彿所有的失意困愁，都已拋諸腦後。諸如此類尚有不少，反映著梅樵綺豔生活中的部分寫真。

　　（2）懷思回憶

　　如〈疊前韻示舊識妓〉、〈重過萃園感舊有作〉、〈寄質劍英女史〉、〈花魂〉、〈散悶〉、〈記得〉、〈有贈〉等。

　　溫柔的時光總是令人難忘，或是酸甜百味，經年更添滄桑；或是溫存懷想，謐室倍增憐惜。較之即席賦詩，在回憶之作中，似乎對當年的美人形貌和溫柔，特別容易回味再三。可以令梅樵回味的女子，究竟有哪些特色？〈記得〉三首恰好反映了梅樵觀察的三個方面，試看詩云：

　　　　記得吟筵汝執觴，秋來猶著越羅裳。

　　　　近前拂袖嫣然笑，未肯逢人道短〔註207〕長。（一）

　　　　爛漫天真自可人，淡粧分外見丰神。

　　　　雲鬟偏喜趨時樣，剪斷烏絲百萬縷。（二）

　　　　幾回拇戰奏奇功，如此裙釵亦足雄。

　　　　應把管城書露布，不堪視作可憐蟲。（三）

　　第一首寫二人相逢於吟宴時對女子衣著輕薄，巧笑倩兮的迷人印象；第二首寫其青春儀態，天真的氣息，時髦的裝扮，正是勇於嚐新的「毛斷女」〔註208〕形象；第三首寫其搳拳的屢奏捷報，堪稱才藝出眾。則互動、儀態、才藝三者，是詩人回味的三個印象。

〔註205〕〈過二林陳建上留飲賦贈〉，見《鹿江集》頁128。
〔註206〕吳彩娥〈古典書寫與主體性——施梅樵詩歌的一個考察〉，見《中臺灣古典文學學術研討會論文集》，頁122。臺中縣：臺中縣文化局。2002年12月。
〔註207〕「短」原作「逢」，誤，今改。〈記得〉，《鹿江集》頁122。
〔註208〕毛斷女，乃「modern girl」的漢譯文，是日治時期指勇於嚐新的都會女性。

　　在風月女子的迷人風情之外，才子與佳人之間還有著相互的心靈慰藉。如〈琴仙校書索書偶賦三絕〉中，梅樵對琴仙因遇人不淑而離異，認爲「怨耦何妨去下堂，天生尤物破慳囊」，他的態度是支持離婚的。一般予人抱持傳統、孔教印象的施梅樵，能有如此開明的婚姻觀，令人刮目相看，相信這同時也可以給對方些許的安慰。此外，對妓女們堪憐的風月生涯，詩人也寄予同情與關心。例如詩云：

> 如剪東風入幕寒，一杯卯酒怕憑欄。
> 落花似比人憔悴，未忍朝朝帶淚看。
> 臨流意外得雙魚，消息詳明一紙書。
> 忽觸浮萍身世感，漢臯解佩竟成虛。（〈有贈〉十首之二）
> 秋月春風雙淚落，情天恨海隻身羈。
> 桃源自有神仙婿，莫嫁長安遊俠兒。（〈寄質劍英女史〉）

前者同情其神女身世，託身不易，淒涼悲感；後者則關心其沈浮於風月，眞情難覓，而祈望能得從良於穩定歸宿，成就神仙美眷。文人與風月女子雖是露水情緣，但人非草木，孰能無情？尊重與疼惜，相互撫慰了寂寞旅人心。

　　在眾香國中，與梅樵唱和而詩作於現存文獻上仍可得者，惟見名妓彩雲。《鹿江集》中收有施梅樵〈吳萱草攜妓彩雲訪余於旅邸〉〔註209〕一首。此詩寫作年代不詳。觀其詩雖有嘲謔吳萱草挾妓出遊之意，惟訴諸其以詩興帶動遊興，既符合主客皆爲詩家的身份，也同時因爲彩雲是擅於詩文的知名詩妓。

　　彩雲乃嘉義西門町西薈芳知名女校書，昭和 16 年（1941）曾經在《詩報》公開以〈薄命花〉七絕命題徵詩〔註210〕，廣獲響應，得詩達 1184 首，名噪三臺。昭和 17 年（1942）詩人林臥雲、林友笛接待宴請施梅樵，席上與彩雲即事唱和，詩載報端。此作未收錄於《鹿江集》中，特錄存如下：

> 客中無計遣春寒，得女清音破寂寥。
> 但願移花須有主，莫教錯過好春朝。（施梅樵〈席中即事贈彩雲〉）

〔註209〕〈吳萱草攜妓彩雲訪余於旅邸〉，《鹿江集》頁 124。
〔註210〕《詩報》昭和 16 年 10 月 20 日第 258 號頁 1「徵詩啓事」：「彩雲乃嘉義西薈芳之妓女也，性耽風雅，喜學吟詠，者番感嘆身世飄零，欲向島內徵詩，望諸大雅勿吝珠玉，多惠佳作，以垂永遠紀念。」又徵詩結果披露見《詩報》262 期頁 1。

> 燈紅酒綠可憐宵，座伴詩人慰寂寥。
>
> 卻羨簾前雙粉蝶，猶酣香夢過花朝。
>
> （彩雲〈敬次施梅樵先生見贈瑤韻〉）〔註211〕

梅樵詩中讚譽彩雲歌唱美妙的同時，帶著幾分長者的老成，勸他把握青春，早覓歸宿。彩雲則得體的感謝客座照顧，並自傷孤涼。她另成〈呈天鶴施梅樵先生〉〔註212〕絕句一首，且以「梅樵」二字冠首於上聯，獻給詩人，可謂細心體貼，其詩云：

> 梅時同醉甕頭春，樵水漁山話夙因。
>
> 欲把形圖買絲繡，青天一鶴見精神。

詩語婉轉嬌美，柔中有骨，媚而不俗。尤其首二句以「梅樵」字冠首，意境清雅，既推崇了梅樵的清高，也提升了自己的格調；末句又將「天鶴」之名分嵌入詩，比擬主人公為青天之鶴，形象地讚譽了梅樵的精神震爍動人，令她難以忘懷。此詩十分周到，的確討人喜歡。林臥雲說她「解語名花第一人」、林友笛也讚她「風雅如卿有幾人」〔註213〕，果然名不虛傳。而呂左淇更特別為她鋪寫〈羅山彩雲歌妓賦〉〔註214〕，彩雲的動人風華，更是躍然紙上，傳諸久遠啊！

（二）兒女情懷

　　施梅樵作品中有幾組詩歌，藉由設身比擬的「代言體」手法，託於女子之口，道出幽微的兒女情志，寫盡私心衷曲，可說大抵承襲了傳統文學中閨怨一脈的寫作。這種閨怨的表現雖然和大男子形象迥異，但其實自古以來為騷人所慣用，從漢樂府民歌〈上山採蘼蕪〉、以至曹丕〈燕歌行〉、李白的〈長干行〉等許多文士的閨怨詩、宮體詩的名作，都具體示範了婉轉纏綿的感情，效果十分突出。

　　如梅樵的〈六憶詩〉〔註215〕，此作在題目和格式上都明顯地模仿了沈約

〔註211〕〈席中即事贈彩雲〉、〈敬次施梅樵先生見贈瑤韻〉，《詩報》昭和17年6月5日273號頁8。

〔註212〕〈呈天鶴施梅樵先生〉，《詩報》昭和17年6月5日273號頁8。

〔註213〕見林臥雲〈席中即事贈彩雲〉、林友笛〈次臥雲先生瑤韻贈彩雲女史〉，《詩報》昭和17年6月5日273號頁8。

〔註214〕呂左淇〈羅山彩雲歌妓賦——以「文君終不負長卿」為韻〉，《詩報》昭和17年3月7日，267號頁14。

〔註215〕〈六憶詩〉，《鹿江集》頁34。

〈六憶詩〉。詩中藉託於女子的立場和口吻，分別回憶與情郎聚時、別時，以及自己在行時、坐時、食時、眠時對情郎的心思。詩詠六種不同的情境，而每一首詩都取「憶」字為開頭，故題為「六憶」。平易地從日常生活中的一顰一笑、言行儀容等細節著手，描寫了女子的清純羞赧，內斂巧慧；人前的拘束端莊，和人後的坦率表露，形成對比效果，更顯示了對情郎傾心相許，期成眷屬的熱切。戀愛中小女子心緒的浪漫波盪，十分可愛動人。體例特殊，語言簡潔樸雅，反覆詠述中，富含思念縈懷的深情。

　　梅樵詩作中的此類抒發兒女情懷的作品，在形式上鮮明地偏好於仿效歷朝民歌的型態來寫作。民歌大抵率真自然，淺白易懂，尤其對於兒女情長的描寫，往往能曲盡其意。施梅樵的仿民歌詩作，也有意圖藉此抒發細膩情懷。歸納後約有四類，茲分述如下：

　　1、有仿《詩經‧國風》者，如〈狡童三章〉〔註216〕

　　這一組詩，施梅樵直接套用《詩經‧鄭風‧狡童》，改易其中部分文字，並加增一章而成。詩人模擬女子對心愛對象的不理不睬發出嗔怨，活潑地表現出熱戀中頓挫的小插曲。「處」、「好」、「厚」是抱怨對方不在身邊、不夠善待，而因此使得自己「無可語」、「幾莫保」、「不能受」，孤單寂寞，難以承受，則平日的親密依賴，自是顯明；對愛人愛情熱度的需索，是毫不隱藏了。梅樵的〈狡童三章〉在題材形式與文字上襲古，不無遊戲成分。創意雖然不足，但描繪戀人的心情與形象，卻是一樣的質樸生動。

　　2、有仿漢代樂府古詩者，如〈相逢行〉

　　〈相逢行〉〔註217〕擬樂府古題，寫單戀女子的私心衷曲。民歌「皆感於哀樂，緣事而發」（《漢書‧藝文志》）。此即謂也。漢魏的馬車，早已因時代不同而改為「汽車」，但那純情癡心女子的款款溫情，卻跨越時空，千古一同。體會詩歌「任人以棄置」的情境，女主角應是煙花女，飄萍的哀怨，專情卻難以依託。梅樵或許是代為寫出了風月女郎的寂寞心事了。

　　另，有〈無題〉〔註218〕一首寫青梅竹馬的愛人，長大的女孩不能確認情郎是否變心，齊眉之樂讓她歡喜，也更傾心相許，即使為伊憔悴，也在所不辭。有類似〈古詩十九首〉「所思在遠道……同心而離居」、「將以遺所思，馨

〔註216〕〈狡童三章〉，《捲濤閣詩草》頁118。
〔註217〕〈相逢行〉，《鹿江集》頁11。
〔註218〕〈無題〉，《鹿江集》頁17。

香盈懷袖」的意味，並且在詩中融入了《漢書‧張敞傳》的為婦畫眉之樂；李清照〈醉花陰〉「薄霧濃雲愁永晝。……東籬把酒黃昏後。有暗香盈袖。莫道不消魂，簾捲西風，人似黃花瘦」，與曹植〈七哀〉詩的「願為西南風，長逝入君懷」等典故，詩意清晰而層次豐富。題目以「無題」為題，越發顯出曖昧的小兒女心思。

3、有仿樂府相和歌辭者，如〈采蓮詞〉（4首）

〈采蓮詞〉〔註219〕描寫青年男女在追求愛情時的青澀與天真。開篇的「芙蓉池北葉鱗鱗，芙蓉池南花入神」二句，在取材和情境上都仿效了相和歌辭〈江南〉：「魚戲蓮葉東，魚戲蓮葉西，魚戲蓮葉南，魚戲蓮葉北」之復沓輕快的趣味。以此起興之後，隨即將此浪漫氣息聯繫到年少愛戀的主題。其言採蓮女的美麗不從外在的容貌描述，卻透過「浪花點點濕羅巾」，牽引讀者許多想像，性感魅力不言可喻。作者既言「欲採未採立水濱，欲採須採莫逡巡」，又謂「勸君採蓮莫採蘋……休使驚飛過別津」，殷殷勸人要及時把握愛情，切莫猶豫空蹉跎，正所謂「花開堪折直需折，莫待無花空折枝」。這四首詩自然清新，感情純潔浪漫，真實而委婉地反映了採蓮兒女初開情竇的酸甜心情。「試看」、「勸君」、「郎、儂」諸語則呼應了相和歌的唱和本色。

4、有仿南朝西曲者，如〈江干曲〉、〈渡頭曲〉、〈懊儂曲〉〔註220〕、〈古意〉（4首）

西曲的特色主題，是常見遊子商婦離情別緒的書寫。梅樵上述作品，都在形式上近似於歌行體的模擬，除了〈江干曲〉為五言八句較長之外，其餘率皆五言四句的小巧詩作，且均出之以女子的立場和口吻，描寫了離別或等待的惆悵情懷。

試看〈渡頭曲〉、〈江干曲〉、〈懊儂曲〉，宛若傷心三部曲。〈渡頭曲〉寫癡心的女子來到江邊，從破曉等到日落，她所期盼共渡人生的「他」，卻遲遲沒有出現，徒增落寞感嘆。〈江干曲〉以悠悠江水貫穿全詩，那浪蕩的情郎一如流水，來匆匆，去匆匆，江邊總是離別的傷心地。〈懊儂曲〉傳達了看破、了悟後的憤怨，年少純稚的愛戀，長大後變異，想到那已經異心的情郎，怎麼能不令人又懊悔、又怨恨呢？梅樵以寫實的筆觸，自訴離情，毫無扭捏作

〔註219〕〈采蓮詞〉，《捲濤閣詩草》頁54。
〔註220〕〈江干曲〉、〈渡頭曲〉、〈懊儂曲〉，《鹿江集》頁16、17。

態，心思透明動人。

　　〈古意〉有二題〔註221〕。一則見諸《捲濤閣詩草》，寫自比作「斷腸花」
的女子怨嘆情郎是「無根草」，兩難相依，無法長保。以簡單而對立的比喻，
凸顯了女子絕望的心情。另一則見諸《鹿江集》，女子雖明知情郎是「江上萍」，
卻仍然日日「密密行書」、望穿「悠悠」長路，忍受著「隔歲不相見」的磨人
相思之苦，仍自比作「澗中石」般堅定不移地等待，甚至期盼「且種合歡花」
的美麗結局。眞是個又純又傻的癡情女。綿綿的思念，堅貞的愛情，以連連
比喻，表現得如此流暢自然，曲折深刻而動人，實在深得西曲的風神。

三、書寫角度與情感意涵分析

　　吟風弄月的文人有單純飲酒尋歡、應酬往來者，也有借酒澆愁、寄託紅
粉者。以文字書之，或能明筆白描坦言，或借暗筆委婉暗示，巧妙各異，以
期彰顯情感的轉折幽微。觀梅樵諸作，可從二方面說之：

（一）記錄自我經驗，放懷醇酒與美人，尋求遁世慰藉

　　人間何處無風月，溫柔鄉中最堪憐。作爲一位詩書雙絕的藝術家，梅樵
有一份天生的浪漫瀟灑。迷人的旗亭酒場可以自在放浪，可以遂興豪邁，他
在〈席上玉霞校書索詩率成絕句〉寫得直率，詩云：

　　　當筵不唱懊儂詞，勸飲殷勤進酒巵。

　　　動得座中齊拍手，競舒醒眼看花枝。

　　　強醉拼教翠袖扶，漫云咳唾便成珠，

　　　詼諧曼倩無拘束，行樂還應讓老夫。（二首之一）〔註222〕

這是一幅酒場尋歡圖的寫照。眾人歡唱拼醉，同座齊舞，梅樵忘我地解放，
毫無拘束地行樂，就著酒意，還戲言比名家東方朔還更詼諧！情感得到宣洩，
形骸解除拘束，生活中縱然有再多的鬱結，在醇酒美人，歌聲舞影中，相信
必能得到一定程度的慰藉。詩人曾不止一次地津津樂道：

　　　文讌春宵肆綺筵，我來抗手會群仙。

　　　蓬萊亦有詼諧客，笑向洪厓一拍肩。（〈回春院席上即事〉）〔註223〕

〔註221〕〈古意〉，《捲濤閣詩草》頁104（1首）；又，《鹿江集》頁17。
〔註222〕〈席上玉霞校書索詩率成絕句〉，見《捲濤閣詩草》頁50。
〔註223〕〈回春院席上即事〉，《捲濤閣詩草》頁39。

> 本無俗氣身偏健，尚有豪情眼未花。……
>
> 美人醇酒堪娛老，泥醉渾忘日影斜。(〈寄示近梣〉)〔註224〕
>
> 塵世何從覓酒泉，飛瓊小玉奏鈞天。
>
> 逢場作戲君休笑，買盡風光不費錢。(〈即事〉)〔註225〕

年輕時風流尋歡，老來寄情娛心。特別是詩人長年奔走各地，放懷於風月溫柔之鄉，使得寂寞客途得以因此消遣解愁。

> 炎熱場中羞涉足，繁華隊裡忍回頭。
>
> 詼諧我愛東方朔，客夜無聊借遣愁。
>
> (〈北投新薈芳賦似菽廬教堂〉)〔註226〕
>
> 泥飲還同上酒樓，天涯孤客轉增愁。
>
> ……差喜好花供醉眼，未聞新曲出歌喉。(〈席上即事〉)〔註227〕
>
> 每憶故人頻入夢，偏逢佳會又登樓。
>
> 苦吟轉惹群花笑，暢飲能消逆旅愁。(〈桃源閣吟宴賦質諸賢〉)〔註228〕

施梅樵在授課教詩、字斟句酌的師尊生涯之外，風月場的魅力，或許是一種轉換角色，平衡壓力的方法。

梅樵曾詩云：「泥醉花前興致豪，劫餘未減舊風騷」〔註229〕，他的常在花叢，除了是慰藉遣懷之外，恐怕還有著遁世的用意。曾經諸賢吟讌時，施梅樵笑著說：「只應醉臥群花畔，雪地霜天藉避寒！」話中有著言外之意，那「雪地霜天」應該隱喻著異族殖民的高壓專制，日治時期傳統文人遭受到無比冷酷的時局，則或許尚能談詩論曲的風月場中，猶能感受到些許的安頓與溫暖吧！

美人與醇酒，是最好的麻醉劑。試觀其作品，歸納他對風月女子的欣賞角度，主要有三方面：

（1）執觴侍奉的體貼殷勤

梅樵詩中寫回憶者，常見吟宴歡會的追想。而吟宴時佳人的執觴侍奉，體貼殷勤，讓詩人最是念念不忘。如：「記曾春日陪吟讌，累汝爭杯替飲醇」、

〔註224〕 〈寄示近梣〉，《捲濤閣詩草》頁23。
〔註225〕 〈即事〉，《捲濤閣詩草》頁20。
〔註226〕 〈北投新薈芳賦似菽廬教堂〉，《鹿江集》頁102。
〔註227〕 〈席上即事〉，《捲濤閣詩草》頁67。
〔註228〕 〈桃源閣吟宴賦質諸賢〉，《鹿江集》頁101。
〔註229〕 〈北遊將歸若川永南強留桃園三宿〉，見《鹿江集》頁113。

「殷勤治酒膾銀絲。多卿情更深於海」、「康成猶有吟詩婢，雞黍殷勤餉老夫」、「當筵不唱懊儂詞，勸飲殷勤進酒巵」、「磨墨雖勞總不辭」、「走馬章臺幾度陪」〔註230〕等。不論是飲酒、勸食、磨墨、訪陪，溫順而細心的奉待，都讓詩人深懷眷戀。

（2）可憐動人的形影神態

美麗的容貌，很容易讓人產生深刻的第一印象，歡場女子尤其必須精心打扮。如：「一幅丹青面目新，南都粉黛畫中人」、「幾樹薔薇半作花，可憐濃豔勝朝霞」、「覿面驚疑畫裡人，臉邊猶印篝紋新」〔註231〕，以比擬的手法，寫對美人容貌的驚豔。而〈記得〉之二描寫了女子：「爛漫天眞自可人，淡粧分外見丰神。雲鬟偏喜趨時樣，剪斷烏絲百萬緒」〔註232〕，清新時髦，嬌羞天眞，形象尤顯立體，這般少女的可愛，也是爲梅樵所欣賞。

（3）熱情出眾的詩藝才華

讚嘆妓女們琴棋書畫等的才藝，這是詩人經常書寫的重點。如：「高雅能吟七字詩，樓頭笑比拾釵時。」（〈散悶〉）、「幾回拇戰〔註233〕奏奇功，如此裙釵亦足雄。」（〈記得〉之三）。又如他讚美雙鯉校書「彈箏亦性靈」；讚嘆白玉杏校書「素淡衣裳自入時、既工絃索又工詩。」；尤其賞識劍英女史，寄詩云：「詠絮應推筆一枝，甲元覿面待何時。每從吟侶傳詩稿，轉憶旗亭負酒巵」；也曾對寶桂校書說：「老夫具有憐才意，非未尋春逐隊來」〔註234〕。雖然風月女子的社會地位不高，但別具才藝的女性，特別是能詩善吟的女校書，在傳統文人眼中，依然十分看重。女校書們的才或情吸引了詩人的注目，而在作品中給予了較多的描述。施梅樵作品中有明顯的重才輕貌的傾向，這和傳統漢文化社會中偏好吟詩作對的多情才女是完全一致的，和當時詩壇一股偏好具有漢民族色彩的風氣〔註235〕，也是同流的。

〔註230〕依序錄自〈散悶〉之二、〈吟贈川貝校書〉、〈重過萃園感舊有作〉、〈席上玉霞校書索詩率成絕句〉、〈散悶〉之二、〈同訪瓊瓊疊前韻〉，分見《捲濤閣詩草》頁15、21、50。
〔註231〕依序錄自〈有贈〉（一）、（六）、〈散悶〉（二），分見，《鹿江集》頁115、117。
〔註232〕見〈記得〉，《鹿江集》七絕部，頁122。
〔註233〕拇戰，即搳拳、猜拳。明代王徵福有《拇戰譜》，專記搳拳令辭。
〔註234〕依序錄自〈雙鯉校書索詩率成贈之〉、〈席上聽白玉杏校書唱古涼州曲，校書向余索詩，賦此贈之〉、〈寄質劍英女史〉、〈席上次韻示寶桂女史〉，分見《捲濤閣詩草》頁18、48、68、77。
〔註235〕參呂明純〈西風殘照，漢家陵闕——日據時期臺灣藝旦的文化傾向及其影響〉：

（二）揣摩女性心境，書寫感情與身世，並託情以喻己

傳統文人在失意之餘常有歸隱山林者，而醉心風月者亦復不少。臺灣在歷經乙未割臺的巨變之後，文人仕途夢斷，丹心無托，高飛如施士洁者有之，隱逸如洪棄生者有之，而放浪如林朝崧者〔註236〕亦有之，凡此都是顯著的例子。而日治時期詩人聚會常有紅裙侑酒，梅樵設帳遊走三臺，樓館亭臺的千般體貼，他並不陌生，藝旦妓女的萬種風情，他也必然觀察體會甚深。

中國古典詩中，如閨怨詩、懷春詩等，文人常見假設女性角色，揣摩其心境口吻，而其實寫女子即是寫自己的身世情懷，此乃傳統詩的重要特色之一。臺灣文人的古典文學寫作中，承襲前人，也有相同的手法。

梅樵詩中即有不少藉由思婦、神女之口所寫的抒情之作，有酸甜愛戀如〈狡童三章〉、〈采蓮詞〉、〈六憶詩〉，有相思離情如〈古意〉、〈江干曲〉、〈無題〉，有感傷身世如〈懊惱詞〉、〈相逢行〉，有自怨自艾如〈渡頭曲〉、〈懊儂曲〉等。女性特有的纖細心思，在感情的領域中，特別敏感脆弱，委屈婉轉。詩人亦是多情人，揣摩女性的心境和口吻，傳達幽微的情感，分外含蓄微妙。

〈狡童三章〉、〈采蓮詞〉、雖明顯是仿古之作，若是搭配〈有贈〉：「莫把閒情問神女，朝雲暮雨負巫陽」、「客中藉汝遣愁懷，剔火煎茶拔玉釵」，〈相看〉：「鏡中窺幻影，襟上露啼痕」〔註237〕等一同并觀，未嘗不令人聯想：上例諸作乃詩人粉色經驗的隱筆側寫？以〈相看〉為例，詩中寫女子貼心服事，親密相伴的甜蜜與感激。這位紅粉知己或者是其結髮夫人，卻也極可能不是。而相看不厭，盡在不言中的情意，卻濃厚的瀰漫在字裡行間。感情的悸動沒有年齡的分別。〈相看〉以第一人稱的賦體筆法直述，剪去了激情，在穩重中道出略顯壓抑的熟齡情感。但這一份隱藏的激情，梅樵轉借了女性的立場，揣摩其角色心境，道出幽微情愫。藉由〈狡童三章〉、〈采蓮詞（一）〉，以既羞澀又嬌嗔的女性意象，反映了一種單純的動心，吐露出年少之愛的俏皮可

「日據五十年間，臺灣的風月場所基本上是沿著兩條軸線發展。而漢人軸線的藝旦，強調的是精通南北管和長於詩文唱和等漢文化傾向。由於消費客群多為傳統仕人、舊式知識份子和封建地主，藝旦間這個『秦樓楚館』，似乎格外具有一種國破山河在的暗喻，故而被提升為故國想像的漢家符碼，呈現一種前朝才女的風雅情調。」網址：http://www.srcs.nctu.edu.tw/cssc/essays/10-2.pdf

〔註236〕施梅樵有〈輓林癡仙〉詩十首之七云：「春風客路數相逢，攜妓提壺喜過從。孤樹何堪雙斧伐，不圖中歲興尤濃。」見《捲濤閣詩草》頁127。

〔註237〕〈有贈〉，《捲濤閣詩草》頁26。〈相看〉，《鹿江集》頁42。

愛；又以〈六憶詩〉中，對戀人的一幕幕回憶思念，反映著禮教下的傾心愛戀，理性而熾熱。詩人在角色互換中分別抒情，讓情愛得到了相映互補的發舒，顯出了跨越年齡與性別的雋永與迷人。

〈古意〉、〈無題〉以組詩型態寫癡情女子的堅心守候。雖然散發著「良辰美景奈何天，賞心樂事誰家院」〔註238〕的輕怨，然而年久月深，心終不易；爲情消瘦，願入君懷，又如何不讓人心疼？如此的一往情深，與施梅樵一生對漢學責無旁貸的使命感，同樣地堅定不移。在「擇善固執」的意志上，男子與女子無異。而以女子之口說出，堅毅中似乎更多了一份韌性。

〈江干曲〉寫相聚無多，江水悠悠的離情，豈不恰似梅樵奔走於三臺絳帳詞壇之間，風塵僕僕，或爲生計，或爲人情，而不得不行。他寫給妻子的詩中提到：「作客經旬久，高樓此夜長」〔註239〕，詩人登臨望遠，相思盡付夜風中。〈江干曲〉將角色易位，以閨中婦的立場，反向訴說了對離情的委屈心境，分外動人心弦。

煙花女子的身世多有曲折，經常惹人堪憐。〈渡頭曲〉、〈懊儂曲〉裡空等待的怨嘆，惋惜著傾心非人的青春浪費。〈懊惱詞〉、〈相逢行〉裡感嘆妾命賤薄，昔日濃情，一朝變化，如秋風之捐團扇，任人棄置，終究孤鸞獨影，好不欷噓！梅樵對風月女子的身世頗寄予同情關心，例如：「怨耦何妨去下堂」〔註240〕的不反對離婚，「莫教誤嫁瞿唐賈」、「莫嫁長安遊俠兒」〔註241〕的慎選所託。反觀梅樵的身世經歷，又何嘗不值得感慨？早年遭變，富家子成落難兒，新秀才忽斷登雲路；晚歲喪子，孤淒老人奔波衣食，戰亂阻道更添愁城。〔註242〕如此境遇，怎不令人浩嘆？雖然可能男兒不輕易訴苦，若託口於女子，一吐胸中積鬱，又何嘗不可稍作平衡？所謂藉他人故事，澆心中塊壘，憐人亦以自憐啊！

施梅樵遭遇時不我與的割臺之變，滿腹漢學不合政治時宜，有懷才不遇

〔註238〕見湯顯祖《牡丹亭・驚夢》之〈皂羅袍〉。
〔註239〕〈寄內〉，《捲濤閣詩草》頁24。
〔註240〕見〈琴仙校書索書偶賦三絕〉，《捲濤閣詩草》頁19。
〔註241〕分見〈席上聽白玉杏校書唱古涼州曲，校書向余索詩賦此贈之〉、〈寄質劍英女史〉，《捲濤閣詩草》頁48、68。
〔註242〕施梅樵生平請參見施讓甫〈施公梅樵家傳〉，1957年2月17日題記，見《鹿江集》頁2。又林文龍〈鹿港詩人施梅樵資料雜錄〉，《臺灣風物》26卷4期，1976年12月。

的落寞。隨著新式教育與白話文的逐步普及昌盛，漢學及漢文人，難以抵抗潮流地逐漸被邊緣化〔註243〕，風月場中的女子，同樣是社會中的弱勢族群，在同理心中，特別能夠引起文人的認同。文人對他們的愛戀憐惜，無非也可視爲自戀自憐的投射。詩歌中的風月書寫，既是回味花月良宵的美好，也兼具自我療癒的撫慰效果。

四、小　結

　　施梅樵身在詩壇以鶯燕相伴爲風尚的時代裡，其相關於女性議題的詩歌，就反映時代特色與個人情懷雙方面，都具有一定的意義。經由上述的耙梳整理，則施梅樵的風月書寫可歸納如以下三項特點：

　　一、風月溫柔兼具有社交應酬與心靈慰藉的雙重功能，這也是詩人現實生活的一個片段反映。梅樵在詩歌中頻頻提及「客中遣愁」，詩人在奔赴詩教道路的同時，對長期的漂泊於旅途，有著深沈的寂寞無奈。風月溫柔恰爲客途遊子提供了溫暖與體貼。

　　二、風月女子爲梅樵風月書寫的主要對象，也似乎是其心靈生活的重要寄託之一。而以漢文化爲彼此間共同交集的關係中，具有詩樂才藝的殷勤女子，格外受到詩人的賞識。

　　三、風月心情提供了梅樵詩歌文學創作的靈感與推敲。詩人或是以正面懷贈，寫場面，說關心；或是寄託民歌自然風韻，側寫喜怒哀樂；更甚至以遊仙幻境，曲筆影射朦朧閨情。不同的題材中，選擇不同的性別和角度，採取不同的詩歌形式，靈活婉轉地描畫虛虛實實的風月情景與經驗。以舊有的文學體式，描寫個人經驗，並寓託心志。

　　施梅樵以詩名騰芳三臺，有若柳屯田的「凡有井水飲處，皆能歌柳詞」；施梅樵出入旗亭酒樓，校書爭求豔詞，好比柳七流連煙花柳巷，歌妓們「不願神仙見，願識柳七面」；施梅樵遭遇割臺，青雲之路乍斷，一如柳三變的淺斟低唱，「奉旨填詞」；柳永《樂章集》中多見羈旅窮愁之詞，梅樵詩集中時出旅懷

〔註243〕依據吳文星〈日據時期臺灣社會領導階層之研究〉頁151研究統計指出：含有科舉功名、僅通四書五經等舊教育出身的社會領導階層，在1910年代，佔社會的48.3%，約近半數；到了1930年降至23.9%；至1940年，僅僅剩下4.1%。只具有傳統漢學背景的知識份子，迅速地被師範、醫學校出身的新式教育青年，和歸國的留學菁英所取代。

惆悵之聲。就這些方面類比來看，二人頗有相近之處。觀察詩人的風月經驗書寫，梅樵可說是：任重道遠傳詩教，溫柔香膩寄客心啊！

第四節　遊仙寓託書寫

　　梅樵其詩「驚才絕豔，蜚聲藝苑」，素來備受好評。〔註244〕梅樵詩作中亦常見引用遊仙相關人物為典故，於《捲濤閣詩草》卷下更收錄有題名同為〈小遊仙〉的五組詩歌，每組4首絕句，共計連作20首詩，又另有題名為〈夢遊仙〉的一組詩作，為2首絕句。在施氏《梅樵詩集》近千首的詩歌的作品當中，為僅見的大規模連章詩之作，顯得相當特殊，似有引人注意之態。再者，不以遊仙為名，而實關遊仙之作亦夥。如：〈入山詞〉、〈秋日書感次漁山韻〉、〈秋夜放歌戲同席諸君子〉、〈兩峰歌題黃維文暨德配寫照〉、〈祝黃拱五暨德配銀婚式〉、〈秋夜〉；〔註245〕而以遊仙典故入詩者尤眾，不及備載。則施梅樵之遊仙諸作宜可一觀。

　　「遊仙詩」是體現道教精神的一種文學體式，歷史上有修道人以之為求道之途者，也有文人為寄託牢騷者，皆有許多佳作。然衍至後世，也不乏鋪陳狎遊人間的男女情事，甚至是私暱的性愛暗示、妓院冶遊等情事。

　　梅樵詩集中出現此一具有鮮明特色的詩歌，不免令人好奇：施梅樵的信仰傾向如何？和道教之間的聯繫如何？如果作者曾經嘗試求道，那麼〈小遊仙〉的書寫，可能是施梅樵圓滿道心道行的一種自我追求；但如果作者和宗教之間的關連薄弱，則從文學傳統上來借題書寫的意義，相對的可能性就比較大。若此，則藉傳統遊仙詩隱喻其閨房私情經驗，或歌詠求仙漫遊以寄託心志的趨向，便應是施梅樵書寫〈小遊仙〉的重要內涵。此作品書寫的背景淵源關涉於詩人歡愛之趣的可能性極大〔註246〕，然而本文無意揣述。再者，梅樵也曾坦承「爭逐歡場亦寡歡」〔註247〕，美人醇酒的短暫歡愉，其實並不能真正使他消憂解恨。因此，可能寓含於遊仙詩中的言外之意，便應具有深

〔註244〕許天奎《鐵峰詩話》贊梅樵詩才云：「驚才絕豔，蜚聲藝苑。」
〔註245〕依序見《捲濤閣詩草》頁13、32、91、107、《鹿江集》頁15、32。
〔註246〕如收在《捲濤閣詩草》頁144之〈夢遊仙〉，原題作〈小遊仙戲贈鄭香圃詞兄〉，其戲謔性質已如題所示。見《臺南新報》大正11年（1922）11月24日，7447期頁5。
〔註247〕〈江山樓席上感賦示諸賢〉，《鹿江集》頁106。「爭」字，原作「徵」，疑誤，今改。

究的意義。那麼，作者爲何要寫遊仙詩？他如何架構及鋪陳其遊仙詩的藝術創作？又詩人意欲體現的生命情調或關懷又爲何？本論文即嘗試藉由分析、歸納的方法，來嘗試尋求以上問題的解答。

一、基礎的廓清

所謂「遊仙詩」，可謂爲「遊以求仙，詩以誌之」。施梅樵遊仙詩主要在〈小遊仙〉20 首，以詩歌作爲書寫形式，何以名之爲「小」呢？又，作者寫作的初衷可能是宗教信仰，還是牢騷寄託？凡此，似乎都宜先廓清釋名與動機這兩大基礎疑問。茲分述之。

（一）「小遊仙」溯源

在傳統中國詩歌史中，遊仙詩擁有悠久的歷史。一般認爲始於《楚辭》，漢末魏晉蔚然成風，趨於成熟，歷來各代多有所作。「遊仙」本無大小，而有「小」遊仙詩的出現，應首推晚唐曹唐（797～866？）的〈小遊仙詩〉98 首。〔註248〕然既名其爲「小」，則似乎應該有「大」以相對。查《全唐詩》中曹唐並未有題爲「大遊仙詩」的作品，而施蟄存《唐詩百話》研究認爲：《全唐詩》卷 640 中曹的 17 首詩即屬於大遊仙詩。〔註249〕大、小遊仙詩的內容自然都是遊仙，而其分別大小的準據，是在形式區隔。大遊仙詩均爲七言律詩，〈小遊仙詩〉均爲七言絕句。

以此檢視施梅樵〈小遊仙〉20 首，命題與曹唐幾乎相同，內容的確皆屬遊仙，其形式亦恰好均爲七言絕句，三方面都與曹唐〈小遊仙〉類同。則施梅樵〈小遊仙〉之命名與淵源，應即沿襲自曹唐〈小遊仙詩〉之流。

〔註248〕曹唐〈小遊仙詩〉收錄於《全唐詩》卷 641。

〔註249〕施蟄存《唐詩百話》（上海：古籍出版社，1978 年）第 85 則「曹唐：遊仙詩」研究認爲下列詩歌可歸類爲曹唐大遊仙詩：1.〈漢武賫將候西王母下降〉；2.〈漢武帝於宮中宴西王母〉；3.〈劉晨阮肇遊天臺〉；4.〈劉阮洞中遇仙子〉；5.〈仙子送劉阮出洞〉；6.〈仙子洞中有懷劉阮〉；7.〈劉阮再到天臺不復見仙子〉；8.〈織女懷牽牛〉；9.〈王遠宴麻姑蔡經宅〉；10.〈萼綠華將歸九疑留別許眞人〉；11.〈穆王宴王母於九光注霞館〉；12.〈紫河張休眞〉；13.〈張碩重杜蘭香〉；14.〈玉女杜蘭香下嫁於張碩〉；15.〈簫史攜弄玉上昇〉；16.〈皇初平將入金華山〉；17.〈漢武帝思李夫人〉。另外，張思齊〈論曹唐詩的遊仙主題〉認爲：《全唐詩》卷 640〈仙都即景〉，亦屬於大遊仙詩。則曹唐「大遊仙詩」總計 18 首。參見「道教學術資訊網站」張思齊〈論曹唐詩的遊仙主題〉，2007 年 2 月 18 日讀取。

　　又，查詢施梅樵《捲濤閣詩草》與《鹿江集》，則未能得見任何類似「大遊仙詩」的作品。唯，有〈入山詞〉五言古詩一首，是篇幅較大的體式，詩中曾言及訪仙，然其重點其實在描繪山景；雖有「上有紫瓊芝，下有白玉田」句，實乃借比形容，非關仙鄉，且單單僅此一句畢竟薄弱。當不適合列入遊仙之作。

　　另，有〈夢遊仙〉二首，不論題意、內容、形式，都與〈小遊仙〉類同，可以與〈小遊仙〉並觀。綜合而言，施梅樵現存 22 首遊仙詩，應予觀察。

（二）道人遊仙？文人遊仙？

　　綜觀《梅樵詩集》中相關於宗教的作品，實際所得僅僅只有六題，分別如下：

1. 圓光寺僧妙果招隱賦此示之（七絕二首）、
2. 秋日偕諸子遊開元寺（五古一首）、
3. 春日遊彌陀寺（五律二首）、
4. 春日偕存德、以倫、萱草重遊開元寺（七古一首）、
5. 春日遊竹溪寺即事（七古一首）、
6. 遊古奇峰法源寺賦示斌宗（五古一首）。〔註250〕

　　此六題八首詩所至之處均爲佛教名刹，兩位賦示往來的法師同爲知名高僧〔註251〕，偕遊諸子皆爲詩友，凡此與道教全然無關。再其中五題均爲遊記之作，觀其內容，亦以寫景篇幅爲多。若言與佛親近的心志，則〈圓光寺僧妙果招隱賦此示之〉二詩可謂說得最明白，詩云：

> 十年已淡利名心〔註252〕，變幻人情自古今。
>
> 覓盡寰區無淨土，不期世外有禪林。（一）
>
> 老至方知事事非，佛門何必誓皈依。
>
> 他年倘有抽身處，定向名山一叩扉。（二）

詩人自言紅塵體會甚深，早已看淡名利，他不相信世上有淨土，也未因高僧說勸而對佛門有所期待，形式上的皈依，也就不必要了。詩人話說得坦白直

〔註250〕前五題詩見《捲濤閣詩草》頁 21、54、69、70、71；末題見《鹿江集》頁 24。
〔註251〕圓光寺，位於桃園縣中壢市月眉山。由開山妙果老和尚創建於 1918 年。
　　　　開元寺，原名「北園別館」，明永曆年間爲鄭經所建。與彌陀寺、竹溪寺、法華寺合稱爲「臺南四大古刹」。
　　　　法源寺，位於新竹古奇峰，由斌宗法師創建於 1944 年。
〔註252〕「十年已淡利名心」，「已」字，原誤作「己」，今改。

率，但也沒說絕，日後或有歸隱機緣，也未可知。但顯然詩人無心向佛。

梅樵甚至還會同僧人開玩笑，〈秋日偕諸子遊開元寺〉詩有言：「坡仙本清狂，酷嗜世外味。倉卒入山廚，戲問燒豬未？」對佛門雖是有些失禮，對自己的樂在紅塵，還是毫不諱言的。老年時雖言求佛，也是有所目的的祈求，〈遊古奇峰法源寺賦示斌宗〉有云：「吾性但率真，求佛爲療病。果爾病能除，杯茗借申敬。」詩人同多數的世俗中人一般乃在求佛解事。即使欣賞佛門，也是受到清幽氣氛的吸引，其〈春日偕存德、以倫、萱草重遊開元寺〉有言：「我歸且共老妻謀，借得半弓築禪室。老妻繡佛我談詩，消受清閒作休息。」詩人還是頑童一個！

凡此所見，施梅樵對於佛門的態度是敬而遠之，即使是與斌宗法師的往來，也主要是在詩歌吟詠方面的志趣相投。所以，與其說施梅樵與佛門高僧往來，不如說是與佛門詩友往來。〔註253〕詩人與佛門交遊的情況如此，延伸來看，與道教之間的情況自當相似。若從詩集當中未見與道門中人士往來記錄來看，或者施梅樵與道教之間的關連就更爲薄弱了。求佛、求仙都不是詩人的生活志趣，他內在對詩歌文學的愛好和才情，實際上都遠遠高過於宗教的吸引力。

又，許多詩人懷抱對民族的深沈憂患，在身處家國淪沒的時代，藉遊仙以遁世寓懷，遊仙詩成爲日治時期臺灣文人詩歌創作中的重要主題之一，許多是託詞神仙以抒發憂憤。而施梅樵以 20 首連章〈小遊仙〉尤爲突出，則其立意顯然不在道心的尋訪，而極可能是文人藉遊仙以側寫浪漫，逞才以寓託別意，正待後人發掘其弦外之音了。

二、詩歌內容的架構分析

遊仙詩基本的三大面向：其一爲「遊」，其二爲「仙」，其三爲「詩」。所

〔註253〕斌宗法師〈壬中春將之內地行腳留別騷壇諸詩友〉，可窺其與騷壇往來之一斑。據鄭焜仁〈斌宗大師略傳〉述記：「當時，與上人（按，指斌宗法師）往來諸友，大都爲文學界學者，有王了庵、陳仲衡、王德修、施梅樵等諸士。除了自修講學外時常應諸士之邀，談詩，或擊缽聯吟。在臺中文學界詩會中成爲不可缺少的人；席上如無上人在，則盛況失色，所以諸士常說：「如不往頭汴坑抬下時鐘（詩僧，臺語與「時鐘」音相似），則不知時（詩），事不能爲也」。遺著《煙霞吟稿》則此時所作。」見「斌宗法師網路專輯」：http://book.bfnn.org/books2/1224.htm，2008 年 2 月 23 日讀取。筆者按：陳仲衡，疑爲「林仲衡」之誤。又，《煙霞吟稿》尚未能尋見。

謂「遊必有方」，「遊」其實代表了一種追尋的過程。所謂「仙」，則代表著人們想像中的美好。這二項架構起了道人或詩人的追尋精神和嚮往，觀察詩人如何架構，或可便於一窺其意志趨向。

（一）遊仙路線

施梅樵〈小遊仙〉以同名五題，每題四首絕句的組詩結構，完成一個龐大而完整的遊仙歷程。另題做〈夢遊仙〉的二首絕句，則可視爲遊後的「絮語」。總共是六組的組詩，細看每一組詩歌的描寫內容，可知詩人乃依順著遊歷的過程，次序描寫六個階段的見聞：

　　一述遊賞蓬萊，二寫參加仙界盛宴，三則細說仙境見聞，四記訪嫦

　　娥遊月宮，五述臨別依依，六憶回味眷懷。

每一組詩都有其書寫焦點，各組之間的次序是經過用心排列的結果。詩人是有計畫地經過六個層次進行遊仙的鋪敘創作。

再閱讀施梅樵遊仙詩，其遊仙路線先後依序歸納如下：

　　銀河咫尺架長虹＞（珠樓玉闕）＞又 上蓬萊 第一峰（白雲洞＞雲衢）

　　＞開歡宴＞（仙廚＞玉樓＞仙洞）＞仙山三萬八千里＞天池＞群峰

　　（玉樓＞玉窗）＞海上仙山踏片時＞一行偏許 入蟾宮 ＞天池＞歸路

　　休從山下過（翠微宮＞瓊樓珠闕＞雲梯）＞點點峰＞星河。

從詩歌中看來，其間歷程有四階段：其一乃發現「銀河」爲通仙之路，其二爲蓬萊之遊，其三是月宮之遊，其四爲歸程。顯見這一趟旅程有兩處主要的遊仙點，其先爲蓬萊，其後爲蟾宮〔註254〕。

其遊仙之旅在旅程上從銀河始，以星河終；在心情上以驚喜始，以懷戀終。

作者開篇從「銀河」著手。銀河抬頭仰望即可得見，卻是天上人間的遙遠，作者在詩中將現實距離模糊化，塑造了意外發現的驚喜一般，彷彿觸目所及者便是咫尺可到之處，人境與仙境瞬間拉近，具有夢幻的效果。詩人還引用了裴航藍橋得雲英的故事爲例，證明遊仙之事不虛。

步上銀河好似直達蓬萊，遊仙之始迅速快捷，並不艱難。比較周折的是到了蓬萊之後，路況不明，詩人還曾經「幾回仔細問行蹤」，但終能獲得解

〔註254〕《靈憲》載：「嫦娥遂託身於月，是爲蟾蜍」。因爲月宮中有蟾，因俗稱月宮　　　　　爲「蟾宮」。

決，得以前進遇仙。至於到月宮，則從第一組詩中提示伏筆「月府攜來筆一枝」〔註255〕，第二組詩中顯露意象「曾從月殿詢消息，一段心情未許通」，至第四組詩終得如願一遊「一行偏許入蟾宮」。歸程又再度顯出迷離「去路生疏問葛洪〔註256〕」，在「霓裳曲」〔註257〕樂聲中，經「胡麻一飯」〔註258〕，轉回星河，重返人間。

從遊仙路徑上，可以看到詩人是以大綱式的故事，作為詩歌進行的骨架。軸心點在蓬萊赴宴，遊月宮則可謂宿願得償。故事本身是歡欣的情調，目的和結果基本上也都是樂遊。

（二）仙 境

仙境景觀的構設，來自於道家理想中的福地洞天，也來自於作者內心對樂土天堂的想像。仙境必然美好，也必然與濁世之間有相當的距離。天上地下、山巔海角，都常是人們想像中的仙鄉所在。施梅樵在詩中所建構的仙境，為遊仙之舉搭設了進行的舞臺，其中的兩大主場景，就是蓬萊和月宮。

蓬萊，是傳說中的海外仙山，《列子・湯問》記載：

> 渤海之東不知幾億萬里，有大壑焉，實惟無底之谷，其下無底，名曰歸墟。八絃九野之水，天漢之流，莫不注之，而無增無減焉。其中有五山焉：一曰岱輿，二曰員嶠，三曰方壺，四曰瀛洲，五曰蓬萊。其山高下周旋三萬里，頂平處九千里。山之中閒相去七萬里，以為鄰居焉。其上臺觀皆金玉，其上禽獸皆純縞。珠玕之樹皆叢生，所居之人皆仙聖之種：一日一夕飛相往來者，不可數焉。……

《列子》所敘述的蓬萊，就在中國渤海的極東之處，在地理空間上有具

〔註255〕《晉書・郤詵傳》：「武帝於東堂會送，問詵曰：『卿自以為如何？』詵對曰：『臣鑒賢良對策，為天下第一，猶桂林之一枝，昆山之片玉。』」後世因以「蟾宮折桂」形容特別出眾的人才。

〔註256〕葛洪一生著作宏富，著有《抱樸子》、《神仙傳》十卷，《隱逸傳》十卷、《肘後備急方》、《西京雜記》等等。

〔註257〕《唐書・禮樂志》：「帝又作文成曲與小破陣樂更奏之。其後河西節度使楊敬忠獻霓裳羽衣曲十二遍，凡曲終必遽。唯霓裳羽衣曲將畢，引聲益緩。」楊貴妃擅霓裳羽衣舞，宮中多奏之。白居易〈長恨歌〉：「忽聞海山有仙山，山在虛無飄渺間。樓閣玲瓏五雲起，其中綽約多仙子。……風吹仙袂飄飄舉，猶似霓裳羽衣舞。」

〔註258〕南朝宋劉義慶《幽明錄》載：漢劉晨、阮肇入天臺山，迷不得返，饑餒殆死。見蕪菁葉從山腹流出，甚鮮新，復一杯流出，有胡麻飯摻，遂尋路入山，得遇仙女。餉之以胡麻飯、肉脯等甘美酒食，甚殷勤，遂停半年。返見子孫，已歷七世矣。

體的方向，是對橫向空間的延伸想像。雖然所在至遠，但並非不可企及。一如秦始皇派徐福「發童男女數千人，入海求仙人」〔註259〕，浩浩蕩蕩地向海外出發一樣。只要假以無限時日，似乎終究是可以企及的。

而施梅樵的蓬萊仙境，缺乏如上的具體方向，而直接襲用了《列子》的「其山高下周旋三萬里」。詩中敘述在經過「銀河咫尺架長虹」、「珠樓金闕幾重重」之後，登上「蓬萊第一峰」，這個位置可能不是遠在海外玄渺之境，卻一樣高不可攀。這個與人們生活空間成縱向距離的天邊，隔絕了一般人所能達到的可能性。人們仍然只能仰望，卻難以親臨。當然，這有助於促進人們對仙境空間的想像。

《列子》的蓬萊，其山至高聳，其頂至平廣，金樓玉闕，靈獸美樹，為仙聖所樂居。施氏的蓬萊之高讓詩人在其上可以入訪白雲洞、望見芝草瓊花、遠眺銀河流水，還能「陟遍雲衢」、「天池掬水」；即使從蓬萊到月宮，也是搭乘「風馬雲車」，而能在「頃刻中」到達。而詩人所見的是「半幅晶簾窈窕窗」、「饌滿仙廚酒滿缸」、「醉舞狂歌」，仙境蓬萊果然遠離塵世，金碧輝煌，群仙歡聚，與《列子》所述都極其相近。

相異者還有《列子》中曾記述：海外五座仙山曾經「根無所連箸，常隨潮波上下往還，不得暫峙焉」，甚至「岱輿、員嶠二山流於北極，沈於大海，仙聖之播遷者巨億計」的恐怖巨變。在梅樵詩中則完全不見諸如此類的惡事。詩人遊仙得仙，悠然順利，是愉快的旅程。

若說蟾宮者，月宮也，有嫦娥長居之。相較於蓬萊島上的眾仙歡飲，景象開朗，月殿裡的孤悽嫦娥是幽怨黯淡多了。施梅樵對月宮本身景象未加著墨，其環境描述篇幅也少，但畢竟是仙境，詩人筆下的景致，呈現的是「偶向天池泛畫艭」、「雲光霞影繞蓬窗」，寧靜的自然美景展現了柔和恬淡的閒適氣息。仙境風光各有殊異，卻同樣迷人，同樣都可以使人的性情得到撫慰或滿足。

〈小遊仙〉五題中，詩人有三組詩都在寫蓬萊，其中第三組詩，尤其是集中焦點來描繪蓬萊仙境；而寫月宮則僅有第四組詩。兩者相較，主從立見：施梅樵詩中的仙境，乃以蓬萊為首，以月宮為次。

（三）人　物

遊仙在求仙。何謂仙？《釋名‧釋長幼》：「老而不死曰仙。仙，僊也，

〔註259〕見《史記‧秦始皇本紀》。

遷入山也。」依此，則可長生不死，跨越時空者就是仙。《天隱子‧神解》〔註260〕進一步分類曰：「在人曰人仙；在天曰天仙，在地曰地仙，在水曰水仙，能通滅之曰神仙。」依此，則仙分佈在天、地（水、陸）、人三界，最具靈通者為神仙。

歸納梅樵遊仙詩中所涉及的人物，可分為二類：

其一為想像人物，有：雲英、裴航、小憐、金母、木公、麻姑、蔡經、飛瓊、嫦娥、王喬、劉阮（劉晨、阮肇）、小玉等；

其二為歷史人物，有長吉、青蓮、葛洪等。

以上都是與道教有所關涉的人物。想像人物中多為仙人，或能神通，地位尊崇，如金母〔註261〕、木公〔註262〕、麻姑〔註263〕；或成道羽化，昇天登仙，如飛瓊、嫦娥、蔡經〔註264〕；或涉入仙道，有特殊經歷，如王喬〔註265〕、劉阮、裴航。

施梅樵遊仙詩中有稱仙人、仙家者，為泛稱，詩人側重描寫他們的巧藝，謂：「卻笑仙人偏弄巧，一時雨色散群峰」，又謂「仙家也解工書法，筆力分明鼎可扛」。前者寫其施法弄巧，後者讚其書藝超絕。實則前者將煙雨瀰漫，群峰隱散想像為仙人玩弄仙術，這是一般人對青山白雲常有的想像，同時反映了仙人童心天真；後者則是將作者本身備受讚譽的書法藝術安排於詩中，似乎有意於藉以提高書法的地位，或者表現作者對書藝的一種驕傲。前者似仙，後者近人；前者寫他，後者言己。「仙」是人們心中理想人物的典型投射。崇拜神仙，是內心想望的具象化。

〔註260〕不著撰者《天隱子》，臺北：商務印書館。出版年不詳。

〔註261〕金母即西王母。《山海經‧西次三經》載：「西王母居住在玉山之山，其狀如人，豹尾虎齒而善嘯，蓬髮戴勝，是司天之厲及五殘。」《穆天子傳》中的西王母卻是溫文儒雅的統治者。《漢武帝內傳》則稱其為絕世美艷的女神，並曾賜漢武帝三千年結一次果的蟠桃。傳說西王母掌管崑崙仙島。

〔註262〕木公，即「東王公」，始見於晉葛洪《枕中書》，統率所有男仙，掌管蓬萊仙島。傳統上常與統率天界眾女仙的西王母相對應，或有視為夫妻者。

〔註263〕參葛洪《神仙傳‧麻姑傳》。

〔註264〕見葛洪《神仙傳‧麻姑傳》記：仙人王方平，降臨蔡經家祝壽，並派人邀請仙女麻姑前來的故事。

〔註265〕王喬，道教崇奉的神仙。《後漢書‧方術傳》載：「王喬者，河東人也。顯宗世，為葉令。喬有神術，每月朔望，常自縣詣臺朝。帝怪其來數，而不見車騎，密令太史伺望之。言其臨至，輒有雙鳧從東西飛來。於是候鳧至，舉羅張之，但得一隻舄焉。」

　　施氏詩中所引用的歷史人物有三人，葛洪（283～363）曾著《神仙傳》、《隱逸傳》，篤信神仙，總結並建立了道教早期的神仙理論。長吉為李賀之字，青蓮乃李白之號，都是知名詩人，也都深具道緣。李賀（790～816）詩歌好寫神仙鬼魅的題材，後人因此譽為「鬼才」，相傳因受天帝寵召而早夭。〔註266〕李白（701～762），號青蓮居士，道性深厚，雅好神仙之學，自云：「五歲誦六甲，十歲觀百家」、「十五遊神仙，仙游未曾歇」、「雲臥三十年，好閒復愛仙。」〔註267〕曾受道籙為道士。道詩甚多，如〈夢游天姥吟留別〉、〈山中問答〉、〈游泰山〉等皆其名篇。三人皆是以著作名傳千秋的文人，一者，三人皆好道，可以完全融合於詩中仙道的氛圍；再者，與作者梅樵的文人身份相近，倍增親切，也似乎暗喻著「立言不朽，足登仙界」之意。

三、詩歌意象的形式分析

　　遊仙詩表現虛幻想像，需要藉助多樣的意象組合，用以促進更豐富具體地反映隱微或複雜的情懷。遊仙淵源於道教，傳統以來的道教元素，如其思想、故事、人物、建築、術語等，既型塑了濃濃的仙道氛圍，也提供了隱晦內容的浪漫掩飾，而成為遊仙詩寫作的基本元素。而以傳統詩歌做為一種形式工具，在齊言與格律的格式壓縮下，如何巧妙運用，鋪陳出具備此一特定文化氣氛的意象，是遊仙詩在形式構成上的重點。而構成的材料，筆者認為環境景觀、人物事典是極具重要性的二大類型。以下嘗試針對施梅樵〈小遊仙〉諸作，離析其意象元素，再經歸納之後以彰顯其中的遊仙構件。

（一）景觀物像

　　王昌齡（698～756？）《詩格》曾分析詩境為三：一曰物境，二曰情境，三曰意境。其中所謂「物境」，他說：

> 物境，欲為山水詩，則張泉石雲峰之境，極麗絕秀者，神之於心，
> 處身於境，視境於心，瑩然掌中，然後用思，了然境象，故得形似。

〔註268〕

〔註266〕李商隱《李賀小傳》載：李長吉將死，晝見神人，謂：「帝成白玉樓，立召君為記。天上差樂不苦也。」不久氣絕。

〔註267〕分見《全唐詩》卷172〈李白〉詩〈上安州裴長史書〉、〈感興〉六首之四、〈安陸白兆山桃花岩寄劉侍御綰（一作〈春歸桃花岩貽許侍御〉）。

〔註268〕見顧振龍撰《詩學指南》卷三王昌齡《詩格》頁85。臺北：廣文書局，1987

景觀物像是使讀者對仙境產生具體化想像的重要元素，而得以獲致「形似」的結果。景觀或虛或實，物像或眞或假，特別是在遊仙詩中，實在無須去考證或追究其客觀存在，然其文化意象的主觀呈現，則宜多予觀察。

分析〈小遊仙〉、〈夢遊仙〉中所運用的仙鄉景觀物像，可以概括爲三類：

1、天　景

施梅樵運用了二類：其一爲天體，有月府（月殿、蟾宮）、銀河（星河）；其二爲天象，有長虹、雲光（雲衢、白雲洞）、丹霞（霞影、霞彩）。道教重陰陽調和，而上列諸項都屬於天文上具有陰柔偏向者。相較於遠遊的辛苦，柔美的景觀更能產生慰藉貼心的親近感。特別是彩虹雲霞的迷離虛幻，更容易引動人們對仙境的無限美好想像。如「四面丹霞色似烘」句，有效地塑造出仙境浪漫絕美、令人醉心的風光。

2、地　景

此項亦可分爲二類：其一爲地象，有芝草〔註269〕、瓊花、跨鶴、躍龍、支機石〔註270〕，均爲具有靈性，十分珍稀的植、動、礦物；其二爲地域，有仙山、蓬萊（蓬瀛、蓬壺）〔註271〕、天池〔註272〕。雖然花草礦石山川人間也有，而富於靈性瑞氣者極爲稀有珍貴，夢寐而難求，也特別吸引人。

3、用　物

大者如建築，包括翠微宮〔註273〕、珠樓（玉樓、瓊樓、紅玉樓臺）、玉闕（珠闕）、玉窗（窈窕窗）、晶簾。仙境建築人們無不以最好的材質形貌想像之，「珠」「玉」的形、質素來最受青睞，文學中也不例外，梅樵詩中也

年3月。

〔註269〕芝草乃仙草，服食可以長壽成仙，所謂：「芝之所以能使人立仙者」，見《正統道藏》洞神部眾術類《種芝草法》。

〔註270〕支機石，見南朝宋劉義慶《集林》：「有人尋河源，見婦人浣紗，問之曰：『此天河也。』乃與一石而歸。問嚴君平，君平曰：『此織女支機石也。』」。又，宋周密《癸辛雜識前集》引南朝梁宗懍《荊楚歲時記》記載：漢代張騫奉命尋找河源，乘槎經月亮至天河，在月亮見一女織，又見一丈夫牽牛飲河，織女取支機石與騫。

〔註271〕仙山即仙鄉，蓬壺：即蓬萊。古代傳說中的海中仙山。見《列子集釋・湯問》。

〔註272〕天池固然在天界仙鄉，而「池」實爲地上凹屈積水的樣貌，天池的意象乃是地景的延伸想像。因此天池歸於地景類。

〔註273〕翠微宮，位於今西安市長安區。是唐太宗李世民避暑養病的離宮，今名翠微寺。張昌齡曾作《翠微宮頌》，讚美其壯觀華麗。

大量使用。此外，天界的遼闊，使仙界建築往往既美且大，試看：「珠樓金闕
幾重重」、「陟遍雲衢有幾重」、「歷歷雲梯上幾重」等，其意皆在極言其高廣。
惟，詩人連續幾番同樣都用「玉」、「幾重」來形容之，還略有詞窮之嫌。

　　小者如飲食，此用物非美即奇。美者如天廚美酒〔註274〕、瓊漿（玉液、
玉漿）、玉釭、玉壺、畫觴、雲梯；奇者如交梨火棗〔註275〕、玄霜〔註276〕，
率皆珍奇精美。而詩中寫蓬萊宴時，則強調了飲食充裕的富足，如云：「攜來
玉液各盈鐘」、「饌滿天廚酒滿缸」等。

　　景觀物像塑造了詩境的具體呈現，提供詩歌託情以景的基底，有助於使
情感的表現更加委婉含蓄。因此，環境景觀雖然不是遊仙詩的必然條件，卻
可以是一項有利於呈現詩意的充分條件。

（二）人物事典

　　仙既是內心期待的一種想像，與人相近的人仙、美麗多情的女仙，歷來
都是最受歡迎的描寫對象。施梅樵遊仙詩的所有人物當中，安排出現最多的
是富於才情的仙女們。這是比較特別的。詩人對仙女們的容貌姿態，全都未
有任何著墨。有別於一般常見對仙女迷人外貌的渲染，詩人觀察的重點全然
放在他們的才情或作為上。在每一組組詩中都可以看到風格殊異的仙女出
現，仙女們的才或情吸引了詩人的目光，而在作品中給予了特寫式的描述。
這也間接反映了梅樵個人對女性的欣賞角度。詩歌中遊訪相遇的是工於彈唱
的許飛瓊〔註277〕，泥寫新詞的小憐〔註278〕，奔月訴懷的嫦娥，還有借說引用
的奉壺雲英、垂髮麻姑〔註279〕，以及青盧小玉〔註280〕。而未示名號的仙人、

〔註274〕葛洪《神仙傳・麻姑傳》載：「（王）遠謂經家人曰：吾欲賜汝輩美酒，此酒
　　　　方出天廚，其味醇釅，非俗人所宜飲。飲之或能爛腸，今當以水和之，汝輩
　　　　勿怪也。」
〔註275〕交梨火棗，一說為仙果，南朝梁陶弘景《真誥・運象二》：「玉醴金漿，交梨
　　　　火棗，此則騰飛之藥，不比於金丹也。」一說為內丹，指體內精氣神的凝結
　　　　物。《雲笈七籤》卷56《元氣論》：「交梨火棗，生在人體中，其大如彈丸，
　　　　其黃如橘，其味甚甜如蜜，不遠不近，在於心室。」
〔註276〕玄霜，外丹藥名。《漢武帝內傳》：「仙家上藥，有玄霜、絳雪。」
〔註277〕飛瓊，事見《漢武帝內傳》：「王母乃命諸侍女……許飛瓊鼓震靈之簧。」
〔註278〕小憐，北齊後主有寵妃馮小憐。參《北史・后妃列傳下・齊後主馮淑妃》。李
　　　　商隱〈北齊〉詩云：「小憐玉體橫陳夜，已報周師入晉陽。」
〔註279〕葛洪《神仙傳・麻姑傳》載：「麻姑至，蔡經亦舉家見之。是好女子年可十八
　　　　九許，於頂上作髻，餘髮散垂至腰，衣有文彩，又非錦綺，光彩耀目，不可
　　　　名狀，皆世之所無也。」

仙家本可視爲中性描述，但看其後接以「他年織錦」之說，則似乎又明顯暗示爲女性角色。眾家仙女的出現，使施氏的遊仙詩比較明顯的具有陰柔嬌美的傾向。

再者是詩人書寫仙女時，常賦予個人的觀感情懷，例如：聆聽飛瓊彈唱，詩人欣賞其神態「瀟灑」，並讚美她「不學尋常銕笛腔」的脫俗；形容小憐的確是個「可人兒」，更深深「護惜」她所題的新詞；見嫦娥哀怨傾訴「私」情，詩人代爲宣言，有迴護相挺的意味。而本身就是書法名家的施梅樵鑑賞仙家書法時，不僅讚嘆，還能開玩笑提醒小心翻墨，似乎有同道中人的歡欣。諸如此類的詩人遊仙感覺中，不難看出作者私心的欣賞、讚嘆，甚至是疼惜。雖然不能說訪見仙女就是施氏這次小遊仙的目的，但喜見仙女，樂於描寫，卻是施氏遊仙詩的重點之一。傳統遊仙詩本常見描寫仙女，就此而言，則施氏無乃是繼承了傳統。另外，施梅樵在現實生活上的樂遊歡場，應該也提供了他私慕嫻熟的書寫基礎。

看看詩中所寫入的男性神仙有舉手致意的長吉和青蓮、相問訊的木公、被問路的葛洪和蔡經；竟恰好都是詩中問候或參議的角色，傾向於配襯性、功能性的意義。而被嘲謔的劉、阮〔註281〕，只是成爲引作借鏡的薄倖郎。以上都不能算是詩作中佔有較重地位的角色，也沒有在篇幅上擁有較多的比例，顯然不是作者遊訪的目標，也不是詩人觀察著筆的重點。這些男性人物在施氏遊仙詩中乃是綠葉性質的配角。

而不論是哪一類的人物，施梅樵在其遊仙詩中，始終是旁觀的第三者。作者事實上是帶領著讀者，一起雲遊仙境，一起造訪仙人。遊仙詩中的諸多人物意象，實際上是聯繫者其各自背後的不同典故，而飽滿了人們對神人的體會，並進入了想像的情境。

典故的運用，常能有有效深化詩歌的意涵。施氏在其遊仙詩中的事典主要有二類：其一爲神話傳說，如：嫦娥偷藥、麻姑幼貌；其二爲文學故事，如：藍橋遇仙、霓裳羽衣等。

〔註280〕見白居易〈長恨歌〉詩云：「忽聞海上有仙山，山在虛無縹緲間，……金闕西廂叩玉扃，轉教小玉報雙成……風吹仙袂飄飄舉，猶似霓裳羽衣舞……蓬萊宮中日月長，回頭下望人寰處。」
〔註281〕南朝宋劉義慶《幽明錄》載：漢明帝年間劉晨、阮肇共入天臺山，迷不得返。上山見蕪菁葉從山腹流出，甚鮮新，復一杯流出，有胡麻飯糝，遂更入山。而得遇仙女，居半年後歸鄉，而家族已歷七世矣。終不復入仙境。

　　最明顯的是裴航藍橋遇雲英〔註282〕的神仙傳奇，施梅樵以此故事爲詩篇之始，亦幾以此爲終。裴航追求的歷程就是「遊」，而終能娶「仙」女、服「仙」丹、登「仙」境。施梅樵雖非重遊藍橋，但雲英傳奇所帶給他對遇仙成真的鼓舞，豈不同樣也反映了凡人對求仙得仙的夢想期待？詩人採取這個故事爲終始，無非也象徵著作者內在勇於追求，而期待終究圓滿的嚮往。

　　再者，嫦娥奔月〔註283〕的故事無人不知，施梅樵詩中三度提及月宮，其中二次都在說「情」。詩云：「一段心情未許通」、「嫦娥私把前情訴」，彷彿隱藏著一絲私慕蜷縉的兒女情長的愛意在其中。后羿射日的激變、劉阮求去的薄倖，都是讓女性驚怖傷心的經驗，與此相較，則不僅仙人有惆悵憂懼，詩人也油然生起憐憫疼惜的心情。奔月是人類遠自洪荒即有的壯遊夢想，而月的柔和陰性美，卻同時也是人類內在柔軟纖細情感的表徵。

　　經由人物事典所產生的意象，使讀者得以在故事經驗的層面之外，藉此而提示、體會出作者內在更多可能的寄託或情意。

四、詩歌意涵的內在分析

　　神仙的信仰反映著人類心靈的空虛憂懼，及對永恆美好生命的熱切期待。現實生活本來就不完美，亦發需要讓想像奔馳，讓現實的缺憾得以在心靈上得到寄託，讓心中的理想得以在精神世界得到實現，而維持或把注對未來的希望與動力。文人做遊仙詩，有其言外之意的寄託，藉以圓滿其生命本質的自我實現。

（一）咫尺蓬萊，天外仙鄉──現實世界的理想重構

　　施梅樵在其遊仙詩中不僅如前所述是第三者的旁觀之遊，並且也只是「到此一遊」，蓬萊和月宮對他來說都是過境，而非終點；換言之，仙境不是詩人生命追求的終極樂土，仙人也不是他企慕嚮往的偶像，詩人沒有就此安身立命、一去不歸的打算，「去路生疏問葛洪」，他尋尋覓覓歸鄉的方向，終究想要回來。他是一個旅人，曾經將自我游離，逍遙於太虛幻境，得到了

〔註282〕見唐代裴鉶《裴航》傳奇：「唐長慶中有裴航秀才，經藍橋驛道，渴求漿，見女子雲英，願納厚禮娶之。訪得玉杵臼，更爲擣藥百日，仙姬迎航往一大第就禮，遂遣航將妻入玉峰洞中，餌絳雪瓊英之丹，神化自在超爲上仙。」

〔註283〕《淮南子・覽冥訓》：「羿請不死藥於西王母，姮娥竊以奔奔月，悵然有喪，無以續之。」

心靈的滿足或精神的抒解。雖然他說：「到處逍遙忘是客，人間無此好家邦」，大大讚賞了仙境的完美，也「臨行故故緩歸期」，猶然依依不捨，不過或許我們要說：施梅樵看似塵心難了，俗緣難斷，實則他對故土牽繫盈懷，不能或忘，不就清楚反映了梅樵內心深處對故鄉的眷懷執著，不忍離棄嗎？施梅樵藉著幻遊仙境，反向強調了他對臺灣土地強烈的自體認同。

施梅樵是鹿港人，他心心念念要回來的故鄉就是臺灣，而其遊仙詩所描述的仙鄉蓬萊，不也就是臺灣的古稱嗎？詩人既然已經身處臺灣島，詩歌中何需再嚮往仙鄉？難道現世臺灣已經不復古來所稱仙鄉的美好？抑或詩人不能滿足於現實，而需遙想天邊以自我安慰？

看看詩人所處的時代，恰是日本統治的時期。臺灣山河美麗依舊，「蓬萊仙島」的稱譽不變，只是在日本帝國主義鐵蹄下，不僅傳說中自在愉快的仙人早已不見，而逍遙于深山中的原住民屢受迫害的消息更是不斷，島上子民實際上正生活在被殖民的壓迫下。施梅樵含蓄地以遊仙詩的方式，表達心中對土地的憐惜，也以此壓抑的形式，傳達對日本殖民政府的不滿。回觀梅樵「休道蓬壺隔萬重，仙人姑射日相從」一語，似乎正隱含了對臺灣脫離日本統治的熱切期待。

顯然當現實環境的原有秩序崩塌之後，不安的人們往往自發地、嘗試在其內心重建理想中的完美新世界。完美的理想世界是仙鄉、是樂土、是天堂。而詩人透過「詩歌」的形式描寫仙鄉，以呈現出詩人心中的烏托邦。即如陶淵明的〈桃花源記〉，正是形象化地描述了靖節先生在亂世中所期望的理想世界的藍圖。

仙鄉、仙境的構設，表現出作者自主心靈的自我療傷，以及對身處社會的否定。這個理想世界的圖像，是將已經「大道陵夷」的社會現實予以打破之後「重構」，得以讓形而上的靈魂跳脫出形而下的困厄束縛，而取得精神上的舒脫、平衡與和諧，透過精神上的超越，達到逍遙自在的理想。

若說《列子》記蓬萊位於「渤海之東不知幾億萬里」，是反映了遠古時代先民對海洋的神秘好奇的想像，以及對渺遠天地的寄情；則梅樵筆下「陟遍雲衢有幾重」的天上蓬萊，也反映了詩人仰望藍天白雲，寄予了對自在遨翔，富足溫柔生活的一種渴望。

（二）天上人間，仙境風月──紅塵生活的投射與美化

文學作品中出現的用物與生活內容，一方面是作者現實生活的反射，另

一方面也是作者內心嚮往的反映。讀者一方面藉此看到了作者生活的片段，也同時藉此體會其內在可能的態度或思想。即使遊仙是一種精神的超脫，常做天馬行空的幻想，但依然很難完全脫除以現實認知為根基的聯想。換言之，詩歌的藝術性完成，是以現實經驗為基礎的鍛鍊與提昇。

　　施梅樵遊仙詩中所描述的仙境，充滿著美景、美人、美酒、美食、美物等諸般美好：環境自然優美，遼闊調順；所居之處無不高廣舒適，富麗堂皇；飲食上珍饈佳餚，充裕富饒。這些用物人間都有，只是仙界比人間來得更多、更大、更美好；即使是駕雲乘風的幻想、施巧弄雨的仙術，時至詩人當代及稍後，也都有飛機、人造雨的出現。諸如此類，仙家生活與人間多有相類，這或者是仙人還眷戀著普通人的生活，也或者說仙人是凡人完美化的結果。

　　詩人也敘述了感情、生活、韻事：仙人有歡樂也有煩惱；生活上則詩書、歌舞、織錦、泛舟等藝能，動靜皆宜，美人、仙家各安其趣，獨處、群聚，各隨因緣，有欣喜相逢，也有惆悵惜別，使仙界看來也很人性化。

　　再者，在描繪仙境時，詩人也都沒有使用過於誇張的形容，即使是「珠樓金闕幾重重」、「仙山三萬八千里，盡在行人指顧中」、「風馬雲車頃刻中」等句意在誇大，但其實以模糊的形容要造成鮮明的衝突或對比，其誇張效果是有限的，詩人對仙界的想像多有承襲，而少有創意。

　　總體來說，梅樵心中的仙界，沒有脫離人間樣貌。如果登臨仙境而無意長住，訪見仙人而不欲同行，則詩人乃側重於其客遊，以欣賞人間生活的極致化昇華。或許梅樵認為：人仙並不遜於神仙呀。

　　在〈小遊仙〉中，讀者看到了珠樓金闕，晶簾玉窗，美酒佳餚，射覆藏鉤〔註284〕，雅靜的白雲洞，熱鬧的歌舞場，還有「屐痕花下印雙雙」、「正是雙成惜別時」。若說仙境在人間，則詩歌中諸如此類的場景，都不免讓人聯想到人間風月場。前朝士子施梅樵在難堪的世局中為時俗所迫的許多壓抑，藉著幻遊仙境求得一部份精神的紓解和理想的寄託；但畢竟身在濁世，如何讓形體的解脫與精神的安頓得到真實的撫慰？現世的方法，有人服食養生，有

〔註284〕射覆，是猜物遊戲，乃用碗盆覆蓋著要猜之物，使人以占卦等術數去猜出來。藏鉤，晉代周處《風土記》記載：「藏鉤之戲，分為二曹，以較勝負。若人偶則敵對，人奇則奇人為遊附，或屬上曹，或屬下曹，名為『飛鳥』，以齊二曹人數。一鉤藏在數手中，曹人當射知所在，一藏為一籌，三藏為一都……藏在上曹即下曹射之，在下曹即上曹射之。」後每月的十九日，古稱「下九」，是屬於婦女的節日。屆時婦女們置酒暢飲，並常為藏鉤諸戲，有至通宵達旦者。

人佯狂隱逸，若說施梅樵尋向旗亭歡場，也是可以理解的。即使是苦中作樂，也是個自我解放的所在。學者余美玲便指出：「這裡的『遊仙』，不是道教縹緲的仙鄉，而是人間狹邪的風月場所，這也是作者在現實世界不得意後的苦中作樂的自我解脫之所。」〔註285〕施梅樵遊戲旗亭，樂於冶遊，銷魂窟不啻人間仙境一般，梅樵的遊仙詩，既含蓄又露骨地反映了他浪遊狹邪的風月經驗。

　　傳統文人在失意之餘常有歸隱山林者，而醉心風月者亦復不少。臺灣在歷經乙未割臺的巨變之後，文人仕途夢斷，丹心無托，高飛如施士洁者有之，隱逸如洪棄生者有之，而放浪如林朝崧者〔註286〕亦有之，凡此都是顯著的例子。而日治時期「紅裙侑酒」是詩人聚會時常有的助興活動，梅樵設帳各地，遊走三臺，樓臺酒館的環境，他並不陌生，藝旦妓女的萬種風情，他必然也有許多體會。

　　施梅樵本是鹿港鉅族名門之後，早期「家貲尚鉅萬，以喜狹邪遊傾其貲，而梅樵始終興不衰」〔註287〕，言下謂梅樵性喜冶遊，頗為樂此不疲；當時許多旗亭女校書，在漢學風行的當時，都曾拜在梅樵門下，學做漢詩〔註288〕。旗亭歡場的迷人，一般即常被賦予「溫柔鄉」〔註289〕、「神仙窟」等暱稱。而詩人也不諱言其愛好，詩中曾云：「美人醇酒堪娛老，泥醉渾忘日影斜」、「詼諧曼倩無拘束，行樂還應讓老夫」、「歡場我亦鍾情客，散盡黃金莫怨嗟」〔註290〕，梅樵真是個千金散盡樂狎遊的風流才子。

〔註285〕見余美玲〈鹿港詩人施梅樵詩歌探析〉，《國文學誌》8 期頁 273～297，2004 年 6 月。

〔註286〕施梅樵有〈輓林痴仙〉詩十首之七云：「春風客路數相逢，攜妓提壺喜過從。孤樹何堪雙斧伐，不圖中歲興尤濃。」見《捲濤閣詩草》頁 127。

〔註287〕見洪棄生《寄鶴齋詩話》卷六，臺灣省文獻會出版，1993 年。

〔註288〕例如：《臺灣日日新報》第 8773 號 4 版（1924 年 10 月 16 日）〈赤崁特訊・文雅可嘉〉記載：「臺南市新町酒杯亭妓女荷香，及玩春園支店阿桂，性好讀，自兩年前，從施梅樵氏學習詩文，每日殷勤誦讀，無少休息。」
　　　　又，《臺南新報》第 8161 號 5 版（1924 年 11 月 7 日）〈店員好學〉記載：「邇來文風稍振，漢學振興。無論學界生徒，年年增加，學級加額。甚至於本島娼寮妓女，就捲濤閣施梅樵氏之私學者，計有數人。」

〔註289〕舊題漢代伶玄〈飛燕外傳〉：「是夜進合德（按，趙飛燕妹），帝（漢成帝）大悅，以輔屬體，無所不靡，謂為『溫柔鄉』。謂曰：『吾老是鄉矣！不能效武皇帝求白雲鄉（仙鄉）也。』」後世因以稱美色迷人的境地為「溫柔鄉」。

〔註290〕錄自〈寄示近樗〉、〈席上玉霞校書索詩率成絕句〉、〈新新旗亭春宴賦示花卿〉，分見《捲濤閣詩草》卷上頁 23、50；《鹿江集》頁 101。

　　梅樵詩集中的酬贈之作甚多，樓閣亭臺的宴樂時見，也不乏賦贈妓女。統計詩題中可見的女校書〔註291〕名號，就有 11 位〔註292〕，未示名號者不計，而多爲索詩贈韻的應酬之作。詩歌頗記諸女的殷勤多情，如「殷勤治酒膾銀絲。多卿情更深於海」、「康成猶有吟詩婢，雞黍殷勤餉老夫」、「當筵不唱懊儂詞，勸飲殷勤進酒巵」〔註293〕等，幾乎不見對諸女花容月貌的描寫。反而是妓女們的才藝，似是詩人書寫的重點。如他讚美雙鯉校書「彈箏亦性靈」；讚嘆白玉杏校書「素淡衣裳自入時、既工絃索又工詩。」；尤其賞識劍英女史，曾寄詩云：「詠絮應推筆一枝，甲元瀆面待何時。每從吟侶傳詩稿，轉憶旗亭負酒巵」；也曾對寶桂校書說：「老夫具有憐才意，非未尋春逐隊來」〔註294〕。

　　如上所見，和梅樵下筆不寫仙女們的儀態、容貌、舉止，卻寫了她們的才藝和情感，如出一轍。則在此一角度下，梅樵遊仙詩具有三方面的承襲：其一，承襲了歷代遊仙詩常見以女性書寫爲重要意象的傳統；其二，繼承了傳統文人重才輕貌的儒者意識，即使社會地位不高的女子，也能因爲其個人學德才藝，而予以一定的尊重；其三，可視爲梅樵個人風月經驗的投射與想望。

五、小　結

　　施梅樵身當亂世，一生歷經三朝遞變，尤其日治時期殖民高壓統治，是一段黑暗時期。他曾題詩云：

　　　半壁東南局已殘，欲求豪傑濟艱難。

　　　蝪蛉螺蠃盈寰宇，只合雙懸白眼看。（〈感作〉）〔註295〕

〔註291〕校書，妓女別稱。據《風月》昭和 10 年 9 月 3 日 26 號頁 2〈妓女異名考〉：「校書，《鑑識錄》云：『蜀人呼營妓爲女校書』。按唐妓薛濤，工詩，寓於蜀，胡曾贈詩云：『萬里橋邊薛校書，枇杷花下閉門居』。妓稱校書，由此始也。」

〔註292〕此 11 位女校書芳號爲：川貝、雙鯉、琴仙、白玉杏、玉霞、劍英、寶桂、瓊瓊、豔春、儷秋、彩雲。

〔註293〕依序錄自〈吟贈川貝校書〉、〈重過萃園感舊有作〉、〈席上玉霞校書索詩率成絕句〉，分見《捲濤閣詩草》頁 5、11、40。

〔註294〕錄自〈雙鯉校書索詩率成贈之〉、〈席上聽白玉杏校書唱古涼州曲，校書向余索詩，賦此贈之〉、〈寄質劍英女史〉、〈席上次韻示寶桂女史〉，分見《捲濤閣詩草》頁 8、38、58、67。

〔註295〕〈感作〉，見《捲濤閣詩草》頁 12。

閱世漸深懷倍淡，偷閒已慣語仍溫。

海桑時局驚心甚，未敢逢人便討論。(〈寫懷〉)〔註296〕

殖民高壓統治，嚴格管控言論，往往動輒得咎。雖說傳統詩的寫作與活動受
到官方特定意識下的鼓舞而蓬勃，然而詩壇同樣沒有獲得言論思想的豁免
權。壓抑的時代更需要抒發的窗口。環境的無奈，渴求的希望，在現實中倍
感無力，詩人往往只能寄情詩文。胸懷異議不吐不快者，有部分能義勇抗議，
而大多還是隱晦諷寄，遊仙詩、詠物詩、豔詩等無關乎政治的主題，是文人
兼顧漢學香火與明哲保身的安全選項。

　　遊仙詩的寫作，正是施梅樵的精神出口之一。詩人移情於想像的天地，
宴樂於蓬萊，敞徉於月宮，建構仙境的遼闊美麗，周遊於才情兼富的仙家兒
女，在天上有著不太陌生的人間樣貌，卻比人間完美溫馨許多。

　　當家國變色，世道崩亂，詩人藉遊仙重構理想世界，寄託對土地強烈的
眷懷與期待，暗諷強權高壓；而詩人忘情於風月尋求暫時解脫，紅塵經驗藉
遊仙而昇華美化，詩人也在其中慰藉了對自在遨遊，富足溫柔生活的深層渴
望。

　　悠遊仙境，可以既含蓄又奔放地發舒壓抑的自我情志，當是施梅樵遊仙
詩諸作最重要的意義吧。

〔註296〕〈寫懷〉，見《鹿江集》頁63。

第七章　結　論

　　本論文以施梅樵（1870～1949）其人與其詩進行主題性研究。全文以「作家生平」與「漢詩文學」為研究雙軌，在經歷資料搜尋與分析歸納的探索過程中，進行基礎性與專題性二階段的探索，建立對施梅樵其人、其詩的認知架構，鋪陳為生平家族考述、詩壇交遊網絡、文獻搜錄鑑別、文本綜觀類論、特色主題探析五大主述系統，希望就施梅樵及其漢詩的研究，提出具有展望性的基礎成果。

　　茲就本論文的主要研究成果，統整為如下數端：

　　一、廣求各報章書冊，進行施梅樵作品的全面蒐集。使得分散各處的詩、詞、文、聯等作品，可以得到較為集中的編錄。在比較現存別集《捲濤閣詩草》與《鹿江集》之後，遂編為本論文附錄一、「施梅樵佚作彙編」。合計達到 647 題 922 篇/首，這是目前為止對施梅樵作品最完整的一次呈現，可以大大地補充已經出版的兩冊別集的不足，更全面地反映其寫作成果。筆者並且採用編年的方式編輯，藉以忠實呈現施梅樵的漢詩寫作軌跡。

　　二、田野調查獲致寶貴資料。其一、是施梅樵位於鹿港的可能住宅，經由實地採訪當地居民推知，是位於大有街的一棟古屋。目前雖已經破損不堪居住，然其輪廓尚在，提供後人回到歷史現場的具體依憑。其二、梅樵家族四代成員（自其父至其孫）的家世背景，透過分藏於各地戶政單位的戶籍記載，提供了最真確可靠的史料，協助建構對詩人家世與生平的真實認識。其三、與梅樵有關的書面文稿，在田野調查有意尋訪與意外獲致中，陸續得到寶貴的相關文獻。詳細已如本論文第四章第二節中條述之。凡此皆為離開案頭，走入田野所挖掘出來的寶貴史料，點滴都難得。其中大多為一手資料，

足爲有意認識施梅樵者，提供足與書面互補的難得文獻。

三、以史實文獻爲根柢，盡力進行較爲細緻明確的歸納與說明，完成較爲廣泛而深入地反映施梅樵個人的生命歷程。作爲以詩人爲主題的論文，對詩人生平的探究實爲分內要務，而本論文也實質地經由文本閱讀與田野調查的雙管齊下，結合包括詩文作品、戶籍資料、訪談口述、故址勘查……等多方面資料的交叉比對、互補與印證，優先撰述第二章「生平家族考述」，比較深入地擴大認知施梅樵的生卒、字號、教育、從業等方面的經驗與內容，也提供較高的可信度來呈現其家族成員、序列其一生遷徙的路徑與居所等。

四、條陳施梅樵廣大的詩友群像。其一乃經由聚沙成塔的精神，彙錄施梅樵弟子群像達 101 位，期以反映其一生致力漢學教學的桃李有成；其二、梳理施梅樵諸詩友達 422 人，條錄其彼此間往來之詩作名目，具體而踏實地攤現施梅樵在傳統詩壇的交遊網絡實況，完成附錄二、「施梅樵往來詩友題名錄（簡表）」。此一考察文人交遊基本資料的方法，可能別開一生面。

五、耙梳施梅樵於臺灣詩壇的交遊網絡。本論文第三章釐清施梅樵在詩社詩會與書房教學二大主脈下並進，累積出一代詩壇祭酒的地位。他同遺老們往來，以漢文教學爲業，又勤走於各詩社之間，廣結詩界因緣，交織成其個人在詩壇上的人際網絡，藉此而推廣與傳承其延續漢文的理想。並以其參與的活躍與創作的質量，在整體臺灣詩壇產生了一定的影響力。梅樵藉由與地方詩社之間頻繁的聯繫互動，以及在歷次全島性詩歌聯吟會中的屢屢膺任詞宗，在臺灣詩壇具有重要的地位，證實施梅樵之令譽皆其來有自，並非浪得虛名。藉由本章反映出日治時期臺灣詩壇爲數眾多的民間詩人與詩社，爲善不辭其小地結合群體，超越個人，透過漢詩書寫生活化、社群網絡緊密化的建構與加強，展現高昂的堅韌意志，而獲得包括日本人在內的尊重，也成就了傳統詩歌在臺灣的巔峰發展。

六、秉持著踏實知見的態度，不厭其煩地進行施梅樵文學文獻的外部與內部鑑別，完成第四章「文獻搜錄鑑別」，爲隨後之文本分析奠定可靠的基礎。筆者搜尋施梅樵相關的文獻，尤重文學史料，歸納爲知見與存目二大類。知見者則分爲出版（刊）與佚作二項。對已出版（刊）諸作進行版本優劣考察，因知梅樵傳世代表作《捲濤閣詩草》與《鹿江集》在編輯與校勘對等方面，都存在著相當大的修正空間，本論文彙製《捲濤閣詩草》、《鹿江集》之「正誤表」，可爲明證。此一事例也突顯出現存臺灣古典文學界文本鑑別的

必要性。其佚作亦夥，搜尋所得已彙入本論文附錄一、「施梅樵佚作彙編」，其未得者尚待日後機緣。

七、施梅樵以其豐富且長久的創作實務經驗，表現出兩大重要詩觀：其一、著作的價值意義，正乃是名山大業，千秋盛事。施梅樵重視歷史評價，他繼承了傳統觀點，也受到了現實環境的衝擊，認為漢詩是跨越時空族群的雋永藝術，自是足以提昇與延長生命意義的名山事業。因此梅樵也以鄭重的態度創作，勤於鍛鍊，頻以「名山著作」自勵勉人，提倡漢學詩風。其二、創發的重要推力在於江山之助，並側重神重於形。詩人有感於環境而創作，形成了鏈帶狀的創作關係：「詩人—江山—文學作品」。施梅樵自覺到江山勝景在其創作靈感啓發上的重要性。進一步強調了寫景貴在「傳神」，反對「文貴形似」，主張「神重於形」。認為創作至此「傳神」境界，方能臻於名山之林。

八、經歷三個階段的漢詩風格轉變，與多元並茂的古典書寫體式。綜觀施梅樵一生的漢詩寫作，大約可以透過臺灣割讓與《捲濤閣詩草》出版二事，區分為早期、中期、晚期三大階段。早期施梅樵才氣充沛，詩風偏豔。至中期激變而常抒滄桑勁健之氣，頻伸氣節堅壯之志，詩作一轉而趨向於悲慨風格。晚期筆觸雙軌並出，其一脈仍延續原來的悲慨風格，另一脈則多見淺直明切，展現出簡淡的風格。一生的漢詩創作，在文學藝術上可推《捲濤閣詩草》為首要代表，較能充分代表施梅樵在天分才氣與後天學力雙方面的均勻成就，允推為其個人的巔峰之作。梅樵作品無數，體式兼跨詩、詞、歌、賦、文等。臨終之際猶亟欲藉詩集傳世以明其心志，其詩歌寫作便不以藝術雕琢的美感追求為主要取向，而是側重在主題內涵的精神意旨。

九、施梅樵四大特色主題書寫的殊相，同時反映了與日治時期詩壇的共相。梅樵一生寫作無數，主題廣泛，包括詠物、詠史、旅懷、慶弔、諷諭……等，實為詩界能手。細分其書寫主題雖含跨多元，惟在跨越清末到日治時代衝擊的背景下來看，筆者歸納所見，認為：施梅樵漢詩創作生命中的特色主題在遺民傷痛、賡和酬唱、風月沈醉、遊仙寓託四者。而這也同樣為日治時期臺灣詩人們的常見寫作，此四大文學主題可謂為兼具個別性與普遍性，同顯時代性與社會性。第六章「特色主題探析」研究認為：其一，遺民傷痛是施梅樵文學的靈魂主調，他終其一生不曾釋懷，梅樵承先啓後，在臺灣遺民文學史上具有鮮明的形象，因此可謂為典型的遺民詩人。其二，賡和相酬是

施梅樵詩歌書寫中的常態形式，藉此溝通文人，聯絡聲氣，是結合群體意志的一種時代表徵，是推進社交聯誼與文化使命的交集。其三，風月沈醉是施梅樵文學書寫的療癒靈泉，詩人天賦的爛漫性格寄託在風月裡，得到身心的撫慰與舒展，並激發詩歌的創作。其四、詩人藉遊仙重構理想世界，發舒壓抑的自我情志，寄託對土地強烈的眷懷與期待，暗諷強權高壓，並慰藉了對自在遨遊，富足溫柔生活的深層渴望。

　　一個詩人的養成需要「才情兼具」。換言之，作詩不但靠功力，也須有才氣。後天的用功、歷練，以及先天的稟賦、才情，缺一不可。施梅樵早年以才氣充沛而博得才子之譽，一生經歷波盪而詩筆不輟、詩作迭出，累積出堅毅的民族豪情，響亮的詩界盛名。綜合而言，施梅樵是典型的傳統儒學教育薰陶下的臺灣詩人，更是日治時期深具「延斯文於一線」使命的第一線實踐者。從現實的層面來看，由於日本政府的殖民政策，使得傳統文人無法達成理想中的文學期待；作家即使在詩文中對統治者加以批評，其效力也不如直接從事政治社會運動者來得強大。但從延續漢文香火、堅定民族意識、抒發悲鬱情懷等等方面來看，日治時期臺灣古典漢詩仍有其不可抹滅的歷史意義，和值得肯定的時代價值。而施梅樵正是其中最具代表性的例證之一。

　　總結全文論述成果，已能大致切實地概括回應本論文撰述之初所提出的兩大問題導向：詩人經歷的探知與漢詩文學的論析。雖囿於才疏學淺，寫作匆促，論見尚屬粗淺，但對於未來更進一步的深化研究，相信應能提供一定程度有意義的參考。而論文進行的程序形式，亦期盼對有志於類似相關議題的研究者，能提供參考。

　　鹿港詩人施梅樵以詩明志，亦以詩傳世，漢詩正是施梅樵精神意志永續延伸的不朽見證。

主要參考書目

一、施梅樵作品（依出版年代序列）

1. 施梅樵《捲濤閣詩草》，臺南：著者印行，大正 15 年（1926）2 月。
2. 施梅樵《施梅樵先生書帖》，彰化：楊英梧，大正 15 年（1926）6 月。
3. 施梅樵《孔教報》（1936.10.16～1938.12.25），彰化市：孔教報出版會。
4. 施梅樵編，黃拱五校正《邱黃二先生遺稿合刊》。臺中州：株式會社東亞書局，昭和 17 年（1942）11 月。
5. 施梅樵主編《臺灣詩學叢刊》第一、二輯（1948.10.10～11.31），彰化北斗鎮：臺灣詩學研究會刊行。
6. 施梅樵，施廉（讓甫）輯《鹿江集》，彰化：故施梅樵先生遺著出刊委員會，1957 年。
7. 施梅樵《梅樵詩集》（收《捲濤閣詩草》與《鹿江集》二種），臺北市：龍文出版社，2001 年 6 月。
8. 林植卿遺著，施梅樵刪訂《寄廬遺稿》。臺北市：龍文出版社，2001 年 6 月。

二、早期報紙雜誌（依發行年代序列）

1. 《臺灣日日新報——漢珍／ゆまに清晰電子版》（1896.6.17～1944.3.31），臺北市：漢珍數位圖書出版公司，2008 年。
2. 《臺南新報》（1899.6～1944.3），國立成功大學圖書館藏微捲。
3. 《漢文・臺灣日日新報》（1905.7.1～1937.4.1），臺北市：漢珍數位圖書出版公司，2008 年。

4. 《臺灣文藝叢誌》（1919～1926）影印本，臺中：臺灣文社。

5. 《大冶吟社課卷》第二～四號（1922.11、1922.12.28 後、1923.1）原刊本，鹿港：大冶吟社。鹿港民俗文物館典藏。

6. 《三六九小報》（1930.9.9～1935.9.6）影刊本，臺北市，成文出版社，1978年。

7. 《詩報》（1930.10～1944.9）影印本，基隆市：詩報社。

8. 《風月》、《風月報》、《南方》影刊本（1935.5～1943.10），臺北市，南天書局有限公司，2001 年 6 月。

9. 洪寶昆編《瀛海吟草》天、地、人集（1952.10、1952.12、1953.2）原刊本，彰化：詩文之友社。

三、專　書

（一）臺灣文獻叢刊（依叢刊編號序列）

1. 藍鼎元《東征集》，臺灣文獻叢刊第 12 種。

2. 施琅《靖海紀事》，臺灣文獻叢刊第 13 種。

3. 劉銘傳《劉壯肅公奏議》，臺灣文獻叢刊第 27 種。

4. 王松《臺陽詩話》，臺灣文獻叢刊第 34 種。

5. 吳德功《施案紀略》，臺灣文獻叢刊第 47 種。

6. 洪棄生《瀛海偕亡記》，臺灣文獻叢刊第 59 種。

7. 傅錫祺編《櫟社沿革志略》，臺灣文獻叢刊第 170 種。

8. 黃典權《臺灣南部碑文集成》，臺灣文獻叢刊 218 種。

9. 盧若騰《島噫詩》，臺灣文獻叢刊第 245 種。

10. 洪棄生《寄鶴齋選集》，臺灣文獻叢刊第 304 種。

（二）總集（依出版年代序列）

1. 唐景崧編《詩畸》，光緒 19 年（1893）原刊，民國 71 年（1982）端午節（北區）臺灣史蹟源流研究會影印重刊。

2. 臺灣總督府官房文書課編《壽星集》，大正 5 年（1916）3 月。

3. 鷹取田一郎編《新年言志》，大正 13 年（1924）4 月。

4. 豬口安喜編《東閣倡和集》，臺北：編者印行，大正 16 年（1927）11 月。

5. 李城編《大安港遊記》，臺中州：編者印行，昭和 6 年（1931）3 月。

6. 曾笑雲編《東寧擊缽吟前集》，臺北：陳鐵厚。昭和 9 年（1934）3 月。

7. 許天奎《鐵峰山房唱和集》（含《鐵峰詩話》），臺中州：博文社印刷商會，昭和 9 年（1934）6 月。

8. 曾笑雲編《東寧擊缽吟後集》，臺北：陳鐵厚。昭和 10 年（1935）6 月。

9. 賴子清編《臺灣詩醇》。臺北：編者印行，昭和 10 年（1935）6 月。

10. 黃溥造編《興賢吟社百期詩集》，臺中州員林街：興賢吟社，昭和 12 年（1937）1 月。

11. 黃洪炎編《瀛海詩集》，臺北市：臺灣詩人名鑑刊行會，昭和 15 年（1940）12 月。

12. 賴子清編《臺灣詩海》。臺北：編者印行，1954 年 3 月。

13. 洪寶昆編《現代詩選·第一集》。彰化：詩文之友社，1967 年 1 月。

14. 賴和等《應社詩薈》，彰化：應社，1970 年 5 月。

15. 洪寶昆、施少峰合編《現代詩選·第二集》。彰化：詩文之友社，1971 年 11 月。

16. 賴子清編《臺海詩珠》。臺北：編者印行，1982 年 5 月。

17. 陳漢光編《臺灣詩錄》，臺中市：臺灣省文獻委員會，1984 年 6 月再版。

18. 《翰墨飄香——南投縣立文化中心典藏臺灣先賢書法作品集》，南投：南投縣立文化中心，1992 年 6 月。

19. 《承先啓後，縱橫百年——南投縣前輩美術家專輯》，南投：南投縣立文化中心，1997 年 1 月。

20. 梁基德編《清翰林等科舉名家墨跡藏珍》，彰化福興鄉：編者印行，2001 年 7 月再版。

21. 《臺灣早期書畫專輯》，南投：國史館臺灣文獻館，2003 年 12 月。

22. 施懿琳主編《全臺詩》，臺南：臺灣國家文學館，2004 年 2 月。

23. 黃志農編《彰化縣先賢書畫專集》，彰化市：彰化縣文化局，2004 年。

24. 吳福助、黃哲永主編《全臺文》，臺中：文听閣圖書公司，2007 年 8 月。

（三）別集（依出版年代序列）

1. 林寶鏞《林克宏（1858～1925）書信總集》手稿影本。

2. 陳子敏（1887～1944 之後）《挹香山館勉之吟草》手稿影本。

3. 施讓甫（1900～1967）《讓甫詩抄》手稿影本。

4. 黃拱五《拾零集文詩合編》，臺南：編者印行，1942 年。

5. 許劍漁、許幼漁著、許常安編輯《鳴劍齋遺草》，高雄：大友書局，1960 年 9 月。

6. 施性澄《靜遠樓詩集》，臺北：編者印行，1960 年 12 月。鹿港民俗文物館典藏。

7. 王叔潛著、王君碩編輯《培槐堂詩集·王老夫子叔潛公略歷》，豐原：培槐堂詩集出版委員會，1962 年 11 月。

8. 施性湍《雪濤齋詩集》，臺中：施少峰，1970 年 2 月。鹿港民俗文物館典藏。

9. 林玉書《臥雲吟草》，高雄：高雄市壽山醫院，1972 年 9 月初版。

10. 〔宋〕鄭思肖《鐵函心史》。臺北：老古文化公司，1981 年。

11. 梁章鉅《歸田瑣記》，臺北：木鐸出版社，1982 年。

12. 《陳亮集》，臺北：漢京圖書出版公司，1983 年。

13. 林荊南《芥子樓詩稿》，彰化：中國詩文之友社，1989 年 9 月。

14. 林承郁《盟鷗閣詩鈔》，臺中：大社會文化事業出版社。1991 年 2 月。

15. 陳黃金川著《正續合編金川詩草》，臺北：中央研究院文哲所，1992 年 10 月初版。

16. 曾文新《了齋詩鈔》，臺北：龍頭山房，1991 年 12 月。

17. 林耀亭《松月書室吟草》，臺北：龍文出版社，1992 年。

18. 洪棄生《洪棄生全集》，南投：臺灣省文獻委員會，1993 年 5 月。

19. 施士洁《後蘇龕合集》，南投：臺灣省文獻委員會，1993 年。

20. 莊幼岳《紅梅山館瑣稿》，臺北：編者印行。1995 年 8 月。

21. 施懿琳編《周定山作品選集》，彰化：彰化縣立文化中心，1996 年 7 月。

22. 王梓聖《王梓聖詩集》，南投：作者家屬出版，1997 年 2 月。

23. 張深切《張深切全集》，臺北：文經出版社，1998 年 1 月。

24. 黃美鵝、詹雅能編《梅鶴齋吟草》，新竹：新竹市立文化中心，1998 年 6 月。

25. 林鍾英《梅鶴齋吟草》，新竹：新竹市立文化中心，1998 年 6 月。

26. 施懿琳編《林荊南作品選集》，彰化：彰化縣立文化中心，1998 年 12 月。

27. 龔顯宗編《沈光文全集及其研究資料彙編》，臺南：臺南縣立文化中心，1998 年 12 月。

28. 張麗俊著、許雪姬等解讀《水竹居主人日記》，臺北：中央研究院近代史研究所，2001 年 8 月。

29. 張瑞和編《徐見賢詩集》，永靖鄉：頂新和德文教基金會，2001 年 8 月。

30. 張瑞和主編《詹作舟全集》，彰化永靖鄉：詹作舟全集出版委員會，2001 年 11 月。

31. 黃遵憲著，吳振清、徐勇、王家祥編校《黃遵憲集》，天津：天津人民出版社，2003 年 10 月。

32. 吳福助、楊永智編《王少濤全集》，臺北縣：臺北縣政府文化局，2004 年 12 月。

33. 龔顯宗編校《則修先生詩文集》，臺南：臺南市立圖書館，2004 年 12 月。

34. 龔顯宗編校《則修先生詩文集續編》,臺南:臺南市立圖書館,2005 年 12月。

35. 楊爾材《近樗吟草]》,臺北:龍文出版社,2006 年 5 月。

36. 陳素雲主編《林維朝詩文集》,臺北:國史館,2006 年 11 月。

37. 吳智雄編《楊乃胡先生詩集》,臺南:臺南市立圖書館,2006 年 12 月。

38. 林翠鳳主編《洪寶昆詩文集》。彰化市:彰化縣詩學研究協會,2007 年 6月。

(四) 方志史傳(依出版年代序列)

1. 臺灣總督府編《臺灣士紳列傳》,臺北:臺灣日日新報社,大正 5 年(1916)4 月。

2. 林進發《臺灣官紳年鑑》,臺北:民眾公論社,1934 年 10 月四版。

3. 廖漢臣纂修《臺灣省通志稿・學藝志・文學篇》,臺北市:臺灣省文獻委員會,1959 年 6 月。

4. 洪敏麟主編《草屯鎮志》,南投草屯:草屯鎮志編纂委員會,1986 年 12月。

5. 曾慶國主編《埔心鄉志》,彰化埔心:埔心鄉公所,1993 年。

6. 白棟梁主編《鳥榕頭與它的根——太平市誌》,臺中太平市:太平市公所。1997 年 1 月。

7. 陳熙揚撰《彰化市志・人物志》,彰化:彰化市公所,1997 年 8 月。

8. 張德南撰《新竹市志・人物志》,新竹:新竹市政府,1997 年 12 月。

9. 邱奕松主編《朴子市志》,嘉義縣:朴子市公所,1998 年 2 月。

10. 陳哲三主編《集集鎮志》,集集:集集鎮公所,1998 年 6 月。

11. 黃典權《臺南市志・人物志》,臺北:文史哲出版社,1999 年 3 月。

12. 張勝彥主編《臺中市史》,臺中市:臺中市政府,1999 年。

13. 戴瑞坤撰《鹿港鎮誌・藝文篇》,彰化鹿港:鹿港鎮公所,2000 年 6 月。

14. 吳文星撰《鹿港鎮志・人物篇》,彰化鹿港:鹿港鎮公所,2000 年 6 月。

15. 洪麗完主編《二林鎮志、人物志、洪以倫傳》,彰化:北斗鎮公所,2000年。

16. 賴彰能撰《嘉義市志・人物志》,嘉義:嘉義縣政府,2004 年 11 月。

17. 丁崑健撰《斗六市志・人物志》,雲林:斗六市公所,2006 年 9 月。

18. 林政三、許惠玟編《臺灣瀛社詩學會會志》,臺北:文史哲出版社,2008年 10 月。

四、研究論述（依出版年代序列）

1. 連橫《臺灣詩乘》，臺中：臺灣省文獻委員會，1975 年 6 月。

2. 李漁叔《三臺詩傳》，臺北：學海出版社，1976 年。

3. 程玉凰《嶙峋志節一書生——洪棄生及其作品考述》，臺北：國史館，1977 年 5 月。

4. 游子六《詩法入門》，臺北：廣文書局，1979 年 6 月再版。

5. 《增廣詩韻集成》，臺南：大夏出版社，1984 年 3 月。

6. 劉若愚著，杜國清譯《中國文學理論》，臺北：聯經出版公司，1985 年 8 月初版二刷。

7. 華諾文學編譯組編《文學理論資料匯編》，臺北：華諾文化事業有限公司。1985 年 10 月臺一版。

8. 羅伯・埃斯卡皮（Robert Escarpit）著、顏美婷編譯《文藝社會學》，臺北：南方出版社，1988 年。

9. 杜維運《史學方法論》，臺北市：三民書局，1989 年 3 月十版。

10. 劉介民《比較文學方法論》，臺北市：時報文化出版企業有限公司，1990 年 5 月。

11. 嚴明《中國名妓藝術史》，臺北市：文津出版社，1992 年 8 月。

12. 盧嘉興（1918〜1992）《臺灣研究彙集》影刊合訂本。

13. 松浦友久著，孫昌武、鄭天剛譯《中國詩歌原理・詩與時間》，臺北：洪葉文化事業有限公司，1993 年。

14. 邱奕松《樸雅詩存》，嘉義：嘉義縣詩學研究會，1994 年 2 月。

15. 潘樹廣《中國文學史料學》，臺北市：五南圖書出版公司，1996 年 12 月。

16. 許俊雅《臺灣寫實詩作之抗日精神研究——一八九五〜一九四五年之古典詩歌》，臺北：國立編譯館，1997 年 4 月。

17. 施懿琳、楊翠主編《彰化縣文學發展史》，彰化：彰化縣立文化中心，1997 年 5 月。

18. 趙以武《唱和詩研究》，蘭州：甘肅文化出版社，1997 年 8 月。

19. 林文龍《臺灣中部的人文》，臺北：常民文化公司，1998 年 1 月。

20. 馮永華《彰化縣美術發展調查研究——書法篇》，彰化：彰化縣文化局，1998 年 4 月。

21. 江寶釵《嘉義地區古典文學發展史》，嘉義：嘉義市立文化中心。1998 年 6 月。

22. 吳錦順主編《彰化百家詩品賞析》，彰化：彰化社會教育館，1998 年。

23. 吳福助《臺灣漢語傳統文學書目》。臺北市：文津出版社，1999 年 1 月。

24. 廖一瑾《臺灣詩史》，臺北：文史哲出版社，1999 年 3 月。

25. 黃秀政《臺灣史志論叢》，臺北：五南圖書出版股份有限公司，1999 年 6 月。

26. 吳福助《臺灣漢語傳統文學書目續編》，見國科會專題研究計畫，1999 年 8 月～2000 年 7 月。

27. 林文龍《臺灣的書院與科舉》，臺北：常民文化出版公司，1999 年 9 月。

28. 葉心潭《日治時期臺灣小學書法教育》，臺北：蕙風堂，1999 年 9 月。

29. 李世偉《日據時代臺灣儒教結社與活動》，臺北市：文津出版社，1999 年。

30. 吳毓琪《南社研究》，臺南：臺南市立文化中心，1999 年。

31. 向山寬夫原著、楊鴻儒、陳蒼杰、沈永嘉翻譯《日本統治下的臺灣民族運動史》，臺北：福祿壽出版社，1999 年。

32. 龔顯宗《臺灣文學家列傳》，臺北：五南圖書公司，2000 年 3 月。

33. 施懿琳《從賴和到沈光文──臺灣古典文學的發展與特色》，高雄市：春暉出版社，2000 年 6 月。

34. 周婉窈《臺灣歷史圖說（史前至一九四五年）》，臺北：聯經出版社，2001 年 10 月。

35. 謝正光《清初詩文與士人交遊考》，南京：南京大學出版社，2001 年。

36. 邱旭伶《臺灣藝妲風華》，臺北：玉山社，2002 年 4 月初版二刷。

37. 林翠鳳等《暑期臺灣史研習營講義彙編》，南投：國史館臺灣文獻館，2002 年 7 月。

38. 張子文、郭啓傳撰文《臺灣歷史人物小傳·日據時期》。臺北市：國家圖書館，2002 年 12 月。

39. 林良哲《臺中公園百年風華》，臺中市：臺中市文化局，2003 年 12 月。

40. 《臺灣早期書畫專輯》。南投：國史館臺灣文獻館，2003 年 12 月。

41. 麥青龠《日治時期臺灣出版書家墨跡研究》，臺北：麥氏國際文化股份有限公司，2004 年 4 月。

42. 林正三著〈瀛社社史之整理纂修與研究〉，臺北市政府文化局文藝補助文學類，2005 年 4 月。

43. 廖振富《櫟社研究新論》，臺北：國立編譯館，2006 年 3 月。

44. 龔顯宗《臺南縣文學史》，臺南：臺南縣政府文化局，2006 年 12 月。

45. 陳培豐《「同化」的同床異夢：日治時期臺灣的語言政策、近代化與認同》，臺北市：麥田出版社，2006 年。

46. 龔顯宗《明七子派詩文及其論評之研究》，永和市：花木蘭文化出版社，2007 年 9 月。

47. 王德威《後遺民寫作》,臺北:麥田出版社,2007 年 11 月。

48. 余美玲《日治時期臺灣遺民詩的多重視野》,臺北市:文津出版社,2008 年 2 月。

五、學位論文(依畢業年別序列)

1. 王文顏《臺灣詩社之研究》,政治大學中文所 1979 年碩士論文。

2. 施懿琳《日據時期鹿港民族正氣詩研究》,臺灣師範大學國文所 1985 年碩士論文。

3. 許俊雅《臺灣寫實詩作之抗日精神研究》,臺灣師範大學國文所 1986 年碩士論文。

4. 麥鳳秋《臺灣地區三百年來書法風格之遞嬗》,中國文化大學藝術所 1988 年碩士論文。

5. 施懿琳《清代臺灣詩所反映的漢人社會》,臺灣師範大學國文所 1990 年博士論文。

6. 蘇秀玲《日治時期崇文社研究》,彰化師範大學中國文學教育所 2001 年碩士論文。

7. 吳品賢《日治時期臺灣女性古典詩作研究》,臺灣師範大學國文所 2001 年碩士論文。

8. 陳光瑩《洪棄生詩歌研究》,高雄師範大學國文學系 2002 年博士論文。

9. 張淑玲《臺灣南投地區傳統詩研究》,中國文化大學中文所 2003 年在職專班碩士論文。

10. 張端然《日治時期瀛社之研究》。中國文化大學中文所 2003 年在職專班碩士論文。

11. 江啓綸《日治中晚期臺灣儒學的變異與發展──以《孔教報》爲分析對象(1936~1938)》,成功大學臺文所 2006 年碩士論文。

12. 王惠鈴《丘逢甲、「詩界革命」及其與日治時期臺灣傳統詩界的關係》,東海大學中文所 2005 年博士論文。

13. 賴恆毅〈張麗俊及《水竹居主人日記》之文學作品研究〉,臺北教育大學臺灣文學所 2006 年碩士論文。

14. 張瑞和《員林興賢吟社研究》,雲林科技大學漢學資料整理所 2007 年碩士論文。

15. 蘇麗瑜《鹿港書家王漢英及鹿港書壇》,明道大學國學所書法藝術組 2007 年碩士論文。

六、期刊論文

（一）期刊論文（依出刊年代序列）

1. 賴子清〈古今臺灣詩文社（一）〉，《臺灣文獻》10 卷 3 期，1959 年 9 月。

2. 賴子清〈古今臺灣詩文社（二）〉，《臺灣文獻》11 卷 3 期，1960 年 9 月。

3. 林文龍〈鹿港詩人施梅樵〉，《臺灣風物》26 卷 4 期，1976 年 12 月。

4. 施懿琳〈日據時期鹿港民族正氣詩的價值〉，《鹿港風物》2 期，1986 年 5 月。

5. 施懿琳〈自甘冷落作頑民，誓死羞為兩截人——鹿港施梅樵及其詩〉，《鹿港風物》4 期，1986 年 11 月。

6. 黃美娥〈日治時代臺灣詩社林立的社會考察〉，《臺灣風物》47 卷 3 期，1997 年 9 月。

7. 吳文星〈據時期臺灣書房教育之再檢討〉，《思與言》26 卷 1 期，1998 年 5 月。

8. 林翠鳳〈黃金川《金川詩草・續編》原稿本的發現〉，《東方人文學誌》1 卷 1 期，2002 年 3 月。

9. 余美玲〈鹿港詩人施梅樵詩歌探析〉，《國文學誌》第 8 期，2004 年 6 月。

10. 吳彩娥〈志士之高歌——許夢青詠懷類詩歌析論〉，《國文學誌》第 8 期，2004 年 6 月。

11. 余美玲〈日治時期臺灣秋懷組詩探析〉，《東海大學文學院學報》45 卷，2004 年 7 月。

12. 林翠鳳〈田中蘭社百年史——一個區域文學史的史料建構實例〉，《東海中文學報》16 期，2004 年 7 月。

13. 陳青松〈梅樵與陳其寅忘年之交〉，《臺灣文獻・別冊》22，2007 年 9 月。

（二）研討會／論文集論文（依發表／出刊年代序列）

1. 周婉窈〈從比較的觀點看臺灣與韓國的皇民化運動（1937～1945 年）〉，收在張炎憲、李筱峰、戴寶村編《臺灣史論文精選・下》，臺北：玉山社，1996 年。

2. 施懿琳〈日治中晚期臺灣漢儒所面臨的危機及其因應之道——以彰化「崇文社」為例〉，收在《第一屆臺灣儒學國際學術研討會論文集》，臺南市：成功大學中文系，1997 年 6 月。

3. 翁聖峰〈日據末期的臺灣儒學——以「孔教報」為論述中心〉，收在《第一屆臺灣儒學國際學術研討會論文集》，臺南市：成功大學中文系，1997 年 6 月。

4. 施懿琳〈從張麗俊日記看日治時期中部傳統文人的文學活動與角色扮

演〉，中臺灣鄉土文化學術研討會，臺中：臺中縣立文化中心，2000 年 9 月。

5. 若林正丈，吳密察主編《臺灣重層近代化論文集》。臺北：播種者，2000 年。

6. 施懿琳〈臺灣文社初探——以 1919～1923 的《臺灣文藝叢誌》為對象〉。櫟社成立一百週年紀念學術研討會論文集，臺南市：國立臺灣文學館，2001 年 1 月 28～29 日。

7. 吳彩娥〈古典書寫與主體性——施梅樵詩歌的一個考察〉，《中臺灣古典文學學術研討會論文集》，臺中：臺中縣文化局，2002 年 3 月。

8. 東海大學中文系主編《日治時期臺灣傳統文學論文集》，臺北：文津出版社，2003 年 2 月初版一刷。

9. 林翠鳳主編《臺灣旅遊文學論文集》，臺北：五南圖書出版有限公司，2006 年 6 月。

10. 林翠鳳〈論洪寶昆與詩文之友〉，收在林翠鳳主編《洪寶昆詩文集》，彰化市：彰化縣詩學研究協會，2007 年 6 月。

11. 許俊雅〈櫟社詩人吳子瑜及其詩研探〉，收在《瀛海探珠——走向臺灣古典文學》頁 86，臺北：國立編譯館，2007 年 12 月。

12. 林翠鳳〈王友芬生平及其詩社活動初探〉，收在《大彰化地區漢詩專題研討會會議論文集》，彰化市：彰化縣詩學研究協會，2008 年 6 月 15 日。

13. 《異時空下的同文書寫——臺灣古典詩與東亞各國的交錯國際學術研討會會議論文集》，臺南市：成功大學文學院，2008 年 11 月 29～30 日。

七、網站資料庫（依首字筆畫序列）

1. 「戶政電子博物館」，臺北市政府民政局：
http://www.ca.taipei.gov.tw/civil/museum/world/system.html。

2. 「日據時代調查簿名詞簡釋」，彰化縣和美鎮戶政事務所：
http://www.homei.gov.tw/japan.htm

3. 「《古今圖書集成》全文電子版」：
http://140.117.120.61.ezproxy.lib.nsysu.edu.tw:8080/book/index.htm

4. 「全唐詩檢索系統」：http://cls.hs.yzu.edu.tw/tang/Database/index.html

5. 「走讀臺灣」，國家圖書館：
http://www.tccgc.gov.tw/report/Taichung/ecology/terrain/terrain-6.htm。

6. 「杜香國文書數位典藏」，網址：htt 頁://140.109.184.100/Du/intro03_4.htm

7. 呂明純〈西風殘照，漢家陵闕——日據時期臺灣藝旦的文化傾向及其影響〉：http://www.srcs.nctu.edu.tw/cssc/essays/10-2.pdf

8. 「黃冠雲的影音」部落格：http://blog.xuite.net/hhaw3710。

9. 「智慧型全臺詩知識庫」：http://cls.hs.yzu.edu.tw/twp/c/c02.htm

10. 「道教文化資料庫」：
http://www.taoism.org.hk/default.htm

11. 「網路古典詩詞雅集」：
http://www.poetrys.org/phpbb/viewtopic.php?t=7816&sid=c75ccf35e1802a43
ef1228bc7c6f080d。

12. 「線上典藏數位系統」，彰化縣文化局：
http://art.bocach.gov.tw/suggest/index5.asp?id=697

13. 「《臺灣日日新報》影像資料庫」，漢珍數位圖書出版公司：
http://www.tbmc.com.tw/tbmc2/cdb/intro/Taiwan-newspaper.htm

14. 「臺灣漢詩數位典藏資料庫」，中正大學臺灣文學研究所：
http://www.literaturetaiwan.idv.tw/poetry/04/04_02/04_02_01.htm

15. 「數位典藏聯合目錄」，國家文化資料館：
http://catalog.ndap.org.tw/dacs5/System/Main.jsp。